Samuel von Pufendorf

Über die Verfassung des Deutschen Reiches

Samuel von Pufendorf

Über die Verfassung des Deutschen Reiches

ISBN/EAN: 9783743678972

Hergestellt in Europa, USA, Kanada, Australien, Japan

Cover: Foto ©ninafisch / pixelio.de

Weitere Bücher finden Sie auf **www.hansebooks.com**

Historisch-politische Bibliothek

oder

Sammlung von Hauptwerken

aus dem

Gebiete der Geschichte und Politik

alter und neuer Zeit.

VII. Severinus von Monzambano (Samuel von Pufendorf), Ueber die Verfassung des deutschen Reiches.

Berlin 1870.
Verlag von L. Heimann.
91. Wilhelms-Straße 91.

Severinus von Monzambano

(Samuel von Pufendorf),

Ueber

die Verfassung des deutschen Reiches

Uebersetzt und mit einer Einleitung versehen

von

Dr. Harry Breßlau.

Einleitung.

Die Schrift, welche hier dem Leser in einer deutschen Bearbeitung geboten wird, erschien zuerst im Sommer[1]) 1667 unter dem Titel: Severini de Monzambano Veronensis De statu imperii germanici ad Laelium fratrem, dominum Trezolani Libor unus. Genevae apud Petrum Columesium MDCLXVII. Das kleine Buch machte gleich bei seinem Erscheinen das ungeheuerste Aufsehen in den publicistischen und staatsmännischen Kreisen, für die es bestimmt war. In geistreicher, pointirter Sprache, oft mit schlagendem Witz und treffender Satire war hier eine Auffassung der Zustände des heiligen römischen Reiches deutscher Nation vertreten, die von der hergebrachten himmelweit verschieden war. Mit patriotischem Schmerz beklagte der Verfasser den Zerfall des einst so mächtigen Reiches, mit ernster, männlicher Entrüstung, mit sittlichem Zorne geißelte er die undeutsche, nur ihr dynastisches Interesse verfolgende Politik des Hauses Oesterreich, die schmachvollen Zustände, welche durch das Bestehen der geistlichen Fürstenthümer, eines römischen Staates mitten in Deutschland, sich gebildet hatten, die beillose Kleinstaaterei und Krähwinkelei auf den Gebieten der Reichsritterschaft und in den „freien" Reichsstädten. Vor allem aber fühlte sich die herrschende staatsrechtliche Schule, aus welcher die meisten deutschen Staatsmänner hervorgingen, schwer, ja tödtlich getroffen. Die ganze scholastische Doctrin, welche wieder und wieder zurückging auf die von Aristoteles in seiner Politik aufgestellten Staatsformen und das unförmliche Gebilde, das man deutsches Reich nannte, in das Kleid dieser Formen hineinzuzwängen suchte; die mit eitler Selbstgenügsamkeit die Vollkommenheit der deutschen Verfassung so lange anpries, bis sie selbst daran glaubte, sah hier ihr ganzes luftiges Gebäude mit einem Schlage zertrümmert. Wohl erforderte es Kühnheit des Entschlusses und innere Ueberzeugungskraft, um Angesichts der alleinseligmachenden Lehre der staatsrechtlichen Scholastik das ketzerische Wort auszusprechen: die Verfassung des deutschen Reichs ist eine monströse — sie krankt an fast unheilbaren Uebeln; und es fanden sich Anbeter des Alten genug, die sich nicht überzeugen

---

[1]) Ganz genau läßt sich der Zeitpunkt des Erscheinens nicht bestimmen. In den vier Frankfurter und Leipziger Meßkatalogen des Jahres 1667 ist das Buch nicht verzeichnet. Erwähnt finde ich es zuerst in einem Briefe von Conring an Boineburg vom 8/18. August 1667. Gruber Commercium epistolicum Leibnitianum II, 1190.

laffen wollten und der neuen Lehre unverſöhnliche Feindſchaft ſchwuren. Leicht erwirkte man ein Verbot des Buches:[1] aber die einmal ausgeſprochene Anſicht war nicht mehr zu unterdrücken. Zahlreiche Nachdrucke der Schrift erſchienen an den verſchiedenſten Orten, innerhalb zwei Jahren war das Buch ins franzöſiſche und deutſche überſetzt, und die Polemik, die ſich daran knüpfte, bildet eine ganze Literatur für ſich. Selbſt von denen, welche der alten Schule angehörten, erkannten die bedeutenderen Geiſter den Werth der Schrift. Conring, Profeſſor zu Helmſtedt, nach allgemeiner Anerkennung der erſte der deutſchen Staatsrechtslehrer damaliger Zeit, nennt es „ein ausgezeichnetes Buch und bis jetzt unerreicht", wenn er auch nicht alle dort vertretenen Anſichten billigen zu können erklärt,[2] und Boineburg, der frühere mainziſche Miniſter, der damals in Frankfurt lebte, einer der Hauptrepräſentanten der particulariſtiſchen Richtung, der Anderen gegenüber auf das ſchärfſte miteinſtimmte in das Verdammungsgeſchrei des ketzeriſchen Buches, ſchreibt an einen vertrauten Freund darüber: „Wahrlich, ſehr gefällt mir die Schrift durch die Abrundung des Ganzen, die Glätte des Stiles, das Maßhalten des Inhalts und die Genauigkeit des Urtheils!"[3]

Der Verfaſſer des Buches war anfangs Allen unbekannt. Daß der Name wie die italieniſche Nationalität fingirt ſeien, ahnte man bald: die genaue Bekanntſchaft mit den deutſchen Verhältniſſen, die Oppoſition gegen die ariſtoteliſchen Staatsformen, Stil und Druckort — auch dieſer war fingirt, aber man bemerkte bald, daß das Buch im Haag erſchienen ſei, — ſprachen gegen einen italiäniſchen Verfaſſer.

Einen Augenblick hatte man dann Conring in Verdacht, aber ſchon der Stil ſprach gegen ihn. Länger hielt man Boineburg für den Verfaſſer: in der Vorrede des Schriftchens war er ſehr gelobt, und wenn das Buch an verſchiedenen Stellen gegen Kurmainz geſchrieben ſchien, namentlich in dem damals viel beſprochenen Wildfangſtreite zwiſchen Mainz und Kurpfalz ſich entſchieden auf Seite des Letzteren ſtellte, ſo glaubte man, Boineburg habe die Gelegenheit benutzt, um ſich für ſeine Amtsentlaſſung zu rächen. Am Wiener Hofe benutzten die Gegner Boineburgs dieſen Verdacht gegen ihn, und noch am 8. Januar 1672 hielt es Boineburg für nöthig, ſich in einem Briefe[4] an Boecler, Profeſſor der Geſchichte in Straßburg, energiſch gegen dieſen Verdacht zu verwahren. In den ſchärfſten Ausdrücken verdammt er das Buch; als der Arzt Horſt es ihm zuerſt zu Frankfurt gezeigt hätte, hätte ſich ihm jedes Haar auf dem Kopfe einzeln geſträubt,[5] wie er ſeinen Namen in der Vorrede geleſen hätte, denn er habe gleich gefürchtet, man werde es ihm zuſchreiben.

---

[1] Den Verbotsbefehl ſelbſt habe ich nirgends gefunden: daß er erlaſſen iſt, ſagen alle Commentatoren und Bibliographen; zuerſt ſo viel ich finde Kulpis.

[2] Liber est me judice eximius et hactenus sine exemplo; etsi non omnia probaverim. Conring an Boineburg 16/26. September 1667. Gruber II, 1196.

[3] Profecto per mihi placet illa scriptura et tractationis rotunditate et stili blandimonia et temperie rerum et exactitudine judicii. Boineburg an Conring 2. September 1667. Gruber II, 1197.

[4] Der Brief iſt oft gedruckt, z. B. bei Kulpis p. 4.

[5] Fateor crines mihi singulos inhorruisse.

Inzwischen war aber der wahre Verfasser des Buches Boineburg selbst und den ihm näher stehenden Kreisen längst bekannt geworden. Schon am 7. September 1667 schrieb Arnold Duncker an Conring, er habe von einem weimarischen Edelmann gehört, Pufendorf in Heidelberg sei Monzambano;¹) aber noch am 16/26. September 1667²) drückt Conring einen Zweifel aus. Am 5. October 1667³) schreibt ihm dann Boineburg, die beiden Brüder Pufendorf seien zweifellos die Verfasser, wem aber der Hauptantheil gehöre, wage er nicht zu entscheiden. Am 26. April, 1. Mai und 7. Juni 1668⁴) wiederholt Boineburg seine Versicherung; am 30. Juli schreibt dann Conring, nun sei auch er überzeugt.⁵)

In der That, die ausgesprochene Parteinahme für Kurpfalz in dem Wildfangsstreite und die Bewunderung, die offen dem Kurfürsten Karl Ludwig gezollt wurde, legten die Vermuthung nahe, daß ein Heidelberger Gelehrter der Verfasser sei; viele Gedanken wurden im Monzambano wiederholt, welche früher Pufendorf in einer Universitätsschrift ausgesprochen hatte, und als dann Pufendorf in mehreren Abhandlungen die Vertheidigung des Monzambano gegen seine Angreifer übernommen hatte, zweifelte Niemand mehr, daß er der Verfasser sei. Er selbst hat es freilich bei Lebzeiten niemals eingestanden und oft gegen diesen Verdacht protestirt: aber er hatte doch eine Umarbeitung seines Werkes vorgenommen und ließ diese nach seinem Tode unter seinem Namen erscheinen.

Die Nachrichten über das Leben Sam. Pufendorfs sind äußerst dürftig und zerstreut. Samuel Pufendorf ist am 8. Januar 1632 zu Dorff-Chemnitz⁶) in der Grafschaft Meißen geboren. Er stammt aus einer Familie, deren Glieder seit einem Jahrhundert sich fast alle der lutherischen Theologie gewidmet hatten. Pufendorfs Großvater Johannes, seine Oheime David und Samuel und sein Vater Jesaias waren Pastoren gewesen; letzterer war seit 1630 in Dorff-Chemnitz angestellt. Seine erste Erziehung empfing Samuel, welcher der drittälteste von vier Söhnen war, mit seinem drei Jahr älteren Bruder Esaias im väterlichen Hause. Sein Vater scheint nicht eben sehr bemittelt gewesen zu sein, und nur die Unterstützung eines vornehmen sächsischen Edelmanns, der Samuels Begabung erkannt hatte,⁷) ermöglichte es ihm, Samuel wie Esaias auf die Fürstenschule zu Grimma zu senden. Schon auf der Schule ging Pufendorf vielfach seine eigenen Wege. „Insgemein plagen sie die jungen Leute," schreibt er 1690 an seinen Bruder Jeremias, „mit ihren Grammaticken, Logicken, Rhetoricken und dergleichen Bärenhäuterey, daß sie die beste Zeit nichts lernen. Gott aber gab mir zu Grimme ein, daß ich denselben Quarck fahren ließ und las so fort brave Autores, ungeachtet mir Mag. Brodkorb (damals

---

¹) Gruber II. 1267.
²) a. a. O. S. 1195.
³) a. a. O. S. 1197.
⁴) a. a. O. S. 1207. 1214. 1220.
⁵) a. a. O. S. 1227.
⁶) Acta Philosophorum. 18. Stück. Halle o. J. S. 951 nach Mittheilungen eines Neffen Pufendorfs. Fast alle Biographen geben Floh, vier Meilen von Chemnitz, als den Geburtsort Pufendorfs an, aber dorthin wurde sein Vater erst 1633 versetzt. Pufendorf selbst nennt sich auch immer Chemnicensis. Adlemannsthal 1209.
⁷) So erzählt wenigstens der deutsche Biograph.

Conrector) etlichemahl Maulschellen derowegen gab. Aber durch diese Weise habe ich gleichwohl sehr befunden es besser getroffen zu haben, als die so sich an den gemeinen Schlendrian hielten." Und in einem anderen Briefe schreibt er: „Am meisten hat mir geholffen, daß ich in Zeiten Autores Graecos und Latinos gelesen."¹) Von allem Gelesenen legte er sich Excerpte an, und als ihm einst ein muthwilliger Schulcamerad sein Excerptenbuch fortgebracht hatte, machte er sich unverdrossen an die Arbeit, sämmtliche excerpirten Schriftsteller noch einmal durchzuarbeiten.²) Man wird demnach ermessen können, mit welchem Rechte Conring einmal Pufendorf seine mangelnde Belesenheit in den Alten vorwirft. Freilich in möglichst viel Citaten nach Sitte der Zeit seine Gelehrsamkeit zu zeigen, war Pufendorfs Art nicht.

Mit einer feierlichen Dankrede gegen das erlauchte Haus Sachsen verabschiedete sich Pufendorf vom Gymnasium zu Grimma und bezog die Universität Leipzig, um sich nach der in seiner Familie hergebrachten Sitte dem Studium der Theologie zu widmen. Aber die dogmatische Beschränktheit der orthodoxen Theologie widerte ihn an; wie sein Bruder Esaias entschloß er sich, dem Studium der Theologie den Rücken zu kehren und wandte sich juristischen, philosophischen und historischen Studien zu, während er sich durch Unterricht die nöthigen Subsistenzmittel erwarb. Im Jahre 1656 ging er nach Jena wo er in eine nahe Verbindung mit dem Mathematiker Erhard Weigel trat, in dessen Hause er das ganze Jahr 1657 wohnte.³) Nachdem er sich schon vorher mit rechtsphilosophischen Studien beschäftigt hatte, machte ihn Weigel mit der mathematisch-demonstrativen Methode des Cartesius bekannt; ihm verdankte er die Anregung, diese Methode auf das Naturrecht anzuwenden, wie er selbst in der Vorrede zu seinen Elementa juris naturae sagt. Pufendorf hatte die Absicht gehabt, keinen der akademischen Grade, über deren Käuflichkeit schon damals zahlreiche Klagen laut werden,⁴) zu erwerben; es bedurfte erst vielfachen Zuredens von Seiten Weigels, um ihn zu bewegen, sich in Jena den Magisterhut aufsetzen zu lassen; Doctor juris aber hat er nie werden wollen.⁵) Er wandte sich dann nach Leipzig zurück, sein deutscher Biograph erzählt uns, er habe dort eine Anstellung gesucht, aber „trotzdem er sich den Rücken fast krumm complimentirt habe," sei es ihm nicht geglückt, „weil er der Sache mit glänzendem Metall keinen Nachdruck zu geben vermochte."⁶)

So richtete denn Pufendorf, bewußt wie er sich war, etwas leisten zu können, seine Blicke ins Ausland, das schon so manchen strebsamen Deutschen eine Laufbahn eröffnet hatte, nach der er im Vaterlande ohne vornehme Protection vergebens gestrebt hatte. Hier konnte ihm sein älterer Bruder nützen, der den gleichen Weg eingeschlagen hatte. Esaias war in Jena der Erzieher des schwedischen Grafen Otto Wilhelm Königsmark ge-

---

¹) Acta phil. a. a. O. 954.
²) Glafey, Vollständige Geschichte des Rechts der Vernunft. Leipzig 1739. p. 201.
³) Eris scandica pag. 105.
⁴) Vgl. Epist. ad amic. p. 94.
⁵) Teutsche Uebers. 1229. Epist. ad amic. p. 106.
⁶) Deutsche Uebers. 1230.

wesen und begleitete denselben später auf seinen Gesandtschaftsreisen nach Paris und London. Durch ihn war er der Königin empfohlen worden und mußte er sich auch anfangs bequemen, mehr eines Spiones als eines diplomatischen Agenten Rolle zu spielen; so gelang es ihm schließlich doch, sich durch seine Gewandtheit emporzuschwingen, so daß er zu einflußreichen und ehrenvollen Stellungen berufen wurde. Durch Ejaias Vermittlung nun erhielt Pufendorf im April 1658 einen Ruf in das Haus des Ritters Peter Julius Coyet, der damals mit dem Baron Steno Bielke schwedischer Gesandter in Copenhagen war. Welche Stellung Pufendorf hier im Hause des Gesandten eingenommen hat, ist nicht ganz gewiß. Seine Gegner haben später mehrfach behauptet, er sei Coyets Secretär (scriba) gewesen, er selbst aber hat sich dagegen immer energisch verwahrt und behauptet, nichts weiter als Erzieher der Söhne des Gesandten gewesen zu sein.[1] Aber der Aufenthalt wird jedenfalls nicht ohne Nutzen für den jungen Gelehrten gewesen sein. Coyet war ein gewandter und geschickter Diplomat; er war, nach dem Berichte[2] Terlons, des damaligen französischen Gesandten in Dänemark, wenn nicht der eigentliche Urheber des kühnen, großartig angelegten Planes, den Karl Gustav von Schweden im Jahre 1658 gefaßt hatte, den Krieg mit Dänemark zu erneuern und Kopenhagen durch unvermutheten Ueberfall einzunehmen, so doch jedenfalls völlig in denselben eingeweiht, und war ganz im Vertrauen seines Herrn. Pufendorf lernte in seinem Hause wenigstens kennen, wie man große Politik macht; und mancher Aufschluß über die gegenseitigen Beziehungen der europäischen Höfe wird ihm hier geworden sein, wenn es auch wenig wahrscheinlich ist, daß, wie sein deutscher Biograph erzählt,[3] ihm „die geheimsten Etatsaffairen" anvertraut sind. — Die Verhandlungen in Copenhagen nahmen bei dem Wiederausbruch der Feindseligkeiten ein schnelles Ende. Coyet war vorsichtig genug gewesen, einige Tage vorher zu seinem König zu reisen, hatte aber, um jeden Verdacht zu vermeiden, nicht nur seinen Collegen Baron Bielke, sondern auch seine Familie und das ganze Gesandtschaftspersonal in Copenhagen zurückgelassen. Bei Erneuerung des Krieges ließ nun der dänische König Anfangs August Bielke und seine ganze Begleitung, darunter auch Pufendorf, verhaften. Die Gefangenschaft dauerte acht Monate, während derselben erhielt Pufendorf keine Bücher; wie er selbst später an Boineburg schrieb,[4] benutzte er seine unfreiwillige Muße dazu, die Gedanken von Grotius und Hobbes über das Naturrecht geistig zu verarbeiten, er fügte manches hinzu, änderte anderes und aus den hier gemachten Aufzeichnungen ist seine erste naturrechtliche Schrift hervorgegangen. Gegen Ende seiner Gefangenschaft verfiel er in eine schwere Krankheit, von der er noch nicht völlig genesen war, als er im April 1659 aus seiner Haft entlassen wurde. Nach kurzem Aufenthalte in Helsingör und Sora, um sich zu erholen, trat er in seine Stellung bei Coyet wieder ein und ging mit dem Gesandten nach Holland. Während

---

[1] Epist ad amic. p. 105.
[2] Mémoires du chevalier de Terlon. Paris 1681. I. 197 ff.
[3] Deutsche Uebers. S. 1231.
[4] Der Brief ist nach Barbeyrac in der Vorrede zur französischen Ausgabe des jus naturae et gentium, Amsterd. 1706 p. LXXIX, gedruckt in Groningii Biblioth. jur. gentium III, 281, die ich nicht einsehen konnte.

er sich in Leyden aufhielt, trat er zuerst auf dem Gebiete der classischen Philologie in die Oeffentlichkeit, indem er von Laurenberg's Graecia antiqua[1]) und Meursius Miscellanea laconica[2]) sorgfältige Ausgaben veranstaltete. Hier ließ er nun auch die erste Frucht seiner rechtsphilosophischen Studien unter dem Titel Elementorum jurisprudentiae universalis libri II. Hagae Comitis 1660 erscheinen, die er dem gelehrten Kurfürsten von der Pfalz Karl Ludwig widmete.[3])

Karl Ludwig war ein Freund der Wissenschaft, er selbst hatte, wie Ludewig berichtet, in Leyden studirt; ihn interessirte das Werkchen, hatte er doch die Schriften von Hugo Grotius selbst in der Ursprache gelesen.[4]) So erließ er denn am 29. September 1660 ein überaus verbindliches Dankschreiben[5]) an den Verfasser und versprach ihm seine Dankbarkeit auch in der That zu bezeigen. Eine Gelegenheit dazu bot sich leicht. Karl Ludwig hatte es sich zur Aufgabe gestellt, der um die wissenschaftliche Bildung Deutschlands so hoch verdienten Universität Heidelberg ihren alten Glanz wiederzugeben. Schon waren Männer wie Spanheim, Fabricius u. A. an die feierlich wieder eröffnete Hochschule berufen, und noch im Jahre 1660 bot der Kurfürst Pufendorf den Lehrstuhl für Institutionen des römischen Rechts an. Der junge Gelehrte lehnte aber ab, wie er selbst sagt, weil er es für kein sonderliches Verdienst hielt, zu 999 Institutionen Commentaren den tausendsten hinzuzufügen.[6]) Es war nun einmal nicht seine Art, die ausgetretenen Wege zu verfolgen, auf denen weder Ehre noch Ruhm zu gewinnen war; sein schöpferischer Geist schritt auf neuen Bahnen einher, die er selbst zum Theil erst sich ebnen mußte. So schuf denn der Kurfürst, jedenfalls doch auf seinen Vorschlag, eine eigene Professur des Natur- und Völkerrechts für ihn; die erste ihrer Art in Deutschland; und Pufendorfs Verdienst ist es somit, seiner Wissenschaft den Zutritt zu den deutschen Hochschulen eröffnet zu haben. Im Jahre 1661[7]) ging Pufendorf nach Heidelberg, dessen Universität er acht Jahre lang eine Zierde war. Mit dem Kurfürsten trat er hier in eine engere Verbindung, er hat für ihn in dem Wildfangsstreite eine Rechtsdeduction geschrieben, welche im Diarium Europaeum abgedruckt ist, später mußte er sogar dem Kurprinzen einige Unterrichtsstunden ertheilen.

Eine Dissertatio de Philippo Amyntae filio,[8]) die er hier erscheinen

---

[1]) Amsterdam 1660, gewidmet an Coyet.
[2]) Amsterdam 1661, gewidmet an Königsmark.
[3]) Die Widmung ist datirt vom 1. September 1660.
[4]) Trendelenburg in den Abhandl. der Berliner Akademie Phil. Hist. Classe. 1863, S. 5.
[5]) Abgedruckt bei Ludovici Delineat. Hist. jur. divini. Bd. II. Halae 1714, p. 75. und Deutsche Ueberf. S. 1234.
[6]) Apologie S. 59.
[7]) Der Brief, mit welchem Pufendorf die Berufung annimmt, ist datirt vom 14. October 1661 und abgedruckt in Schwab Quatuor saeculorum Syllabus Rectorum qui ab anno 1386 ad annum 1786 in ac. Heidelbergensi magistratum ac. gesserunt. Heidelberg 1790 II 44. Uebrigens gehörte P. zur philosophischen, nicht zur juristischen Facultät und war inscribirt als Professor Philologiae et Juris naturae et gentium.
[8]) Abgedruckt in Dissertationes academicae selectiores, Upsala 1677 p. 86 ff. Respondent war Wilh. Jul. Coyet, wahrscheinlich ein Sohn des Gesandten.

ließ, war noch eine Frucht jener historisch-philologischen Studien, mit
denen Pufendorf sich in Leyden viel beschäftigt zu haben scheint. Aber
diese kleine Schrift war doch auch schon ein Vorläufer des Monzambano.
Pufendorf stellt sich hier nämlich die Aufgabe zu untersuchen, welche Regierungsform Macedonien gehabt habe, und bei dieser Gelegenheit stellt
er in §. 3—16 jene Theorie von der respublica irregularis auf, welche
später im 6. Capitel des Monzambano, auf Deutschland angewandt, bei
den Gelehrten so viel Anstoß erregte. Im Jahre 1667 erschien dann der
Monzambano selbst. Daß der Kurfürst Karl Ludwig selbst einen gewissen
Antheil an dem Buche gehabt hat, ist nicht in Abrede zu stellen; aber wie
viel oder wie wenig ihm davon gehört, wird kaum genau festzustellen sein.
Sehr vorsichtig drückt sich Boineburg aus, wenn er am 5. October 1667
an Conring schreibt:[1]) Sub Monzambani persona latere duos illos fratres
auspicio Electoris Palatini jutos, noli ambigere. D. M. Friesen, der
Bruder des Mag. Chr. Friesen, der bei Esaias Pufendorf in Paris Gesandtschaftscaplan war, schrieb 1697 an Placcius:[2]) „Am Monzambano
hat Elector Palatinus Carolus Ludovicus selbst geholffen und viel Materien beygetragen. Samuel Puffendorff hats abgefast, sein Bruder aber
der Canzler, damahls Resident zu Paris perfectionirt. Wies nu mundiret
und der Churfürst es wieder gelesen, ward beliebt es publique zu machen."
Am weitesten geht Joh. Peter v. Ludowig, Professor zu Halle, der in
seinem Eulogium der Brüder Pufendorf erzählt,[3]) die ganze Schrift sei
vom Kurfürsten dictirt. Am wahrscheinlichsten ist nach alle dem wohl, was
Pufendorf selbst in der Vorrede zu der nach seinem Tode erschienenen Ausgabe sagt: vor dem Erscheinen des Buches sei es dem Kurfürsten zur Censur
vorgelegt, der es gebilligt habe;[4]) und man wird danach Pufendorf den Ruhm
der eigentlichen Autorschaft nicht streitig machen können. Hatte der Kurfürst
auch das Buch gelobt, so rieth er doch der Vorsicht wegen es anderswo drucken
zu lassen. Samuel sandte es also 1666 seinem Bruder Esaias nach Paris.
Schon war es einem Drucker übergeben, aber an einigen Worten nahm
man Anstoß und so wurde dem Historiker Mezeray die Censur übertragen.
Am 19. August 1669 antwortete Mezeray dem schwedischen Residenten,
das Buch verdiene in jeder Beziehung gedruckt zu werden, aber er wage
nicht, die Erlaubniß dazu zu geben; einige Stellen seien für Frankreich
verletzend und die Geistlichkeit werde zu sehr mitgenommen. Er rieth an,
diese Stellen abzuschwächen und dann von Jemanden, der kein Latein ver-
stehe, die Erlaubniß zum Druck nachsuchen zu lassen. Darauf aber ging
man nicht ein; so nahm denn der erwähnte Gesandtschaftscaplan Friesen
das Manuscript mit nach Holland und hier druckte es der Haager Buch-
händler Adrian Vlaq, derselbe, der früher Pufendorfs Elementa verlegt
hatte, ohne jedes Bedenken.

---

[1]) Gruber, a. a. O. II, 1198.
[2]) Vinc. Placcius, De scriptoribus pseudonymis p. 449.
[3]) Jo. Petri de Ludowig, Opuscula oratoria Halae 1721, p. 477. Vgl.
auch Ludewig, Germania princeps. Ulm 1742, S. 624.
[4]) Editionem praecessit censura et adprobatio principis, cui is (sc.
autor.) tunc inserviebat, cujus sensa et affectus hinc inde exprimuntur. —
Aus derselben Vorrede entnehme ich auch die folgenden Angaben, wie dort auch
der Brief Mezerays sich findet

Auf die literarischen Streitigkeiten, welche sich an das Erscheinen des Buches knüpften, brauche ich hier nicht weiter einzugehen; ich werde am Schluß dieser Einleitung über die ganze Monzambano-Literatur, so weit sie mir bekannt ist, eine kurze Uebersicht geben.

Inzwischen waren mehrfache Umstände eingetreten, welche Pufendorf den Aufenthalt in Heidelberg verleideten. Sein deutscher Biograph erzählt uns,[1]) es habe ihn verdrossen, daß Böckelmann, Professor der Institutionen, ihm im Range voranging, und als er durch ein unzeitiges Witzwort über eine von Karl Ludwig neu auferlegte Stempelsteuer sich die Ungnade des Kurfürsten zugezogen hatte,[2]) kam ihm ein Ruf als Professor an die neu errichtete schwedische Universität Lund um so erwünschter. Schon 1667 waren Unterhandlungen darüber angeknüpft[3]) und am 26. April 1668 konnte Boineburg an Conring schreiben, Pufendorf werde in kurzer Zeit abreisen.[4]) Die Bedingungen, unter welchen Pufendorf berufen wurde, waren sehr ehrenvoll; er empfing nicht nur ein doppelt so hohes Gehalt, als die übrigen Professoren, sondern auch als Professor primarius einen höheren Rang als sie.

In Lund beginnt nun ein schriftstellerisch sehr productiver Abschnitt in Pufendorfs Leben. Noch 1668 erschien eine Dissertatio de republica irregulari, eine geschickte und witzige Vertheidigung des Monzambano gegen alle Gegenschriften, die bis dahin erschienen waren, wozu der Verfasser später noch addenda hinzufügte.[5]) Dann erschien 1672 sein großes Hauptwerk: De jure naturae et gentium libri VIII, das zahlreiche neue Herausgeber, Commentatoren und Uebersetzer fand. Er selbst machte von diesem umfassenden Werke eine Art von compendiarischen Auszug, der 1673 unter dem Titel: De officio hominis et civis juxta legem naturalem libri duo heraus kam.

Es kann meine Aufgabe nicht sein, hier eine Darlegung des Pufendorf'-schen Naturrechts-Systems zu geben, wie es in diesen beiden Büchern niedergelegt ist. Es genüge zu bemerken, daß hier zum ersten Male eine umfassende, systematische Darstellung des Naturrechts gegeben ist. Mit freier wissenschaftlicher Forschung wird aus vernünftiger Betrachtung der Menschennatur ein Recht hergeleitet, das sich den kirchlichen Dogmen wie der scholastischen Nachbeterei des Aristoteles gleich unabhängig gegenüberstellt.[6]) Auch auf den heftigen literarischen Kampf, der sofort nach dem Erscheinen des Naturrechts entbrannte, kann hier nicht näher eingegangen werden. Es war ein Kampf der kirchlichen und scholastischen Orthodoxie gegen die Freiheit der wissenschaftlichen Forschung, ein Kampf, der von den Gegnern, die sich in ihrer Herrschaft bedroht fühlten, mit allen Waffen, auch mit denen der Lüge und Verläumdung geführt wurde. Es war ein Kampf um die Befreiung der Wissenschaft, die nicht länger die Magd der Theologie

---

[1]) Deutsche Uebersetzung, S. 1238.
[2]) (Lund) Versuch einer Geschichte des Lebens und der Regierung Karl Ludwigs von der Pfalz. Genf 1786. S. 294.
[3]) Ep. ad amicos, S. 106.
[4]) Gruber, II, 1207.
[5]) Die Dissertation ist nach dem mir vorliegenden Druck Lond. Scanor. Typis Viti Haberegger am 5. November vertheidigt und mit den Addenda in den Diss. acad. select. abgedruckt.
[6]) Vgl. Bluntschli, Deutsches Staatswörterbuch, XI, 433 ff.

sein wollte und konnte, der zum vollen Siege über die Gegner der Wissenschaft führte. Die vielen Angriffe von allen Seiten hat Pufendorf in zahlreichen Streitschriften abgewehrt, die an Schärfe, Witz und sprudelndem Geist den Lessingschen wenig nachstehen. Sie sind gesammelt in der Eris Scandica herausgegeben.[1]) Dagegen ist noch einer anderen Seite von Pufendorfs Thätigkeit zu gedenken, in der er nicht minder Bedeutendes geleistet hat. Schon sein Philippus Amyntae filius, mehr noch sein Monzambano ruhten auf eingehenden historischen Studien und gaben Zeugniß von kritischem Sinne. Pufendorf hatte seitdem diese Studien nie wieder aus den Augen gelassen, und eine Frucht derselben war die „Einleitung zur Geschichte der vornehmsten Staaten, welche sich in Europa befinden" (Frankfurt 1682), deren 12. Capitel über die geistliche Monarchie des Papstes der Verfasser schon 1674 hatte pseudonym erscheinen lassen, und die dann später durch eine Geschichte Schwedens fortgesetzt wurde. Das Buch ist wesentlich für Anfänger bestimmt; es zeichnet sich durch einen für die damalige Zeit recht guten Styl aus. Weit bedeutender aber als dies Werk sind die 26 Bücher Commentariorum de rebus Suecicis ab expeditions Gustavi Adolphi regis in Germaniam ad abdicationem usque Christinae. Ultrajecti 1686. Inzwischen war nämlich Pufendorf nach der Einnahme Lunds durch die Dänen nach Stockholm berufen, und zu dem durch den Tod des Loccenius erledigten Amt eines königlichen Historiographen befördert worden unter gleichzeitiger Ernennung zum Staatssecretär und Geheimrath. So war es ihm vergönnt, auf Grundlage umfassender archivalischer Forschungen zu arbeiten, und schon war er mit einem neuen Werke über Karl Gustav's Geschichte beschäftigt, als er vom großen Kurfürsten nach Berlin berufen wurde. Schon 1684 hatte Friedrich Wilhelm Unterhandlungen mit dem berühmten Gelehrten anknüpfen lassen.[2]) Pufendorf gefiel sich in Schweden sehr wenig. Er beklagte sich bitter über die Antipathie, die dort gegen Ausländer herrsche,[3]) man habe ihn seit 1677 in Schweden unwürdig behandelt, er habe keine Mittel, um eine große Bibliothek zu erwerben, keine Mittel, um sich zur Erholung ein Landhaus außerhalb der Stadt zu verschaffen. Die Mitgift seiner Frau habe er verbrauchen müssen, seine Tochter vermöge er nicht standesgemäß auszustatten.[4]) Dazu kamen viele gehässige Streitigkeiten, in die er verwickelt wurde; seine Wittwe erzählte später dem Kanzler Ludowig, weil er in seinen historischen Werken nicht alle schwedischen Staatsmänner und Generale gleich lobend habe erwähnen können, seien diejenigen seine Feinde geworden, die sich nicht nach Verdienst gewürdigt glaubten. So gab er denn im Sommer 1686 dem brandenburgischen Residenten in Stockholm seine Zusage, 1687 im Januar erhielt er von der schwedischen Regierung seine Entlassung, wurde dann bis zu

---

[1]) Ich habe die einzelnen Schriften nach der Frankfurter Ausgabe von 1706 (hinter dem Naturrecht) citirt.
[2]) J. G. Droysen in den Berichten der sächs. Gesellsch. der Wissenschaften. Phil.-hist. Klasse 1864, S. 50 ff., dem auch die folgenden Notizen zu verdanken sind.
[3]) Nemeiz, Vernünfftige Gedanken über allerhand Materien. Frankf. 1739, I, 158.
[4]) Arckenholtz, Mémoires concernant Christine reine de Suède, IV, 60.

den Winter hingehalten und kam erst im Januar 1688 in Greifswald an, nachdem er vor seiner Abreise das vollendete Manuscript seines Karl Gustav dem jungen König Karl XI. vorgelegt hatte. Er wurde zum Historiographen und Hofrath, mit einem Jahresgehalt von 2000 Thaler, ernannt und empfing vom Kurfürsten eine schriftliche Sauvegarde; im Februar traf er in Berlin ein. Sein Werk über Friedrich Wilhelm III. war in der überaus kurzen Zeit von fünf Jahren beendet; schon 1693 wurde mit den Verlegern abgeschlossen.

Inzwischen wäre Samuel fast mit der schwedischen Regierung in Conflict gekommen. Bekanntlich war sein Bruder Esaias, seit lange ein Gegner der Oxenstjerna'schen Politik, nach dem Siege der letzteren in dänische Dienste getreten, worauf man ihm in Schweden den Prozeß machte. Samuel soll nun, so erzählt der nicht unzuverlässige Nemeitz,[1]) die Absicht gehabt haben, zur Vertheidigung seines Bruders eine Schrift zu veröffentlichen. Um dies zu verhindern, sei er 1694 in den Freiherrnstand erhoben und mit 8000 Thalern beschenkt worden. Ob diese Angabe wahr ist, kann man dahingestellt lassen; verdient hatte Pufendorf die Standeserhöhung hinlänglich durch seine wissenschaftliche Thätigkeit.

1694 wurde Pufendorf noch einmal nach Schweden berufen, um das durchgesehene Manuscript seines Karl Gustav zum Zweck der Herausgabe zurückzuempfangen. Auch politische Aufträge vom Brandenburger Hofe scheint er damals erhalten zu haben, wenn sich auch nicht mehr feststellen läßt, welcher Art. Seine Rückkehr überlebte er nicht mehr lange; er hatte einen Leichdorn oder einen Nagel am Fuß zu tief geschnitten; eine Entzündung trat hinzu. Am 16. October 1694 starb er, noch nicht 63 Jahre alt. Er hinterließ zwei Töchter, die ihm schon in Heidelberg geboren waren. Seine beiden historischen Hauptwerke erschienen erst nach seinem Tode, der Friedrich Wilhelm 1695, der Karl Gustav 1696. Aus seinem Nachlaß wurde auf seinen ausdrücklichen Wunsch noch das Jus feciale divinum sive de consensu et dissensu Protestantium herausgegeben, ein Werk, in dem Pufendorf mit Entschiedenheit die Nothwendigkeit einer Vereinigung der beiden protestantischen Kirchen betont. Ebenso wurde, wie oben erwähnt, aus seinem Nachlaß durch Gundling die Neubearbeitung des Monzambano herausgegeben.

Ueber Pufendorf den Juristen habe ich oben ein Urtheil Bluntschli's angeführt; Pufendorf den Politiker wird die vorliegende kleine Schrift, die man mit vollem Rechte ein Meisterwerk in ihrer Art genannt hat, charakterisiren, und ich schließe diesen Lebensabriß mit einem Urtheil Droysen's über Pufendorf den Historiker. „Das Werk Pufendorfs," sagt er von der Geschichte des großen Kurfürsten, „ist nicht eine vollkommene, aber eine in hohem Maß würdige Darstellung des großen Fürsten, von dem es handelt; und in diesem Sinne gehört es zu den besten historischen Werken, die es überhaupt giebt."

---

[1]) a. a. O. S. 67.

Die Monzambano-Literatur.

(Die mit * verſehenen Drucke habe ich nicht ſelbſt geſehen.)

1. Severini de Monzambano Veronensis, de statu imperii germanici ad Laelium fratrum, Dominum Trezolani, Liber unus. Genevae, apud Petrum Columesium M.DC.LXVII. —. Mit der Himmelskugel. (Vgl. Epist. ad amic. 103.) In Wahrheit gedruckt bei Abr. Blaq in Amſterdam. 12°. 6 Bll. und 228 Seiten.

2. * F. C. Bruggemann Tractatus de statu et scopo reip. germanicae, de illius tranquillitate ac securitate domi forisque tuenda, potissimis tuitionis mediis ejusque tum aequo tum iniquo fato, cum parergo contra Sev. de Monzambano novam hypothesin de statu Imperii germanici. 1667. Vgl. de rep. irreg. §. 17.

3. Instrumentum pacis Monasterio-Osnabrugense Observationibus Juridico-Historico-Politico-Philologicis illustratum Authore Joh. Burgoldio. J. C. 4°. Angekündigt im Frankfurter und Leipziger Meßkataloge Oſtern 1667 für die nächſte Meſſe. Der Leipziger Meßkatalog von Michaelis 1667 zeigt als erſchienen an: Notitia rerum illustrium Imperii Romanogermanici tripertita sive Discursus Juridico-Politico-Historici ad Instrumentum sive tabulas Pacis Osnabrugo-Monasteriensis per Philippum Andream Burgoldensem. Pars Prima 8°. Beide Bücher ſind von Ph. Andr. Oldenburger (vgl. über ihn Nr. 6), ſiehe den Briefwechſel Conrings, Gruber, II 1205. de rep. irreg. §. 9. Darin Ausführungen gegen Monzambano. Mir liegt von der Notitia die Editio secunda Freystadii 1689. 4°. vor, in welcher die Angriffe gegen Monzambano größtentheils ausgelaſſen ſind.

4. Exercitationes duodecim quibus Severini de Monzambano admodum promulsidis tractatus de Statu imperii germanici discutitur et quaedam chresimo, plura obelo notantur. Cis Veronam apud Severum Misosycophantam. M.DC.LXVIII. —. 12°. 1 Bl. 151 pp.

Iſt von Martin Schoock, Prof. zu Frankfurt a. O., brandenburgiſchem Hiſtoriographen und Rath († 1669). Ganz unbedeutend und geiſtlos. Vgl. de rep. irr. §. 8. Conring an Boineburg, 1. Mai 1668. Gruber II. 1216. —.

5. Severini Monzambani de germana Germanici imperii Forma ad Laelium Fratrem Litterae secretiores. MDCLXVIII. 12°. 12 Bll.; unpaginirt.

Iſt von Joh. Ludw. Praſch, Syndicus zu Regensburg und Deputirtem der Stadt auf dem Reichstage († 1690). Verfaſſer läßt Monzambano ſeine Anſicht über die Monſtroſität der Reichsverfaſſung in einem zweiten Briefe an ſeinen Bruder zurücknehmen und ſich für die respublica mixta ausſprechen.

6. Dn. de Monzambano illustratus et Restrictus Sive Sever. de Monzambano Veron. De Statu Imperii Germanici ad Laelium fratrem. Liber unus, Discursibus Juridico-Politicis explicatus et restrictus: In quibus etc. Opera et studio Pacifici a Lapide Germano-Constan-

tiensis. Utopiae Apud Udonem neminem, vico ubique, ad Insigne veritatis. 1668. 12°. 11 Bll. und 224 pp. Text des Monzambano ohne die Notae et stricturae, welche in dem mir vorliegenden Exemplar der Berliner Bibliothek fehlen. —. Verfasser ist Ph. Andreas Oldenburger aus Holstein, ein Schüler Conrings. Vgl. über ihn Conring an Boineburg 1/5. 1668. Gruber II 1216.

7. Severini de Monzambano Veronensis de statu imperii germanici ad Laelium fratrem dominum Trezolani liber unus. Accesserunt popularis et a parte patris et matris Veronensis (cum mater Severini Placentina fuerit) notae perpetuae. Eleutheropoli, apud Bonifacium Verinum M.DC.LXVIII. 12°. 7 Bll. 228 pp. und noch 40 unpaginirte Seiten. Text des Monzambano, mit ungemein scharfen, satyrisch boshaften, aber oft witzlosen Ausfällen gegen Monzambano in den Noten.
Verfasser ist unbekannt, scheint aber nach S. 49 Nr. 2. 3. ein Brandenburger zu sein.

8. Christiani a Teutoburg, Nobilis Franci Solida ac necessaria disquisitio, de forma imperii germanici, ad Severini de Monzambano Caput VI. Diss. de Statu imp. germ. MDCLXVIII.
Tacitus: Breve confinium artis et falsi. 12°. 1 Bl. 80 pp. Die Worte des 6. Cap. mit fortlaufender Widerlegung. Der ganzen Schrift des Monzambano wird ignorantia und malitia vorgeworfen. Der Verfasser ist sonst unbekannt.

9. Severini de Monzambano Veronensis de statu Imperii germanici, ad Laelium fratrem, dominum Trezolani Liber unus. Editio nova, emendata et aucta. (Vignette Himmelskugel) Veronae. Apud Franciscum Giulium A°MDCLXVIII. 12°. 12 Bl. und 275 pp. Einfacher Text ohne Zusätze, soweit ich verglichen habe. — Vgl. über diesen Druck. jedenfalls einen holländischen, Pieters Annales de l'imprimerie des Elsevier Gand, 1858, S. 434, wo die Zahl 375 pp. in 275 zu berichtigen ist. —

10. *Joh. Ulricus Zeller Dissertatio de Statu imperii germanici contra Monzambanum. 1668. Eine in Tübingen vertheidigte Dissertation, über die ich nichts weiter weiß, als was der deutsche Uebersetzer in der Vorrede und Pufendorf de rep. irr. §. 18 sagt.

11. Jacobi Bernhardi Mulizii Dissertatio de libertate omnimoda quatenus ea cumprimis Germaniae competit, cui interserta praecipuae opinionis Monzambanianae refutatio, Trutina plerorumque principum et rerum publicarum Europae quibus libertas vulgo tribuitur etc. Norimbergae. Typis Christophori Gerhardi. Anno MDCLXVIII. 4°. 11 Bll. 118 pp. Diese Schrift, von der sich ein Exemplar auf der Hamburger Stadtbibliothek befindet, scheint Pufendorf selbst nicht bekannt geworden zu sein und wird auch von keinem Bibliographen erwähnt. Die Polemik gegen Monzambano beginnt in Cap. V.

12. Dissertatio de republica irregulari quam Praeside Sam. Pufendorf Jur. nat. et Gent. Prof. Primar. in academia Carolina publico eruditorum examini submittet Herman Sibrand Rostochiensis ad d. V. November. Londinis Scanorum Typis Viti Haberegger ꝛc. 4°. Die Vertheidigung des 6. Cap. des Monzambano. Ein anderer Druck derselben Dissertation (*Nr. 12 b) unter dem Titel: Sam. Pufendorfii disquisitio de republica irregulari ad Severini Monz. de Forma Imperii

Germ. Lond. Scan. apud Adam Junghans ift in ben Franffurter unb
Leipziger Meßkatalogen von Oſtern 1669 angezeigt. Wieder gedruckt ist
die Schrift in Sam. Pufendorfii Dissertationes academicae selectiores.
Upsalae 1677. 8°. S. 301—357 unb Addenda S. 529—573.
13. * Severin von Monzambano, eines Veronefers, ungeſcheuter offen-
herziger Discurs von der wahren Beſchaffenheit und Zuſtand des teutſchen
Reichs. 1669. 12°. Diese deutſche Ueberſetzung ſoll von einem Mitglied
der fruchtbringenden Geſellſchaft in Leipzig verfaßt ſein.
14. L'estat de l'empire d'Allemagne de Monzambano. Traduit
par le Sieur Fr. S. d'Alquie (Vignette Himmelskugel). A Amsterdam.
Chés Jean J. Schipper. Anno 1669. 12°. 6 Bl. 392 pp. Vgl. Pieters
Annales de la typ. des Elseviers 434. — Widmung an P. Blaeu, Secretär der Stadt Amſterdam, dann kurzer Advis au lecteur, darauf ein
Sonett und drei Epigramme. Die Ueberſetzung iſt überaus mangelhaft,
der Sinn des lateiniſchen Textes meiſt gar nicht verſtanden. Viele Zu-
ſätze des Ueberſetzers ſind hinzugefügt, anderes ist willkürlich weggelaſſen,
wieder anderes (ſo die antikatholiſchen Stellen des letzten Capitels) mit
abſichtlicher Fälſchung entſtellt.
15. Dominus de Monzambano illustratus et restrictus sive Severini de Monzambano Veronensis de statu imperii Germanici ad Laelium Fratrem, dominum Trezolani, Liber unus Discursibus Juridico-
Historico- Politicis explicatus et restrictus: In quibus etc. Opera et
Studio Pacifici a Lapide Germano-Constantiensis. Editio Secunda cui
accesserunt gemini Indices juridico Historici, alter in Monzambanum,
alter in Pacificum a Lapide. Vtopiae. Apud Vdonem Neminem, vico
Ubique, ad Insigne Veritatis 1669. 8°. 12 Bl. 159 pp. Text des
Monz. und 411 pp. Notae et Stricturae. Darauf Indices. — 2. Auflage von No. 6.
16. Disquisitio de republica Monstrosa. Contra Monzambano
ejusque asseclas. Iſt von Karl Scharſchmidt, damals J. U. DD. zu
Jena, † 1717. Das Buch muß im Anfang der 70er Jahre gedruckt
ſein; mir liegt es nur vor anhängend an Anonymi notitia Imperii Ro-
mani Cosmopoli 1679. 8°.
Eine Ausgabe zu Merſeburg 1676 erwähnt Lipenius in der Bibl.
juridica realis I, 521. Pufendorf beantwortete die ſchwülſtige, hochtrabende,
aber nicht ſehr geiſtvolle Schrift in den Addenda zur Diss. de rep. irr.
S. 553.
17. * Dritte Auflage von No. 6 und 14, 1671, 8°., erwähnt Roter-
mund, Fortſetzung und Ergänzung zu Jöchers Gelehrten-Lexicon VI, 1031.
18. * Karl Scharſchmidt. Defensio Disquisitionis de republica
monstrosa. — Jahr und Ort des Erſcheinens ſind mir nicht bekannt;
ſie iſt die Duplik gegen die Addenda.
19. * Joannis Rolleti Scharenschmidius vapulans. Stralsundae 1678.
8°. Wahrſcheinlich von Pufendorfs Freunde Gottfr. Klinger, damals in
Jena. Die Widerlegung von No. 18.
20. * Vierte Auflage von No. 6, 14, 16. 1682. 8°., erwähnt Roter-
mund VI, 1031.
21. * Ausgabe des Monzambano Amſterdam apud Gerbrandum
Schayen 1680. 216 pp. 12°. erwähnt von Moſer nach Mémoires de
littérature par Mr. de S... II, 2. 186.

22. Severini de Monzambano Veronensis de statu imperii Germanici ad Laelium fratrem Dominum Trezolani Liber unus. Editio novissima, additionibus necessariis aucta atque emendata. Anno MDCLXXXIV. 14 + 1 Bll. 338 + 53 pp. 8°. Der Herausgeber des wahrscheinlich in Straßburg gedruckten Buches ist Ulrich Obrecht, geb. 1646, gest. 1701, Professor zu Straßburg. Auf S. 328 folgt: Ulrici Obrechti in S. de M. de statu imperii germanici librum, Exercitationum academicarum specimen, ein Commentar aber nur zu den zwei ersten Capiteln. Der Herausgeber sagt, er habe den ursprünglichen Text des Monz., der vielfach interpolirt sei, wieder hergestellt; die Zusätze und Erweiterungen, die er gebe, stammten vom Verfasser her. Zugesetzt sind aber nur die Lemmata Capitum nnd berichtigt sind nur im 2. Capitel einige Angaben über die fürstlichen Familien, mit Berücksichtigung der seit 1667 eingetretenen Aenderungen.

23. Jo. Georgii Kulpis JC. In Severini de Monzambano, de statu imperii Germanici Librum Commentationes academicae. Stutgardiae. Sumptibus Jo. Gothofredi Zubroti Typis Melchioris Gerhardi Lorberi. o. J. 8°. 10 Bll. (eine fehlt wahrscheinlich in meiner Ausgabe). 2 partes von 597 + 277 pp. ohne den Index. Ein ausführlicher, bisweilen scharf angreifender Commentar, ohne Wiederholung des Textes des Monzambano. Verfasser geb. 1652, gest. 1698, war vorher Professor in Straßburg, dann würtembergischer Geheimrath und Consistorialdirector. — Nach Lipenius und Buder wäre das Buch 1682 erschienen, und die Vorrede ist in der That datirt Gießen, Mai 30. 1682, aber da S. 15 schon der Obrecht'sche Commentar (Nr. 22) erwähnt wird, kann das Buch frühestens 1684 gedruckt sein.

24. *Zweite Auflage von No. 22. Argentorati 1687. 4°. Erwähnt Lipenius 255. Buder (Struve, Bibl. jur. sel. em. a. Chr. G. Buder ed. 8°. Jenae 1756) 755.

25. *Zweite Auflage von No. 23. Stutgardiae 1688. 8°. Erwähnt Lipenius 255, Buder 755.

26. *The present state of Germany. London 1690. 8°. Englische Uebersetzung von Edmund Bohun. Oft erwähnt, aber mir nicht zugänglich.

27. Severini de Monzambano Veronensis De Statu Imperii Germanici ad Laelium fratrem Dominum Trezolani Liber unus. Editio novissima. Accesserunt scholia continua, Autorem explicantia et magnam partem adversus objectiones aliorum Commentatorum, potissimum Celeberrimi Kulpisii, defendentia in usum Auditorum conscripta a Christiano Thomasio, P. P. Halae Magdeburgicae-Typis et Impensis Christophori Salfeldii Regim. Elect. Brand. Typographi 1695.
6 Bll. 436 pp. 8°. Voran geht eine Widmung an die Zuhörer des Herausgebers, mit einem lesenswerthen Conspectus über die Einleitung, welche er bei seinen Vorlesungen über den Monzambano vorauszuschicken pflegte. Der Commentar ist sehr sorgfältig und gut. Ueber die Person des Herausgebers brauche ich nichts hinzuzufügen.

28. Samuelis L. B. de Pufendorf De statu Imperii Germanici Liber unus. In usum regiae Berolinensis Academiae cum praefatione in lucem editus Cura Jacobi Pauli Gundlingi, in regia Berolinensi academia Juris publici ac Historiarum P. P. Editio posthuma. Co-

loniae ad Spream, Sumptibus Johannis Andreae Rüdigeri Anno MDCCVI. 8 Bll. 240 pp. 8°. Voran gehen eine Dedication, eine Vorrede Gundlings, worin er mittheilt, P's. Wittwe habe ihm aus dem Nachlaß ihres Gemahls das von ihm selbst revidirte Exemplar zur Publication übergeben, dann eine Vorrede Pufendorfs, worin er sich als Verfasser nennt und die Aenderungen dieser Ausgabe motivirt. Siehe unten.

29. *Ausgabe von J. G. Titius, Leipzig 1708. 8°. mit Commentar. Der Text der Editio posthuma, mit Hinzufügung der Abweichungen der übrigen Ausgaben in Klammern.

30. Samuels Freiherrn von Puffendorff kurzer doch gründlicher Bericht von dem Zustande des H. R. Reichs Teutscher Nation vormals in Lateinischer Sprache unter dem Titel Severin von Monzambano herausgegeben, anietzo aber ins Teutsche übersetzt und nach des seel. Herrn Autoris eigenhändigen Exemplar eingerichtet u. s. w. Deme noch beygefüget 1. Die Historie von dem wunderlichen Lärmen und Tumult welcher in der gelehrten Welt dieses Buches wegen entstanden. 2. Des Herrn Autoris Untersuchung von der Beschaffenheit eines irregulieren Staats. 3. Vita Fama et Fata litteraria Puffendorffiana oder denkwürdige Lebens-Memoire des weltberuffenen Herrn Autoris u. s. w. Leypzig bey Johann Ludwig Gleditsch und M. G. Weidmann. 1710. 8. 28 Bll. 804 pp. ohne die Register. Die Uebersetzung soll nach einer Notiz auf S. 477 der gleich zu erwähnenden zweiten Auflage No. 31 von einem gewissen Dahlmann sein. Als Verfasser der ziemlich brauchbaren Biographie Pufendorfs (S. 639—804), in der besonders die literarischen Fehden P's. aufs weitläufigste erzählt werden, nennt sich S. 639 Petronius Hartwigus Adlemannsthal. Ueber die Uebersetzung selbst vgl. Moser, Bibl. Jur. publ. II 536 ff.

31. Zweite Auflage von No. 27. Halae 1715. 8°. 14 Bll. 712 pp. ohne den Index. Thomasius hat in dieser zweiten Ausgabe ebenfalls den Text der Editio posthuma zwar nicht zu Grunde gelegt, aber doch berücksichtigt. Der Commentar ist der beste, der geschrieben ist.

32. Zweite Auflage von No. 30. Leipzig 1715. 8°. 28 Bll. 1376 pp. ohne das Register. Die Verleger sagen in der Vorrede, man habe die Revision der Uebersetzung einer Person anvertraut, welche durch ihre Capacität und viele Proben im Jus publicum einen großen Applaus bei der gelehrten Welt gefunden habe. Nach der Angabe Pütters u. a. wäre es J. Chr. Zschackwitz in Leipzig.

33. Etat de l'empire par Samuel de Puffendorff ensemble la capitulation et la pragmatique de l'empereur Charles VI. traduite en François avec des notes Historiques et Politiques Suivies de quelques mémoires sur les démêlés actuels des Princes. Partie première. a Strassbourg. Par Jean Henry Heitz imprimeur. 1728. 4°. 20 Bll. 388 pp. Gewidmet an den Cardinal Fleury von dem Uebersetzer J. François Spon als Vorbereitung für den demnächst stattfindenden Congreß. Die Uebersetzung ist bedeutend besser, als die erste französische. auch die Noten sind bisweilen recht brauchbar. Cap. VIII. §. 5 und folgende sind weggelassen.

34. Sam. L. B. de Pufendorf, antea Severini de Monzambano, de Statu imperii germanici liber unus olim cura B. Titii cum notis variorum editus nunc denuo excusus et notis ad praesens saeculum accomodatis atque praefatione de libertate scutiendi in causis publicis

restricta auctus a Jo. Godofr. Schaumburg I. U. D. Eiusdemque in Academia Hasso-Scaumburgiana Profess. ordin. Lipsiae Sumtibus Michaelis Blochbergeri. 1734. 36 Bll. 564 pp. excl. des Index. Voran geht eine Widmung, dann folgt die Diss. praeliminaria de libert. sent. in caus. publ. restricta, dann die Vorrede der Editio posthuma, ein Index Capitum, der Brief an Laelius v. Trezolano. Die Noten sind zum größten Theil aus den früheren Commentaren zusammengestellt, nur wenige sind von Schaumburg selbst. Der Name des Verfassers ist jeder Anmerkung beigefügt. Der Text ruht wesentlich auf der Editio posthuma, die Lesarten der früheren Ausgaben sind in Klammern beigefügt, die Zusätze der posthuma durch Anführungszeichen gekennzeichnet.

Für die nachfolgende Uebersetzung konnten nur zwei Texte, der der ersten und der der posthumen Ausgabe in Betracht kommen. Alle dazwischen liegenden Ausgaben sind mehrfach interpolirt und geändert: aber es ist für diese Abänderungen die Autorschaft Pufendorfs nicht erwiesen auch nicht dadurch, daß er sie zum Theil später in die posthuma aufgenommen hat. Die Aenderungen nun, welche P. in letzterer vorgenommen hat, sind theils nur redactioneller, theils sachlicher Natur. Der alternde Geheimrath Pufendorf war nicht mehr derselbe, wie der jugendlich-feurige Heidelberger Professor: er hat vieles gemildert und diplomatisch abgeschwächt. Unter diesen Umständen habe ich mich für die Uebersetzung an den Text der ersten Ausgabe gehalten und nur bedeutendere Aenderungen der pothuma in den Anmerkungen erwähnt.

Severinus von Monzambano

(Samuel von Pufendorf),

Ueber die Verfassung des deutschen Reiches.

———

Severinus von Monzambano an Laelius von Monzambano, Herrn von Trezolano, seinen Gruß.[1])

In vielen Deiner Briefe, liebster Bruder, hast Du mir die Frage vorgelegt, weshalb ich Deutschland so lange durchreist habe. Nachdem ich jetzt endlich, bewogen durch Deine ernsten Mahnungen, mich zur Rückkehr entschlossen habe, will ich Dir die Antwort nicht länger schuldig bleiben.

Es ist bekannt, daß unsere Landsleute sonst nicht eben eine Vorliebe für ausgedehnte Reisen haben, weil wir glauben, daß die uns angeborenen Geistesanlagen in ihrer glänzenden Entwickelung einen Aufenthalt im Auslande überflüssig machen; während es bei den Deutschen schon den Ruf einer gewissen Bildung giebt, auch nur von den Gipfeln der Berge herab Italien erblickt zu haben.

Du weißt, daß ich durch das Geschäft, welches mich über die Alpen geführt hat, länger, als ich erwartet hatte, am bairischen Hofe aufgehalten bin. Hier habe ich nun, um meine Mußestunden auszufüllen, mich eingehend mit den italiänischen Schriftstellern beschäftigt, welche den deutschen Krieg darstellen. Denn diesen schenken selbst die Deutschen mehr Glauben, als den Schriften ihrer eigenen Landsleute, bei denen theils Parteibestrebungen, theils Furcht und Rücksichten die Wahrheit verdunkeln; und ihre eigene Hauptschrift[2]) über diesen Krieg, ein weitläufiges, vielbändiges Werk, könnte man fast mit mehr Recht, als die Alten das Chaos, eine «rudis indigestaquo molse» nennen. Da las ich nun mit Bewunderung von jenen so bedeutsamen Ereignissen, und von den zahlreichen, blutigen Schlachten, die dort geschlagen sind und ich erstaunte darüber, daß das Land, an dessen Untergang Einheimische und Fremde 30 Jahre lang um die Wette gearbeitet haben, so viele schwere Schläge hat ertragen können. Bald kam mir der Wunsch, die Macht und Bedeutung des Volks, die Verschiedenheit der Stämme, und das Band, das den ganzen ungeheueren Staat zusammenhält, genauer kennen zu lernen.

---

[1]) Dieser Brief ist in der Editio posthuma (P. G.) natürlich ausgelassen, da der Verfasser hier ja die Pseudonymität aufgab.
[2]) Gemeint ist jedenfalls J. Ph. Abelin, Theatrum Europaeum, oder Beschreibung aller denkwürdigen Geschichten, die hin und wieder, fürnemlich in Europa hernach auch an andern Orten der Welt, sowohl in Religion als Polizey-Wesen von J. Christi 1617 sich zugetragen. 21 Bde. Frankfurt 1635—1738 fol., von Bd. 3 an von verschiedenen fortgesetzt bis 1718.

Freilich mußte ich viele Geduld bewähren, mehr fast, als man bei einem Italiäner voraussetzen sollte. Denn abgesehen davon, daß ich die deutsche Sprache erlernen mußte, welche von allen europäischen die schwierigste ist, glaubte ich auch anfangs, daß nur der die deutschen Verhältnisse gründlich kennen lernen könne, der alle deutschen Schriftsteller, die das öffentliche Recht (jus publicum) behandeln, vom ersten bis zum letzten durchstudirt habe. So erlangte ich denn, freilich nicht ohne Mühe, von einem Rath, dessen Bibliothek in dieser Wissenschaft sehr reich ist, das Versprechen, mir die für meinen Zweck passendsten Bücher zu besorgen. Er war freundlich genug — zeigte er doch dadurch zugleich seinen Büchererreichthum — mir alsbald durch zwei kräftige, unter ihrer Last seufzende Diener, in wiederholten Gängen, das Zimmer so mit Büchern anfüllen zu lassen, daß für mich kaum noch ein Platz übrig blieb. Für den ersten Anfang, ließ er mir sagen, würde dies meinen Hunger stillen; die eigentliche Hauptmahlzeit solle später nachfolgen. Ich erschrak, wie Jemand, der auf rauhem Pfad plötzlich auf eine Schlange tritt und seufzte über die Qual, die ich mir selbst bereitet hatte. Nachdem ich vorher so viel Lerneifer gezeigt hatte, jetzt schon beim bloßen Anblick der Bücher anderen Sinnes zu werden, hielt ich nicht für schicklich, und doch glaubte ich mit meinem Wunsche, die deutsche Verfassung kennen zu lernen, kein so schweres Verbrechen begangen zu haben, daß es eine so harte Strafe verdient hätte. Mir ward ganz schwül; da fiel mir zur rechten Zeit ein Wort eines Gelehrten aus unserer Heimath ein. Alle Deutschen, hatte er gesagt, leiden an einer kaum zu befriedigenden Schreibwuth;[1] da es nun aber den wenigsten gegeben ist, durch eigene Erfindungskraft oder feine und anmuthige Darstellung den Beifall ihrer Zeitgenossen sich zu erwerben, so begnügen sich die meisten, die das einmal dem Verderben geweihte Papier nicht begnadigen wollen, hier und da aufgeraffte Gedanken zu einem Buche zusammenzustoppeln, oft ohne eine Spur von eigenem Urtheil. Auch gilt es bei ihnen nicht für Plagiat, die Bücher anderer Gelehrten als ihre eigenen zu verkaufen, wenn sie nur hier und da ein paar eigene Worte hinzugefügt haben. Manche endlich glauben um deswegen eine Stellung in der schriftstellerischen Welt einzunehmen, weil sie aus einer ausführlichen Darstellung ein Compendium oder Tabellen ausgezogen haben, was mehr der Gedankenlosigkeit, als dem Gedächtniß zu gute kommt.

Ich glaubte daher nur nöthig zu haben, mich mit einer dieser Schriften bekannt zu machen, um sie alle zu kennen, um so mehr, da sie alle von Juristen verfaßt waren, bei denen es zum guten Ton gehört, sich gegenseitig auszuschreiben. Ich machte mich also mit eiserner Geduld an eins dieser Bücher, das sich durch seinen äußeren Umfang besonders auszeichnete und das ich auch schon vielfach hatte rühmen hören.[2] In diesem, glaubte ich, würden alle früheren ebenso ausgeschrieben sein, wie es selbst wieder von allen späteren ausgeschrieben ist. Bei dieser Lecture nun be-

---

[1] Ohne es zu wissen, wiederholt Pusendorf hier in der That nur das Urtheil eines italienischen Staatsmannes. Der venetianische Gesandte Contarini hatte schon 1650 an seinen Senat berichtet: Gl'alemanni sopra ogn'altra natione sono dediti al scritturare. Fontt. Rer. Austriacar. II, 26. p. 317.

[2] Wahrscheinlich ist Limnaeus, Jus publicum Imperii Romano-Germanici. 5 Bde. gemeint.

reitete mir das manche Erleichterung, was andere ganz besonders hätte verdrießen können; denn je mehr Gleichgültiges und nicht zur Sache gehöriges ich eingeschoben fand, um so schneller hoffte ich zu Ende zu kommen. Die äußere Beschaffenheit des römischen Reichs lernte ich aus diesem Buche nun zwar so ziemlich kennen; aber während der Verfasser ein sichtliches Bestreben an den Tag legte, seine Kenntniß des römischen Rechts zu zeigen, und alles, was er irgendwo gelesen hatte, hier auskramte, fiel es mir um so mehr auf, daß er gründliche politische Kenntnisse durchaus vermissen ließ. Denn derartige Notizen aus dem römischen Recht zusammenzutragen, dazu gehört nur ein klein wenig Geduld und gar kein Scharfsinn; aber wer ohne von der Geschichte Deutschlands und der Politik die geringsten Kenntnisse zu besitzen sich die Darstellung eines so unregelmäßigen Staatsgebildes zur Aufgabe stellt, der besitzt ebenso viel Talent dazu, als der Esel zum Saitenspiel.

Als ich nun endlich mit diesem langweiligen Buche zu Ende war und bemerkte, daß die anderen ihm ganz ähnlich waren, entschloß ich mich, einen ganz anderen Weg einzuschlagen und, ohne mich an die Kleinigkeitskrämerei alberner Bücherschreiber weiter zu kehren, verständige, in den Geschäften erfahrene Männer um das zu befragen, was mir zweifelhaft erschien. Und das trug mir gute Früchte. Denn ich erfuhr auf diese Weise manches, was man in keinem Buche finden dürfte; außerdem aber erwarb ich mir durch meine Wißbegierde das Wohlwollen Vieler, wie ja die Deutschen gegen Fremde überhaupt nicht unfreundlich zu sein pflegen; denn es gefiel ihnen an mir besonders, daß sie mich nicht, wie die meisten Fremden, vor der Beschäftigung mit ihrem Staatswesen zurückschrecken sahen. Und je unbefangener und freier ich mit ihnen verkehrte, um so lieber gewannen sie mich; denn sie glaubten bei mir ein Streben nach derselben Aufrichtigkeit wahr zu nehmen, die sie an sich selbst so gern anerkannt sehen. Ich glaubte nun ihr Wohlwollen für meinen Zweck ausnutzen zu müssen.

Als in München mein Geschäft nach Wunsch beendigt war, begab ich mich deshalb nach Regensburg, wohin der drohende Türkenkrieg viele Fürsten zusammengeführt hatte. Hier konnte ich nun leicht aus eigener Anschauung das innerste Wesen der deutschen Verhältnisse kennen lernen, und zugleich beobachten, ein wie loses Band den ganzen Staat zusammenhält. Durch die Vermittelung meines Freundes aus Baiern wurde ich hier mit dem damaligen Leiter der Geschäfte des Mainzer Hofes bekannt, einem Manne, wie ich in Deutschland keinen zweiten kenne und der sich einer allgemeinen Achtung erfreut.[1] Ich wurde von ihm mit einer Freundlichkeit aufgenommen, wie ich als Fremder und ihm Unbekannter sie kaum bei einem Manne erwarten konnte, dessen Wohlwollen auch durch Schmeichelei zu erwerben, die Gelehrten aller Orten für ehrenvoll halten. Und nicht allein in Regensburg verschaffte mir seine Gunst viele Freunde, sondern er versah

---

[1] Gemeint ist Joh. Chr. v. Boineburg, geb. 1622 gest. 1673, von 1652 bis 1664 kurmainzischer Geheimrath und Oberhofmarschall, dann in Ungnade gefallen und entlassen. Boineburg war bis zu seiner Entlassung die Seele der Mainzer Politik, welche unter dem Kurfürsten Johann Philipp aus dem Hause Schönborn weitreichende Pläne verfolgte. Vgl. über ihn Guhrauer Leibnitz's Deutsche Schriften, Berlin 1838. I, 12 ff., der übrigens die Mainzer Politik mit ihrer durchaus partikularistisch-eigensüchtigen Richtung viel zu günstig beurtheilt.

mich auch, als ich ihn von meiner Absicht, einen Theil Deutschlands zu bereisen, benachrichtigt hatte, mit Empfehlungsbriefen, denen ich an verschiedenen Höfen eine freundliche Aufnahme verdanke.

Ich fuhr nun zunächst die Donau herunter nach Wien, wo ich einige unserer Landsleute traf, denen das Glück günstiger gewesen war, als sie vielleicht verdienten. Ihnen verdanke ich, daß ich hier nicht als Fremder behandelt wurde. Sehr günstig traf ich es dann, daß grade ein kaiserlicher Minister, mit dem ich befreundet war, als Gesandter an die kurfürstlichen Höfe von Sachsen und Brandenburg abreiste. Auf seine Einladung schloß ich mich ihm als Begleiter an. Er meinte, die bekannte italiänische Nüchternheit würde mich vor der Gefahr schützen, bei den feierlichen Gelagen, bei denen nüchtern zu bleiben die Deutschen für feige halten, aus lauter Höflichkeit im Weine zu ertrinken.

Von Berlin aus machte ich einen Abstecher an den braunschweigischen Hof und es war mir sehr erwünscht, hier die Bekanntschaft eines Helmstädter Professors[1]) zu machen, dessen vorzügliche Kunde von den deutschen Verhältnissen ich schon in Regensburg besonders hatte rühmen hören. In den meisten Punkten waren wir über die deutschen Zustände einer Ansicht; und er theilte mir auch seine Schriften, welche einen von den meisten Büchern ganz verschiedenen Geist zeigen, aufs bereitwilligste mit. Wie freimüthig aber auch darin vieles besprochen war: bisweilen bemerkte ich doch, daß der Verfasser aus Rücksicht für hochgestellte Persönlichkeiten, oder um das Geschrei der thörichten Menge zu vermeiden, seine wahren Gedanken unterdrückt hatte. Daher kam mir hier zuerst der Gedanke, die vorliegende Schrift zu entwerfen; ich hoffte, die Deutschen würden von einem Fremden die Wahrheit lieber hören, als von einem Landsmanne, auch bei jenem nicht so leicht Parteilichkeit, Schmeichelei oder Rachsucht voraussetzen.

Da ich einmal so weit gekommen war, wäre es eine allzu große Bequemlichkeit gewesen, nicht nach den Niederlanden zu gehen. Hier hätte ich mich nun wohl noch länger aufgehalten, wenn nicht Deine dringenden Briefe, zugleich aber auch meine häuslichen Angelegenheiten, mich ernstlich an die Rückkehr gemahnt hätten. So fuhr ich denn den Rhein herauf nach Düsseldorf, wo ich eine gleich günstige Aufnahme fand, wie vorher zu Neuburg, und wie bald darauf zu Bonn. Am Mainzer Hofe dagegen war man mir weniger geneigt, weil ich unvorsichtig genug war, jenen oben erwähnten Minister, der inzwischen aus mir unbekannten Gründen entlassen war,[2]) zu laut zu rühmen. Mein Versuch, den Kurfürsten von der Pfalz kennen zu lernen, dem an Genialität und Weisheit kein deutscher Fürst gleichkommen sollte, wie man mir gesagt, hielt mich, so sehr es mich auch

---

[1]) Hermann Conring, geb. 1606 gest. 1681, Professor der Naturphilosophie, der Medizin und der Politik zu Helmstedt, ostfriesischer, schwedischer, braunschweigischer und dänischer Geheimrath. Conring war der berühmteste Politiker seiner Zeit; auf allen Gebieten gleich bewandert, ist er in allen Wissenschaften schriftstellerisch aufgetreten. Eine gute Biographie dieser überaus merkwürdigen Persönlichkeit wäre sehr dankenswerth und würde einen der werthvollsten Beiträge zur Geschichte der Wissenschaften in Deutschland geben.

[2]) Vgl. oben S. 25 Anm. 1. Diese Bemerkung ist wichtig, denn es ergiebt sich daraus, daß die fingirte Reise Monzambanos in die Jahre 1664—1665 gefallen wäre. In diesen Jahren wird also wahrscheinlich auch die Schrift verfaßt sein.

nach Hause zog, in Heidelberg einige Zeit auf. In der That verdient dieser Fürst den hohen Ruhm, den er sich erworben hat, vollkommen und ich zähle es zu den schönsten Erinnerungen meiner Reise, daß es mir vergönnt war, ihn zu begrüßen und seine reichen Geistesgaben kennen zu lernen. In Stuttgart konnte ich, da mich die Annehmlichkeiten des Heidelberger Aufenthalts länger gefesselt hatten, nur wenige Tage verweilen; doch waren auch diese nicht ohne Nutzen für mich.

Du siehst also, liebster Bruder, wie mir die Zeit in Deutschland vergangen ist, und Du wirst es zu schätzen wissen, daß ich das freundliche Entgegenkommen dieses braven Volkes für meinen Zweck möglichst ausgenutzt habe. Den Deutschen kann ich für jetzt keinen anderen Dank abstatten, als daß ich ein treues Bild von ihrem Reiche entwerfe.

Wenigstens meinen Landsleuten, glaube ich, wird diese Arbeit nicht unangenehm sein, da sie grade das giebt, was wir von fremden Staaten zu wissen wünschen, und da ich durch absichtliche Kürze der Ermüdung vorzubeugen mich bestrebt habe. Dir aber, liebster Bruder, habe ich dies Buch gewidmet, um so die lange Dauer meiner Reise zu rechtfertigen, welche Dir, der Du meine Angelegenheiten zu verwalten hattest, viel Mühe und Arbeit bereitet hat. Du wirst daraus zugleich erkennen, daß die Beschaffenheit der deutschen Verhältnisse Wißbegierde wohl erwecken kann. Uebrigens bin ich mir wohl bewußt, daß meine Gabe im Verhältniß zu Deiner Güte gegen mich und zu unserer brüderlichen Liebe nur sehr unbedeutend ist. Leb wohl!

Erstes Capitel.

Die Anfänge des deutschen Reiches.

§. 1. Umfang des alten Germaniens.

Großgermanien[1]) wurde einst im Osten von der Donau, im Süden vom Rhein begrenzt. Nach Sarmatien zu scheint Germanien ehemals dieselbe Ausdehnung gehabt zu haben, wie heute; im übrigen bildete das Meer die Grenze. Man verstand daher unter jener Benennung auch Dänemark, Norwegen und Schweden bis zum bodnischen Meerbusen mit; Länder, welche die Alten meist unter dem Namen Scandinavien zusammenfassen. Was aber jenseits jenes Meerbusens liegt, darf man meiner Ansicht nach nicht zum alten Germanien rechnen. Denn daß die heutigen Finnen einer den Schweden und den anderen deutschen Stämmen nicht verwandten Völkerfamilie angehören, das lehrt schon die Verschiedenheit der Sprache. Auch scheint, was Tacitus in seiner Germania von den Finnen berichtet, sich nicht auf diese, sondern auf die Lappländer zu beziehen, deren Lebensweise noch heute fast dieselbe ist. Die heutigen Finnen aber sind wohl unter den Aestyi des Tacitus zu verstehen: denn daß der römische Historiker jene entfernten Völkerschaften, von denen kaum eine schwache Kunde bis zu ihm gedrungen war, nicht genau von einander unterscheiden konnte, wird uns nicht wundern können.

Heute nun bilden jene nordischen Länder besondere Reiche; und Deutschlands Grenze nach jener Richtung ist die Ostsee, ja Dänemark nimmt sogar noch einen großen Theil der cimbrischen Halbinsel für sich in Anspruch. Dagegen hat aber Deutschland, wie zur Ausgleichung, nach Italien und Illyrien zu seine Grenzen erweitert, und auch links vom Rhein ist ein bedeutender Landstrich hinzugekommen, der einst zum belgischen Gallien gehörte.

---

[1]) Es kann nicht meine Aufgabe sein, die Pufendorf'sche Auffassung der altgermanischen Verhältnisse zu berichtigen und auf einzelne Irrthümer hinzuweisen. Im Ganzen wird man anerkennen müssen, daß P's. Ansichten zum großen Theil noch heute als richtig gelten, und man wird das bei dem unvollkommenen Stande der Geschichtsforschung jener Zeiten mit Recht bewundern dürfen. — Die Literatur über die in diesem Capitel berührten Verhältnisse s. in Dahlmann, Quellenkunde zur deutschen Geschichte. 3. Aufl. v. Waitz, Göttingen 1869, S. 69 ff.

§. 2. Verfassung des alten Germaniens.

Das weite, von diesen Grenzen eingeschlossene Gebiet bewohnten nun einst viele Völkerschaften, denen die Zahl und Kraft der Stammesgenossen Bedeutung verlieh. Jede von diesen bildete einen eigenen Staat, und nur die Uebereinstimmung an Sitten und Sprache, und die gemeinschaftliche Abstammung verband sie alle. Die meisten von ihnen hatten eine demokratische Verfassung, einige hatten zwar Könige, aber diese waren weniger mit der Macht eines Herrschers, als mit dem Ansehen eines Rathgebers ausgestattet: denn volle Knechtschaft hat dies Volk nie ertragen können. So bildete denn das alte Germanien, wie Spanien, Gallien, Brittannien und Griechenland, bevor diese Länder von den Römern unterworfen wurden, kein einheitliches Reich: ein Zustand, dem noch deutliche Spuren des ersten Ursprungs der Staaten anhafteten, welche ja bekanntlich dadurch entstanden sind, daß einzelne früher getrennt lebende Familien sich zu einer socialen Einigung verbunden haben.

Diese Autonomie und Unabhängigkeit der einzelnen Staaten entsprach nun zwar den Wünschen der Germanen vollkommen: aber sie führte auch zu häufigen Kämpfen der germanischen Stämme untereinander, und zugleich waren die sonst so kräftigen Völkerschaften feindlichen Angriffen grade deshalb um so leichter ausgesetzt, weil kein einheitliches staatliches Band ihre Kräfte zusammenhielt. Denn man schloß auch nicht einmal zeitig genug Bündnisse ab: sondern dann erst erkannte man die Vortheile der Einheit, als alle im Einzelkampfe sich unterlegen sahen.

§. 3. Die Franken. Ihre Abstammung.

Die Veranlassung nun zur Veränderung dieser Verfassung rührt von den Franken[1]) her. Man hat darüber gestritten, ob dieser Stamm zu den Galliern oder zu den Germanen zu zählen sei. Denn daß die Gallier und Germanen, die ja alle mit den Illyriern, Hispaniern und Brittanniern von den Griechen unter dem gemeinsamen Namen Celten zusammengefaßt wurden, wenn sie auch urverwandt waren, sich doch später durch Sitten und Sprache mannigfach unterschieden, wird kein Alterthumsforscher in Abrede stellen.

Die Schuld an dem erwähnten Streit ist nun ein thörichter Hochmuth der Franzosen, welche vergessen, daß einst nicht wenig gallische Völkerschaften stolz darauf gewesen wären, germanischer Abstammung zu sein und welche die Germanen als ihre Stammväter anzuerkennen für unwürdig halten. Sie behaupten also, einst sei eine große Menschenmenge aus Gallien über den Rhein nach Germanien gewandert und habe den Land-

---

[1]) Es könnte befremden, daß P. weder die Völkerwanderung und den durch sie herbeigeführten Umschwung der deutschen Verhältnisse, noch die anderen germanischen Staatengründungen auf römischem Boden erwähnt, sondern sich allein auf die Franken beschränkt. Aber P. will keine Geschichte der Deutschen schreiben, sondern, dem Gange historischer Entwickelung folgend, die Bildung des deutschen Reiches darstellen. Er berührt deshalb nur das, was für seinen Zweck unmittelbar in Betracht kommt. — Im Uebrigen braucht die Theorie von der gallischen Abstammung der Franken, mit deren Bekämpfung sich P. hier und im folgenden Paragraphen beschäftigt, heute nicht mehr widerlegt zu werden.

strich vom Main bis zum hercynischen Waldgebirge besetzt. Später habe ein Theil dieser Völkerschaft das Land am rechten Ufer des Rheins bis zu seiner Mündung durchzogen oder erobert und sei dann in die alte Heimath zurückgekehrt. Ein anderer Theil sei am Main wohnen geblieben, und nach ihm sei diese Gegend Franken benannt. Diese ganze Ansicht stützt sich auf die Angaben des Livius (V, 34), Cäsar (de bell. Gall. VI) und Tacitus (Germ. 28).

§. 4. Fortsetzung.

Dagegen können nun die Deutschen mit Recht einwenden, daß die Glaubwürdigkeit der römischen Schriftsteller nicht über allen Zweifel erhaben ist, zumal wenn sie beiläufig über Begebenheiten aus längst vergangener Zeit und von einem Volke berichten, über dessen Vorzeit kein literarisches Denkmal Kunde giebt. Es scheint auch nicht einmal wahrscheinlich, daß, während die Trebocer, Nemeter, Vangionen, Trevirer und andere Stämme am Rhein sich gern als germanische bezeichneten, von einem gallischen Stamme das Innere Deutschlands in Besitz genommen sein sollte. Und selbst wenn man die gallische Abstammung der Franken zugeben wollte, müßte man doch offenbar ein Volk, das acht Jahrhunderte hindurch auf germanischem Boden gesessen und sich an Sitte und Sprache den Germanen völlig assimilirt hat, zu den Germanen und nicht mehr zu Galliern rechnen, oder wenigstens hätten ihre Nachkommen keinen Grund mehr, sich der germanischen Abstammung zu schämen. Nun steht fest, daß vor dem dritten Jahrhundert nach Christus die Franken kaum erwähnt werden. Daher haben einige geglaubt, daß die Franken aus den Chauken des Tacitus hervorgegangen seien, andere sagen, mehrere germanische Völkerschaften oder eine aus mehreren zusammengeschmolzene Menge habe diesen Namen angenommen, um ihren Freiheitssinn anzudeuten: denn Frank heißt so viel wie frei.[1]) Schließlich könnte man sich auch auf die Zeugnisse Franz I. und Heinrichs II. von Frankreich berufen, welche in ihren Briefen an die deutsche Reichsversammlung sich ihrer germanischen Abstammung rühmen. Uebrigens wird jeder Verständige leicht einsehen, weshalb man sich bisweilen auf so uralte Stammverwandtschaft beruft.

§. 5. Das fränkische Reich.

Wie dem nun auch sein mag, die Franken überschritten im Gebiete der Ubier den Rhein, eroberten den größten Theil Galliens, wandten dann ihren Siegeslauf rückwärts, gingen über den Rhein zurück und unterwarfen Allemannien (Schwaben) und das Land zwischen Main und Donau bis nach Thüringen hinauf. Die größte Ausdehnung aber hatte das fränkische Reich in Deutschland unter Karl dem Großen, der auch die Sachsen und Thassilo, den Baiernfürsten, besiegte, so daß seine Herrschaft nicht nur alle von Germanen besetzten Länder umfaßte, sondern sich bis zur Ostsee und

---

[1]) Vgl. über den Namen Franken und seine Bedeutung Zeuß, Die Deutschen und ihre Nachbarstämme, 326. Note. Grimm, Geschichte der deutschen Sprache, I, 338. 512. Herm. Müller, Marken S. 176. Philips, Deutsche Geschichte, I, 290, Note 1. Wackernagel in Haupts Zeitschrift, II, 558 u. a.

nach Polen hin bis zur Weichsel auch über slavisches Gebiet erstreckte. Denn es ist historisch nachgewiesen, daß auch die Slaven Karl tributpflichtig geworden sind, oder wenigstens seine Oberhoheit anerkannt haben.

§. 6. Nationalität Karls des Großen.

Diesen Karl[1] nun suchen die Deutschen für ihre Nationalität in Anspruch zu nehmen, indem sie anführen, er sei zu Ingelheim, einem Städtchen bei Mainz in der heutigen Kurpfalz geboren, während in einer alten Urkunde der Abtei Fulda das Land an der Unstrut, d. h. Thüringen, als der Ort seiner Erzeugung genannt wird. Daß er deutsch gesprochen hat, beweisen die von ihm erfundenen Monatsnamen, die in Deutschland noch heute in Gebrauch sind. Wenn es mir aber erlaubt ist, meine Ansicht in dieser Frage zu äußern, so würde ich, wenngleich ich den Deutschen sonst rathe, den Franzosen nichts Preis zu geben, ihnen doch anheimgeben, auf ihre Ansprüche auf Karl den Großen zu verzichten, besonders da ihnen ein solcher Verzicht keine materiellen Nachtheile bringen kann. Denn daß der Mittelpunkt der fränkischen Herrschaft im heutigen Frankreich lag, wird Niemand in Abrede stellen. Ebenso sicher ist, daß Karls Vater König des Frankenreiches war und daß seine Vorfahren in demselben Reiche hohe Ehrenstellen einnahmen. Der rechtsrheinische Theil Deutschlands aber, welcher damals zum Frankenreiche gehörte, wurde nur als Nebenland betrachtet, als eine im Kriege eroberte Provinz. Nun wird aber doch wohl ein Jeder zu dem Volke zu rechnen sein, dem sein Vater angehörte, und in dessen Gebiet seine Erbgüter lagen, während man Niemandem bloß um deswillen, weil er im Ausland geboren ist, einer anderen Nationalität, als der seines Vaters, zuschreiben kann. Sonst müßte man ja auch einen König von Schweden, wenn er etwa in Preußen geboren wäre, einen Preußen und nicht einen Schweden nennen. Das rechtsrheinische Deutschland aber erhielt den Namen Franken erst, seit es von Karl dem Großen dem Frankenreich einverleibt ist, und erst seit der Zeit, wo seine Nachkommen die väterliche Erbschaft unter sich theilten, kommt bei den Schriftstellern die Unterscheidung zwischen Wälsch- oder West- und Deutsch- oder Ostfranken auf; letzteres aber ist das Land rechts vom Rhein. Nach der

---

[1] Auch die hier erörterte Frage über die Nationalität Karls des Großen scheint uns heute ziemlich müßig zu sein. Denn die deutsche und französische Nationalität fingen ja eben erst an, sich zu bilden, und sollte man Karl einer von beiden zuweisen, so kann ja seiner Abkunft, Bildung und Gesinnung nach kein Zweifel sein, daß man sich für die deutsche entscheiden müßte. Die Frage wurde aber zu P's. Zeit vielfach erörtert und war damals von einer gewissen praktischen Bedeutung, indem französische Publicisten, welche sich auf die französische Nationalität Karls des Großen stützten und deshalb in den Königen von Frankreich seine Nachfolger sahen, auf Grund dessen für Frankreich das ganze einst von Karl beherrschte Gebiet, also auch Deutschland, in Anspruch nahmen. Ich mache hier nur aufmerksam auf die bekannte, von Ludwig XIV. mit einem Privileg versehene Schrift: Des justes Prétensions du Roy sur l'Empire, par le Sieur Aubery. Paris 1667, die also im selben Jahre, wie der Monzambano erschien, und die Buch II. Cap. I. und II. behauptet: La plus grande partie de l'Allemangne est le patrimoine et l'ancien héritage des Princes François, denn Charlemagne a possédé l'Allemagne en tant que Roy de France et non point en tant qu'Empereur.

Zeit der Ottonen wird dann die Bezeichnung Ostfranken allmälich ungebräuchlich.

Auch die Sprache Karls des Großen beweist nicht viel. Die den Römern unterworfenen Gallier hatten allmälich auch die Sprache ihrer Herrscher angenommen, so daß zuletzt kaum noch Spuren der keltischen Sprache übrig blieben. Die Franken dagegen haben in Gallien sicher nicht gleich ihre deutsche Mundart vergessen. Nun haben die Franken die Bewohner Galliens weder völlig vernichtet, noch aus ihren Wohnsitzen vertrieben, sondern sie nur ihrer Herrschaft unterworfen. Die Franken nahmen daher im Staate die erste Stelle ein, während die alten Gallier, als Besiegte, sich mit einer untergeordneten Stellung begnügen mußten. Wie nun aber, wenn zwei Flüsse von verschiedener Farbe zusammenfließen, ein jeder eine Zeit lang seine Farbe in dem gemeinsamen Bette beibehält, bis schließlich beide in einander übergehen, so behielten eine Zeit lang Gallier und Franken ihre eigene Sprache bei, bis schließlich eine Mischsprache entstand, in der aber das lateinische Element vorherrschte. Und letzteres war deshalb der Fall, weil ohne Zweifel die Gallier weit zahlreicher als die Franken waren, und es für erstere viel schwieriger war deutsch, als für letztere lateinisch zu lernen: habe ich doch an mir selbst erfahren, wie sehr sich ein Ausländer abzumühen hat, um des Deutschen mächtig zu werden. Daher nennen auch die alten fränkischen Schriftsteller das Latein, wie es das gemeine Volk sprach, die Bauernsprache, denn während die vornehmeren Deutschen ihre Sprache beibehielten, verstanden die Bauern und die große Masse des Volkes nur Latein. So verstehen ja auch heute in Livland und Kurland, wo doch die alten Einwohner des Landes von den Deutschen in den Stand abhängiger Bauern herabgedrückt sind, fast alle Adligen und die Bewohner der Städte die Bauernsprache, aber kaum der zehnte Theil der Bauern die deutsche.

So konnte Karl Deutsch verstehen, theils weil die deutsche Sprache unter den Franken noch vielfach in Gebrauch war, theils weil schon seine Vorfahren einen großen Theil, er selbst aber ganz Deutschland beherrschte, und weil man in jener ungebildeten Zeit überhaupt nicht hätte mit den Dentschen verkehren können, wenn man nicht ihre Sprache verstanden hätte.

Den ganzen Streit wird man aber am besten schlichten können, wenn man die verschiedenen Fragen, die hier mit einander vermischt sind, wohl auseinander hält. Fragt man nämlich, ob Karl zum gallischen oder germanischen Stamm gehöre, so wird ohne Zweifel die Antwort sein, zum germanischen oder fränkischen. Fragt man dagegen nach seinem Vaterlande, so wird man ihm Frankreich und nicht Deutschland zuweisen und ihn deshalb nicht als einen Deutschen, sondern als einen Franzosen bezeichnen müssen.

Fast scheine ich meinen Lesern zu wenig zuzutrauen, wenn ich bei einer so einfachen Sache noch länger verweile. Aber ich will doch noch ein den Deutschen geläufiges Beispiel hinzufügen. Wenn man in Deutschland einen Edlen aus Livland trifft und ihn fragt, was er für ein Landsmann sei, wird er antworten, ein Livländer und nicht ein Deutscher, fragt man ihn aber weiter, welchem Stamm er angehöre, wird er sagen, dem germanischen und nicht dem lettischen.

§. 7. Die Bestandtheile des Reiches Karls des Großen.

Uebrigens beherrschte Karl der Große die verschiedenen Bestandtheile des fränkischen Reiches unter verschiedenem Rechtstitel. Frankreich besaß er als ihm vom Vater überkommenes Erbland. Denn wenn wir auch bei den ältesten Franken von einer Art Mitwirkung des Volkes und der Großen bei der Bestellung des Königs lesen, so scheint mir doch diese Mitwirkung mehr in einer feierlichen Einsetzung des neuen Königs und in einer Huldigung bestanden zu haben, als eine freie Wahl gewesen zu sein. Man wich ja auch nicht leicht von der bestehenden Erbfolgeordnung ab, außer in Folge von Parteiumtrieben, oder weil der Erbe zur Regierung ganz unfähig war.

Von Deutschland war ein Theil schon früher mit dem Frankenreiche verbunden, der Rest wurde von Karl mit Waffengewalt erobert. Ob dabei auch manche sich freiwillig seiner Herrschaft unterworfen haben — vielleicht aus Achtung vor seiner Größe — ist nicht bekannt. Auch das Longobardenreich in Italien hatte Karl durch das Recht der Eroberung sich unterworfen, indem ihm der römische Papst einen Vorwand zum Kriege verschaffte. Endlich wurde er vom Papste und vom römischen Volke mit den Titeln Augustus und römischer Kaiser geschmückt. Ueber die mit letzterem Titel verbundenen Rechte werde ich unten sprechen.

§. 8. Deutschland unter Karl und Ludwig dem Frommen.

So war also unter Karl Deutschland ein Theil des französischen Reiches und einer, wie es scheint, ziemlich unbeschränkten Herrschaft unterworfen. Das Land war in verschiedene Bezirke getheilt und wurde von Beamten meist fränkischer Abkunft, welche die Titel Graf oder Markgraf führten, verwaltet. Den Sachsen freilich blieb ein größerer Schein von Freiheit. Ihnen, die Karl erst nach langem Kampfe besiegt hatte, verlieh er die Rechte der fränkischen Stammesgenossen, indem er beabsichtigte, sie mit den Franken zu einem Volke zu verschmelzen. Um jedoch den trotzigen Stamm, der nicht gewohnt war, sich beherrschen zu lassen, besser in Unterwürfigkeit zu halten, nahm er die Geistlichkeit zu Hilfe, welche dem Volk das Christenthum bringen und ihm fleißig die Pflicht der Dankbarkeit gegen diejenigen einprägen sollte, die ihm den Weg zur ewigen Seligkeit zeigten. Daher stiftete Karl viele Bisthümer und Abteien in Deutschland.

Unter Ludwig dem Frommen, dem Sohne Karls, blieb der Zustand Deutschlands unverändert, nur daß die Macht und das Ansehen der Beamten mehr und mehr wuchs.

§. 9. Deutschland unter den Söhnen Ludwigs des Frommen.

Als dann aber die Söhne dieses Ludwig das Reich ihres Vaters unter sich theilten — was der Hauptanlaß war zum Sturz der fränkischen Herrschaft und der Karolingischen Dynastie — riß sich Deutschland von den übrigen Bestandtheilen des fränkischen Reiches los und erhielt Ludwigs des Frommen Sohn, Ludwig, als eigenen König. Zu Deutschland kam dann ein großer Theil des belgischen Galliens, der an den Rhein stößt, hinzu, ein meist von Deutschen bewohntes Land, das nach Lothar, dem ältesten

Sohne des frommen Ludwig, den Namen Lothringen empfing, wenn auch heute nur ein Theil des Lotharischen Reiches so heißt.

Während der verderblichen Kriege, welche die späteren Karolinger unter einander führten, wuchs die Macht der deutschen Großen ungemein; das Karolingische Haus aber erlosch zuletzt gänzlich oder verlor wenigstens die Herrschaft über das fränkische Reich, — denn noch heute führen die rheinischen Pfalzgrafen und die lothringischen Herzöge ihren Stammbaum auf Karl den Großen zurück — und die Deutschen wählten sich einen eigenen König aus den Großen ihres Volkes. Seitdem bildet Deutschland einen eigenen Staat und steht nicht mehr mit Frankreich unter einer gemeinsamen Herrschaft.

Weil nun aber im Volksmunde der deutsche Staat als das „Heilige römische Reich" bezeichnet wird, so wird es, glaube ich, der Mühe werth sein, zu untersuchen, wie diese Benennung entstanden ist, was sie für Deutschland bedeutet, und mit welchem Rechte Deutschland sie für sich beanspruchen kann. Behufs dieser Untersuchung müssen wir aber, in der Kürze wenigstens, auf den Zustand des römischen Reiches vor Karl dem Großen zurückgehen.

§. 10. Das römische Reich bis zur Gothenherrschaft.

Es ist allgemein bekannt, wie das römische Volk, nachdem es den besten Theil des Erdkreises seiner Herrschaft unterworfen hatte, durch den Ehrgeiz einiger übermüthiger Bürger in Bürgerkriege verwickelt und endlich unter die Herrschaft Eines Mannes gekommen ist. Augustus nun, der Gründer der römischen Monarchie, erkannte wohl, daß er die durch militärische Gewalt erworbene Herrschaft auch nur durch sie behaupten könne. Wenn er deshalb auch dem Senat scheinbare Macht in vielen Staatsangelegenheiten beließ, so behielt er sich doch allein alle militärischen Befugnisse vor und gab dies schon durch den Titel imperator zu erkennen, den er annahm. Es mußte daher als ein Staatsgeheimniß behandelt und dem Verständniß der großen Masse des Heeres sorgfältig vorenthalten werden, daß faktisch die Soldaten die Macht hatten, die Kaiser ein- und abzusetzen. Sobald dies aber einmal alle eingesehen hatten, war der Zustand des Reiches ebenso elend, wie die Lage des Kaisers. Denn das Reich, durch häufige innere Unruhen geschwächt, mußte sich gefallen lassen, daß bald die unfähigsten Menschen von einem habgierigen und tumultuarischen Pöbel auf den Thron gesetzt, bald die tüchtigsten Staatslenker durch ungeheure Greuelthaten von demselben gestoßen wurden. Die Kaiser aber konnten keine feste Erbfolge gründen und fanden bei der käuflichen Menge nur bedingten Gehorsam. Denn faktisch setzte das Heer die Kaiser ein, und dahin pflegt es ja in allen Militärstaaten zu kommen und überall da, wo man ein starkes und concentrirtes stehendes Heer hat. Dem Senat blieb nur der leere Name der Macht, um die einfältige Menge zu täuschen und den Schein zu wahren, als ob die Regierung durch freiwillige Zustimmung aller Staatsbürger verliehen würde.

Den Untergang des Staates, der als Militärdespotie einer langen Existenz unfähig war, haben dann Konstantin der Große und Theodosius noch beschleunigt; jener durch die Verlegung der Residenz nach Byzanz und die Dislocation der tüchtigsten Legionen vom Rhein und der Donau nach dem Orient; dieser durch Theilung des Reiches unter seine zur Regierung gleich unfähigen Söhne. So entstanden zwei Reiche aus dem einen; und die Folge davon war, daß das vom Osten getrennte weströmische Reich um so schneller den Angriffen der Barbaren erlag. So machte bald darauf die Einnahme und Plünderung Roms dem weströmischen Reiche ein Ende. Die Provinzen waren schon vorher im Kriege verloren gegangen, wie sie durch Krieg erworben waren. Jetzt nun verlor Rom seine eigene Freiheit und wurde ein Bestandtheil des gothischen Reiches.

§. 11. Das oströmische Reich und seine Herrschaft.

Nach dem Zerfall der gothischen Macht wurden Rom und ein großer Theil Italien dem byzantinischen Reiche unterworfen, und wenn auch Rom wegen seines alten Ruhmes und weil es als Mutterstadt von Constantinopel galt, mehr nach Art eines gleichberechtigten Bundesgenossen behandelt wurde, so war doch faktisch die alleinige Gewalt in den Händen der griechischen Kaiser, welche Rom und die anderen ihnen unterworfenen Orte Italiens durch Exarchen verwalten ließen. Allmählich fingen die Päpste an, auch der griechischen Herrschaft überdrüssig zu werden, wie sie sagten, wegen der Willkür der Exarchen und der Bilderstürmerei einiger griechischen Kaiser. Denn der Bilderdienst galt als das beste Mittel, die ungebildete und einer tieferen religiösen Kenntniß fast unfähig gewordene Menge durch fromme Bräuche zu täuschen, zumal es für die Geistlichkeit wenig einträglich wäre, wenn man durch Seelenreinheit und einen unbescholtenen Lebenswandel allein die Gunst der Gottheit zu gewinnen hoffen könnte. Dazu kam vielleicht noch die Erwägung, wie wesentlich es für den Glanz der Kirche sei, wenn der Papst, schon im Besitz der höchsten geistlichen Gewalt auf dem ganzen Erdkreise, sich allmählich auch eine weltliche Herrschaft sichere. Unerträglich aber schien es, daß der Papst der Herrschaft des schwach und stumpf gewordenen Griechenreiches unterworfen sein sollte; er, den Gott mit solcher Machtvollkommenheit zu seinem Stellvertreter auf Erden gemacht hatte, daß er selbst fortan von aller Sorge um geistliche Angelegenheiten frei, sich nur um weltliche zu kümmern brauchte, welche ohne Zweifel dem Papst auch übertragen sein würden, wenn es nicht allbekannt wäre, daß der heilige Sinn der Päpste, ganz von dem Frieden der religiösen Angelegenheiten durchdrungen, vor allen profanen Geschäften Abscheu empfindet.

Wenn nun auch die Päpste den weit entfernten griechischen Kaiser, der noch dazu durch die wachsende Saracenenmacht sehr in Anspruch genommen war, wenig zu fürchten brauchten, so erschreckte sie desto mehr die steigende Macht des Longobardenreiches, das ganz Italien bedrohte und sich schon bis an die Thore Roms ausdehnte. Allein waren ihr die Päpste nicht gewachsen und Niemand konnte geeigneter sein, Rom zu beschützen, als die Frankenkönige. Und diese waren dazu gern bereit, schon um des Ruhmes willen, den zu schätzen und zu vertheidigen, der wie eine unversiegliche Quelle allein alle Gnaden spendet, welche der Christenheit zu Theil werden. Außerdem hatte sich der Papst um Pipin und Karl ein hohes Verdienst erworben, als er die Absetzung des Chilperich gebilligt und anerkannt hatte. Denn daran mußte den Karolingern viel gelegen sein, da ihre Gewissen sonst durch die Frage hätten beunruhigt werden können, ob ein Unterthan auch das Recht habe, seinen Fürsten zu entsetzen, dem weiter nichts vorzuwerfen war, als daß er seinen Beamten mehr Macht hatte gewinnen lassen, als seiner eigenen Herrschaft zuträglich war. Uebrigens war es eine große Gunst des Geschicks, daß die Franken einen so plausiblen Vorwand erhielten, in unser Italien vorzudringen, nach dem ja die Leute jenseit der Alpen immer so große Sehnsucht im Herzen tragen.

§. 12. Karl der Große als römischer Kaiser.

Nachdem Karl das früher longobardische Italien sich unterworfen hatte, proclamirte ihn der Papst, der einen nicht unbedeutenden Theil der Beute erhalten hatte, in seiner Eigenschaft als der erste Bürger der Stadt und als Haupt der römischen Geistlichkeit, welche bei derartigen feierlichen Acten mitzuwirken pflegt, unter dem Beifallsrufen des Volks zum Kaiser und Augustus, um seine Dankbarkeit zu zeigen und sich für die Zukunft einen Beschützer zu sichern. Welche Befugnisse Karl durch diese Titel erhalten hat, ist nicht so ganz klar. Ohne Zweifel hatte Rom längst aufgehört, der Mittelpunkt des alten römischen Reiches zu sein,[1] nachdem es erst der gothischen, dann der byzantinischen Herrschaft unterworfen gewesen war. Die Römer konnten also auf Karl nicht das übertragen, was einst zum weströmischen Reiche gehört hatte, denn das war nach Kriegsrecht, oder durch vertragsmäßige Abtretung oder durch freiwillige Aufgabe längst in anderen Besitz übergegangen. Und da Rom selbst nicht unabhängig war, konnte es nicht einmal über sich selbst frei verfügen. Daher trug auch Karl Bedenken, jenen Titel anzunehmen, bis er mit den griechischen Kaisern ein Abkommen getroffen hatte. Diese nun machten nicht viel Schwierigkeiten, da ihnen die Macht fehlte, und da sie die Franken lieber zu Freunden haben wollten, um nicht auch Calabrien und andere ihnen noch gebliebene Provinzen zu verlieren.[2]

Demnach können wir nur sagen, daß Karl durch die Verleihung des glänzenden Kaisertitels, welcher aus der altrömischen Verfassung genommen war, jetzt aber seine Bedeutung verändert hatte, zum obersten Vertheidiger und Beschützer, oder Schirmvogt des römischen Stuhles und der durch Usurpation des Papstes oder Schenkung an diesen gekommenen Güter be-

---

[1] P. bemüht sich hier und im Folgenden zu zeigen, daß Karls Kaiserkrönung keineswegs die Bedeutung einer Erneuerung des weströmischen Reiches gehabt hat. Er hat Recht, wenn er sich nur auf die faktischen Verhältnisse bezieht; denn faktisch hat ja nie ein Kaiser über alle einst weströmischen Länder geherrscht. Es ist aber doch unleugbar, daß man in der ganzen Zeit des Mittelalters das weströmische Reich als im deutschen Kaiserthum erneuert ansah und daß Niemand des Kaisers theoretisches Anrecht auf das Imperium mundi in Zweifel zog. Und ebenso wird man wohl behaupten dürfen, daß Otto III. und Heinrich VI. die Herstellung des Imperium mundi als eine Aufgabe betrachteten, die ihnen durch die Kaiserkrönung gestellt sei.
[2] Die folgenden Sätze sind in der Editio posthuma etwas anders formulirt, jedoch ohne daß der Sinn des Ganzen geändert würde. Neu ist nur noch der Gedanke, daß Karl durch die Kaiserkrönung um so weniger neue Befugnisse über Rom erlangt habe, als er die Rechte, welche er später in Rom und den umliegenden Orten ausübte, ja schon nach dem Recht der Eroberung hätte in Anspruch nehmen können.

stellt wurde. Ob dieses Schutzrecht die Bedeutung einer wahren Oberlandesherrlichkeit im staatsrechtlichen Sinne gehabt hat, was die meisten deutschen Schriftsteller, die auf Seiten des Kaisers stehen, behaupten, ist mir sehr zweifelhaft. Es ist auch gar nicht wahrscheinlich, daß so fromme Fürsten eine eigentliche Herrschaft über einen Mann beansprucht haben, von dessen Heiligkeit sie so fest überzeugt waren; oder daß sie in den von ihnen der Kirche geschenkten Gütern sich mehr Rechte vorbehalten haben, als zu einer wirksamen Beschützung nöthig waren. Ich möchte daher lieber glauben, daß eine Art von Bundesverhältniß, das dem einer wirklichen Unterwerfung bald näher kam, bald sich weiter von ihm entfernte, zwischen dem römischen Stuhle und Karl bestand. Das ganze Verhältniß scheint darauf hinausgelaufen zu sein, daß Karl sich verpflichtete, den römischen Stuhl und seine Besitzungen gegen Angriffe von außen oder Unruhen im innern zu schützen. Auf der anderen Seite hatte Rom die Hoheit Karls gebührend zu achten und war in der Beschlußnahme über wichtige Angelegenheiten an seine Zustimmung gebunden; insbesondere durfte keine ihm mißliebige Persönlichkeit den päpstlichen Stuhl besteigen.

Es ergiebt sich daraus, daß Rom seit jener Zeit einen besonderen Staat gebildet hat und nicht mit dem fränkischen Reiche zu einem Staatswesen, im eigentlichen Sinne des Wortes, verschmolzen ist. Daher waren der römische Stuhl und seine Güter Karl weder unterthan, noch stand dem Kaiser hier eine eigentliche Regierungsgewalt zu, wie sie sich in der Gesetzgebung, Steuererhebung, Beamtenernennung und Rechtsprechung äußert. Wohl hatte er den zu vertreiben, der sich etwa auf illegale Weise des päpstlichen Stuhles bemächtigt hatte, hatte er Anschläge zu vereiteln, welche die Kirche an Ehre und Gut zu schädigen drohten, hatte er alle Feinde des Papstes, äußere und innere, niederzuhalten, wohl durfte er endlich für die hierauf verwendeten Unkosten sich aus den Gütern der Kirche entschädigen — aber das alles geht nicht über die Befugnisse eines Schirmherrn hinaus.

Uebrigens scheinen Karl und viele seiner Nachfolger auf den Kaisertitel stolz gewesen zu sein, und nahmen deswegen einen Vorrang vor den übrigen Königen, die vergeblich sich dagegen sträubten, in Anspruch. Das fränkische Reich dagegen wurde, so viel mir bekannt ist, unter der Herrschaft der Karolinger nie als römisches Kaiserreich bezeichnet.

§. 13. Erneuerung des Kaiserthums durch Otto I.

Als der karolingische Stamm seinem Untergange nahe war, trennte sich der deutsche Staat vom Frankenreiche, und in Italien entstanden schwere Kämpfe, indem aus den Trümmern des alten Reiches neue sich zu bilden begannen. Dieser Unruhen halber, welche die Lage des Papstthums nicht als ganz gesichert erscheinen ließen, schien es dem Papste gerathen, nachdem der deutsche König Otto I. Berengar besiegt und sich das Königreich Italien unterworfen hatte, diesen als Schirmvogt anzunehmen, ungefähr mit denselben Befugnissen, wie einst Karl. Seitdem war die Schirmvogtei über den römischen Stuhl mit dem deutschen Reiche untrennbar verbunden, so daß der deutsche König eo ipso auch dieses Schutzrecht erlangte. Uebrigens haben nicht wenige von den alten deutschen Königen von diesem Schutzrechte einen ziemlich weitgehenden Gebrauch gemacht; und als so ihre Macht, wie die der deutschen Bischöfe merklich wuchs, fingen die Päpste bald an, auch der deutschen Herrschaft überdrüßig zu werden. Die jedem Volke angeborene Abneigung gegen eine fremde Herrschaft, und der Stolz der Italiäner auf ihre Klugheit, die ja selbst von Fremden zugegeben wird, machten die trotzige Herrschaft der ungebildeten Deutschen noch unleidlicher. Auch wurmte es den Statthalter Christi gewaltig, während er danach strebte, dem Erdkreis Gesetze vorzuschreiben, selbst gleichsam unter fremder Vormundschaft zu stehen. Man suchte daher das deutsche Joch abzuschütteln, und machte dem deutschen König bald in Italien, bald in Deutschland selbst Schwierigkeiten, wozu die deutschen Bischöfe gern die Hand boten. Ein besonders wirksames Mittel war der Bannstrahl, der größte Schrecken jener Zeiten.

So wurden endlich die deutschen Könige Italiens müde, begnügten sich mit ihrem eigenen Reiche und überließen Rom den Päpsten, wonach diese schon Jahrhunderte lang und in Bewegungen, die ganz Europa erschüttert, gestrebt hatten. Ja man verzichtete sogar auf die Krönung in Rom, während der alte Titel römischer Kaiser beibehalten und dem neu erwählten deutschen König noch immer bei der Krönung die Vertheidigung Roms als erste Pflicht auferlegt wurde; eine Pflicht, mit der übrigens die protestantischen Fürsten nichts zu thun haben wollen.

§. 14. Deutschland als Römisches Reich. Bedeutung dieser Bezeichnung.

Aus dem Gesagten ergiebt sich leicht, wie groß der Irrthum derjenigen ist, welche meinen, das deutsche Reich sei an die Stelle des alten Römerreiches getreten und dieses setze sich in jenem fort; denn das römische Reich, dessen Hauptstadt Rom war, war längst aufgelöst, bevor Deutschland sich zu einem Staate zu einigen begann. Vielmehr gab die Herrschaft über Rom, welche auf Karl und Otto überging — und welche, wie erwähnt, eigentlich nur in einer Schirmvogtei bestand — im Laufe der Zeit Deutschland den Namen des römischen Reiches, wenngleich das Gebiet der Kirche nie mit Deutschland zu einem Staate verschmolzen ist, und noch viel weniger dies Reich von Rom aus, als der Hauptstadt des römischen Reiches, regiert wurde. Aber da man meinte, der Titel „römischer Kaiser" habe wegen der Bedeutung jenes alten Reiches einen ganz besonderen Glanz, pflegte man die deutschen Könige nur so zu nennen, und so nahm auch Deutschland die Bezeichnung „römisches Reich" gleichsam als die vornehmere an. Der Unterschied zwischen römischem Kaiser- und deutschem Königreich ergiebt sich ganz klar schon aus der gesonderten Krönung. Auch fügten die späteren Kaiser seit Maximilian I. dem Titel „römischer Kaiser" ausdrücklich noch die Bezeichnung „deutscher König" hinzu. Nennt ja doch heute das deutsche Volk seinen Staat feierlich das „heilige römische Reich deutscher Nation", eine Formel, die freilich an einem inneren Widerspruch leidet, da, wie nachgewiesen ist, der heutige deutsche Staat nichts mit dem alten Römerreiche gemein hat. Dennoch behalten die deutschen Könige, wenn sie auch längst auf die Kaiserkrönung verzichtet haben und kaum noch eins der alten Rechte der Schirmvogtei ausüben, den Kaisertitel bei, wie ja Fürsten überhaupt schwerer auf Titel, als auf Realitäten verzichten. Ob übrigens die Verjährung jener Rechte durch das bloße Fortführen des Titels verhindert wird, werden wir an einer anderen Stelle zu erörtern haben.

§. 15. Nachtheile der Verbindung mit Italien für Deutschland.

Uebrigens weiß Jeder, daß von dem Titel römisches Reich Deutschland keinen Vortheil, wohl aber viel Schaden und Verlust gehabt hat.[1]) Es ist ja bekannt, daß alle Pfaffen die Hand lieber zum Nehmen als zum Geben öffnen. Und wenn einst ein Schutzbefohlener die Gunst seines Patrons durch Geschenke zu erwerben strebte, so nimmt der schutzbedürftige Priester es übel, wenn man ihm nicht noch obendrein Geschenke giebt und hält schon seinen Segen für eine überreichliche Vergeltung. Meiner Ansicht nach sind die Fürsten früherer Zeit vorzugsweise dadurch bewogen, den deutschen Klerus mit so viel Besitzthümern auszustatten, weil sie glaubten, Gott habe ihnen die Pflicht auferlegt, für die Geistlichkeit so reichlich als möglich zu sorgen.

Wie viel Schätze hat Deutschland bei den Römerzügen verschwendet! und wie viel Gut und Blut haben die Expeditionen nach Italien gekostet, welche nur unternommen wurden, um die von dem Papst angestifteten Unruhen zu stillen oder ihn gegen rebellische Unterthanen zu schützen! Nutzen aber haben Fremde nie davon gehabt, wenn sie sich mit italiänischen Angelegenheiten befaßt haben; und nur der Spanier, die seit so langer Zeit an unserem innersten Marke saugen, haben wir uns bis jetzt nicht entledigen können. Die deutschen Kaiser aber hat oft genug der Bannstrahl getroffen, und oft genug haben die Pfaffen Verschwörungen gegen sie angezettelt. Beansprüchte man doch, daß, wer den römischen Kaisertitel führe, auch in Rom Rechenschaft für seine Regierungshandlungen ablege; und hat doch der geistliche Stand, der fremder Herrschaft schwer sich unterwirft, immer danach gestrebt, die seiner Mutterkirche verhaßte weltliche Macht zu unterwerfen.

Alles dies will ich übrigens mit schuldiger Ehrerbietung vor dem heiligen Stuhle gesagt haben, dessen weisem Urtheil ich in tiefster Ergebenheit mich unterwerfe.

---

[1]) P. kommt in diesem Paragraphen auf die in neuester Zeit viel erörterte Frage, ob die Verbindung Deutschlands mit Italien ersterem Vortheil oder Nachtheil gebracht habe, ob die italiänische Politik, welche alle deutschen Kaiser bis auf Rudolph I. verfolgten, richtig oder falsch gewesen sei. Ganz seinem nüchternen, praktischen Sinne entsprechend, der immer nur das Erreichbare im Auge hat und Idealen nachzustreben vermeidet, erklärt P. sich für die letztere Ansicht, ohne der unermeßlichen Vortheile, welche für Deutschlands geistige Bildung sich aus der Verbindung mit Italien ergaben, auch nur mit einem Worte zu gedenken. Ich verweise übrigens für diese Frage auf Giesebrechts Geschichte der deutschen Kaiserzeit und auf die Schriften von Ficker (Das deutsche Kaiserreich in seinen universalen und nationalen Beziehungen. Innsbruck 1861. — Deutsches Königthum und Kaiserthum. Ebend. 1862.) Sybel (Die deutsche Nation und das Kaiserreich. Düsseldorf 1862), und v. Wydenbruck (Die deutsche Nation und das Kaiserreich. München 1866).

Zweites Capitel.

Die Glieder des deutschen Reiches.

§. 1. Die Reichsstände.

Seitdem durch die fränkische Macht die Völkerschaften Deutschlands einheitlich verbunden worden sind, haben sie immer einen der mächtigsten Staaten Europa's gebildet. Auch heute noch fällt dieser bedeutend ins Gewicht, wenngleich nicht unbeträchtliche Bestandtheile unter fremde Herrschaft gekommen sind, oder sich als eigene Staaten organisirt haben. Wie bedeutend geringer heute der Umfang des deutschen Reiches ist, als einst, hat Herm. Conring, der beste Kenner der deutschen Geschichte, in seinem Buche «De finibus Imperii Germanici» zur Genüge dargelegt. Uns liegt nur ob, den gegenwärtigen Zustand zu betrachten.

Die bedeutenderen Glieder des Reiches sind diejenigen, welche den Namen Reichsstände führen, d. h. diejenigen, welche Sitz und Stimme auf dem Reichstage haben. Freilich giebt es auch einige sogenannte exempte Stände, d. h. solche, deren Recht auf unmittelbare Reichsstandschaft andere mächtigere Stände in Zweifel ziehen, indem sie sie auf den Reichstagen vertreten und unter die Zahl ihrer Landstände zu ziehen suchen. Was nun die Fürsten angeht, so ist zu beachten, daß regelmäßig einem jeden Fürstenhause eine bestimmte Stimmenzahl zusteht. Manche Häuser haben nur eine Stimme, andere zwei, drei, vier oder fünf. Weiter erhält in manchen Fürstenhäusern der Erstgeborene das ganze Gebiet, während die übrigen Prinzen mit Apanagen abgefunden werden; in andern dagegen erhält jeder Bruder einen Landestheil, wenn auch nicht immer einen ebenso großen, wie der älteste. Wo das erstere der Fall ist, vertritt der älteste Bruder alle übrigen, oder vielmehr es wird auf letztere gar keine Rücksicht genommen; wo dagegen das letztere gilt, können zwar alle auf dem Reichstage erscheinen, aber sie haben nur eine Stimme abzugeben, über die sie sich unter einander verständigen müssen.

§. 2. Kennzeichen der Reichsstandschaft.

Uebrigens nimmt man gewöhnlich zwei Kennzeichen für die Reichsstandschaft an; einmal, daß ein Reichsstand in der Reichsmatrikel oder dem Album der Stände verzeichnet sein muß, sodann, daß er die Reichssteuern direct an das Reichsärar, nicht erst an den Schatz eines Landesfürsten abführt. Freilich sieht man hierbei nur auf den faktischen Zustand. Denn während manche behaupten, sie müßten rechtlich ans Reichsärar steuern, während sie faktisch der landesherrlichen Schatzkammer Abgaben zahlen, wird anderen ihr Recht, direct ans Reich die Steuern abzuführen, das sie faktisch ausüben, bestritten; je nachdem der eine ein Interesse daran hat, zu den Reichsständen gezählt zu werden, oder der andere einen als reichsunmittelbar betrachteten Stand thatsächlich davon auszuschließen wünscht. Auch giebt es keine Reichsmatrikel, in der kein Stand zu viel oder zu wenig aufgeführt wäre, und keine, gegen die nicht Einwände erhoben wären, wenn man auch gewöhnlich die Matrikeln von 1551, 1556 und 1566 für authentisch ansieht.[1] Meiner Ansicht nach sind aber diese alten Matrikeln, welche viele Reichsstände aufführen, die seitdem längst nicht mehr auf dem Reichstage vertreten sind, nur Verzeichnisse der Stände, die zur Zeit ihrer Feststellung auf den Reichstagen erschienen waren und keine öffentlichen Urkunden, aus denen ein rechtlich unzweifelhafter Beweis für die Reichsstandschaft zu führen wäre. Schon aus der Verschiedenheit der Matrikeln unter sich geht ja hervor, daß früher überhaupt die Zahl der Reichsstände nicht ein für allemal bestimmt war; sondern daß den Reichstag besuchte, wer immer durch seine Macht oder seine persönliche Begabung eine hervorragende Stellung im Reiche einnahm. Später sind dann die Schwächeren, denen ihre Privatverhältnisse nicht länger gestatteten, sich an den öffentlichen Angelegenheiten activ zu betheiligen, allmählich fortgeblieben; andere sind auch durch mächtigere Stände gegen ihren Willen ausgeschlossen, bis endlich die heutige Zahl fixirt ist.

Ich will nun im Folgenden nicht die ganze Matrikel abschreiben; aber um ein Urtheil über die Größe des Reiches zu ermöglichen, wird es doch nöthig sein, die hauptsächlichsten Stände aufzuführen.

§. 3. Das Haus Oesterreich.

Unter den weltlichen Fürsten räumt man dem Hause Oesterreich den ersten Platz ein; nicht sowohl wegen seines Alters, als wegen des Umfanges seiner Lande und weil es seit Jahrhunderten schon den Kaiserthron inne hat. Dies Geschlecht ist durch eine seltene Gunst des Schicksals aus kleinen Anfängen zu einer beneidenswerthen Höhe emporgestiegen.

Rudolph, Graf von Habsburg, der Gründer der österreichischen Macht, beherrschte nur ein kleines, seinem Range angemessenes Gebiet in der Schweiz und den benachbarten Landstrichen, aber er war ein kriegserfahrener Held.[2] Es waren zu jener Zeit fast 20 Jahre hindurch,

---

[1] Auffallend ist, daß P. hier die Matrikel von 1521 nicht erwähnt. Vgl. darüber Ranke, Geschichte des Zeitalters der Reformation I, 311: So entstand die Matrikel von 1521, welche dann die allzeit neueste geblieben ist, nach deren Norm das deutsche Reich sich Jahrhunderte lang bewaffnet hat." Daß übrigens keine Reichsmatrikel zuverlässig und genau war, bemerkt P. selbst sehr richtig.

[2] In der Ed. posth. sucht P. sichtlich seine Bemerkungen gegen und über das Haus Oesterreich zu mildern und ihnen alles scharfe und verletzende zu nehmen. Demgemäß ist von hier an bis zum Schlusse dieses Paragraphen alles geändert und lautet nun so: Diesen wählten die Kurfürsten, weil sie ihn für befähigt hielten, die während des 20jährigen Interregnums durchaus verwirrten

während des Interregnums, die deutschen Zustände sehr verworren gewesen. Als nun die bedeutendsten Fürsten zusammentraten, um durch eine Kaiserwahl Ruhe und Ordnung herzustellen, schlug Erzbischof Werner von Mainz, welchen Rudolph einst auf einem Römerzuge von Straßburg bis nach den Alpen geleitet hatte, den Grafen vor und bewog, indem er seinen Edelmuth und seine Klugheit laut pries, die Erzbischöfe von Köln und Trier zur Zustimmung. Was Werner mit diesem Vorschlage erreichen wollte, wird man leicht einsehen, wenn man den Charakter der Geistlichkeit ein wenig mehr als oberflächlich kennt. Der Erzbischof hoffte eben Rudolph, der sich nicht auf eine vornehme Abkunft stützen konnte, und der doch nur ihm die Krone verdanken würde, auch als Kaiser leicht leiten zu können. Daß keiner von den übrigen Fürsten sich um die Krone bewarb, könnte wunderbar erscheinen, wenn man nicht annehmen will, daß sie daran verzweifelten, die verworrenen deutschen Verhältnisse entwirren und ordnen zu können; manche mochte man auch vielleicht ihres jugendlichen Alters wegen nicht für geeignet halten. So stimmten denn auch die weltlichen Fürsten den drei geistlichen zu, wobei jedoch die Herzöge von Baiern und Sachsen und der Burggraf von Nürnberg sich Töchter Rudolphs zu Gemahlinnen ausbedangen. So trat Rudolph von vorne herein in eine ebenso ehrenvolle wie nützliche Familienverbindung zu den ersten Fürstenhäusern Deutschlands; und seiner eigenen Familie eine Hausmacht zu gründen, bot die Kaiserwürde Gelegenheit genug. Denn wenn ein Reichslehen vacant wurde, wer hatte wohl mehr Anspruch darauf als der Sohn des Kaisers, der aus Anstandsrücksichten es nicht für sich selbst einbehalten

---

Verhältnisse Deutschlands zu ordnen. In der That traf er für den Staat treffliche Anordnungen, aber er strebte auch mit Glück und Klugheit danach, seine eigene Hausmacht zu befestigen und zu erweitern. Daher verschwägerte er sich mit den ersten Geschlechtern Deutschlands durch ebenso ehrenvolle wie nützliche Familienverbindungen; und zur Gründung seiner Hausmacht bot die Kaiserwürde Gelegenheit genug, da man den Kaiser, der vacant gewordene Lehen zu vergeben hat, durchaus nicht verübeln darf, wenn er auch seine Familie berücksichtigt. So gab er seinem Sohn Albrecht Oesterreich, Steiermark, Kärnthen, die Windische Mark und einige andere Länder, welche er dem Könige Ottokar von Böhmen, der sie ohne Rechtsgrund usurpirt hatte, entriß. Dazu kamen dann durch Heirathen — denn mit seinen Heirathen hat Oesterreich stets besonderes Glück gehabt — noch viele andere Gebiete. Als nun einmal die Oesterreicher die mächtigsten Fürsten geworden waren, war es nur billig, daß sie sich auch durch einen höheren Titel vor den übrigen Herzogen auszeichneten. Weil nun aber doch das junge österreichische Haus den alten Fürstengeschlechtern nicht gut auf dem Reichstage vorangehen konnte, noch auch ihnen weichen wollte, nahmen die Oesterreicher den ersten Platz unter den geistlichen Fürsten ein, die auf einer eigenen Bank sitzen. Denn von diesen, die meist aus niedrigerem Stande stammend, erst durch ihr Amt Fürsten werden, waren in dieser Beziehung nicht viel Schwierigkeiten zu erwarten. So bekamen außerdem die Erzherzöge von Oesterreich alternirend mit dem Erzbischof von Salzburg das Directorium in dem sogenannten Fürstenrathe.

Heute umfassen die Lande des Hauses Habsburg, d. h. das Königreich Böhmen und die eigentlichen österreichischen Lande den größten Theil des südöstlichen Deutschlands. Dazu kommt noch das Königreich Ungarn, das jetzt auch fast als österreichisches Erbland angesehen werden kann, seitdem durch die siegreichen Waffen des Kaisers Leopold der größte Theil dieses Landes den Händen der Ungläubigen entrissen ist.

durfte? So wurden Oesterreich, Steiermark, Kärnthen, die Wendische Mark und einige andere Gebiete erworben. Anderes kam durch Verleihung anderer Kaiser hinzu, wie es ja überhaupt leichter ist, eine bestehende Macht zu erweitern, als eine neue zu gründen. Fürsten mit so ausgedehnten Erblanden konnte es dann auch nicht schwer werden, reiche Heirathen abzuschließen. Weil nun, um junge Prinzessinnen zu gewinnen, nicht nur Macht und Reichthum, sondern auch Rang und Würde nöthig sind, so konnte auch von einem sonst strengen Vater der Sohn leicht die Vergünstigung erhalten, durch einen besonderen Titel, den erzherzoglichen, vor den anderen Fürsten ausgezeichnet zu werden. Uebrigens sind in dieser Angelegenheit die Oesterreicher mit bemerkenswerther Klugheit vorgegangen.

Denn die alten Fürsten wären gewiß nur schwer und durch gehässige Maßregeln zu bewegen gewesen, dem neuen Fürstenhause einen höheren Rang auf dem Reichstage einzuräumen. Deßhalb setzten die Oesterreicher sich auf die Bank der geistlichen Fürsten, und hier erhielten sie leicht den ersten Platz. Denn von diesen, die meist nicht aus fürstlichem Geschlechte stammen und gewöhnlich erst durch ihr Amt Fürsten werden, waren keine großen Schwierigkeiten zu erwarten. Außerdem bekam Oesterreich so, alternirend mit dem Erzbischof von Salzburg, den Vorsitz im Fürstenrath. Uebrigens darf man den Oesterreichern wegen dieses Verfahrens keine Vorwürfe machen, vielmehr wäre es die größte Thorheit gewesen, wenn sie die günstige Gelegenheit zu benützen versäumt hätten.

Jetzt umfaßt das österreichische Gebiet den größten Theil des östlichen Deutschlands. Dazu kommt noch das Königreich Ungarn, das den Habsburgern fast erblich gehört, und das den übrigen österreichischen Landen als Außenwerk gegen die Türkeneinfälle dient, die dann wieder einen passenden Vorwand abgeben, von den Deutschen Geld zusammenzubetteln.

§. 4. Fortsetzung.

Zu beachten ist nun, daß die Kaiserwürde nicht nur deswegen dem österreichischen Hause so lange verblieben ist, weil kaum ein anderes deutsches Fürstenhaus fähig war, das Kaiserthum aus eigenen Mitteln hinreichend zu repräsentiren, sondern namentlich deshalb, weil Oesterreich, Dank seiner schlauen Politik, ohne Schwierigkeit einen besonderen Staat würde bilden können, wenn einmal ein anderer zum Kaiserthron gelangte. Denn die Oesterreicher haben sich[1]) mit solchen Privilegien ausgestattet, daß sie, wenn es ihnen nicht gefällt, die Hoheit eines anderen Kaisers anzuerkennen, gleich sagen können, sie hätten mit dem deutschen Reiche nichts gemein, ihr Gebiet bilde einen besonderen Staat, oder mindestens brauchten sie nur bedingungsweise und so weit es ihnen selbst passe, sich dem Kaiser zu unterwerfen.[2]) Ein solcher Schritt würde aber nicht nur

---

[1]) Die Ed. posth. sagt mildernd: Die Oesterreicher sind mit solchen Privilegien ausgestattet.

[2]) Die hier berührte Frage der österreichischen Privilegien ist seitdem viel besprochen worden. Ich verweise nur auf die letzte, alle früheren zusammenfassende Arbeit des Dr. A. Huber in Sitzungsberichten der Wiener Akademie XXXIV, S. 17 ff. Seitdem steht es nun fest, daß der ausgedehnteste dieser Freiheitsbriefe, das sogenannte Privilegium Majus vom 17. September 1156,

den Reichskörper völlig verstümmeln, wenn sich ein so wichtiges Glied völlig von ihm losrisse, sondern er würde auch anderen, die auf eigenen Füßen stehen zu können meinen, zum Vorbilde dienen; und wenn das Beispiel einmal gegeben ist, werden auch schwächere Stände sich jeder Abhängigkeit entziehen wollen. So würde Deutschland unserem Italien ähnlich werden, dessen jetziger Zustand freilich meines Erachtens auch keine lange Dauer zu haben verspricht.

Daß die geäußerte Besorgniß aber keine unbegründete ist, daran wird Niemand zweifeln, der da weiß, daß die Krone Böhmens fast nur bei der Kaiserwahl als Glied des Reiches auftritt,[1]) und der die österreichischen Privilegien einmal genauer ins Auge faßt.

Ich will nur Weniges aus dem Privileg Karls V. anführen, in dessen Eingange der Kaiser selbst bekennt, es sei das Bestreben aller Menschen, für ihre Familie zu sorgen. Dort heißt es: Oesterreich soll ein ewiges Lehen sein, das der Kaiser nie einziehen darf. Der Herzog soll des Kaisers Rath sein; ohne ihn zu hören soll kein wichtiger Beschluß gefaßt werden. Sein Gebiet soll von allen Reichslasten frei, aber das Reich zu dessen Schutz verbunden sein. Oesterreich gehört also nur zum Reiche, wo es Rechte auszuüben, nicht wo es Pflichten zu erfüllen gilt. Der Herzog von Oesterreich braucht die Belehnung nicht außerhalb seines Gebietes nachzusuchen, sondern sie ist innerhalb desselben vorzunehmen. Natürlich, er will nicht durch die einfache Lehnshuldigung anerkennen, daß er dem Reiche unterworfen ist,[2]) gleich als ob er noch gebeten werden müsse, des Reiches Vasall zu werden; wie ja auch die Insignien, die bei seiner Belehnung gebraucht werden, kund thun, daß mit ihm[3]) wie mit einem Gleichstehenden, nicht wie mit einem Unterthan verhandelt werden muß. Er[4]) darf auf den Reichstagen erscheinen, ist aber nicht dazu verpflichtet. Was er in seinem Gebiet anordnet, darf der Kaiser nicht umstoßen. Das Reich darf in Oesterreich keine Lehen erwerben, österreichische Unterthanen dürfen nicht vor auswärtige Gerichte gezogen werden, gegen österreichische Gerichte giebt es keine Appellation. Der Herzog darf in der Reichsacht befindliche Personen in Oesterreich aufnehmen; nur muß er dem Kläger den Rechtsweg gegen sie offen halten. Wer aber vom Herzog von Oesterreich geächtet ist, kann nur von ihm und nur in Oesterreich wieder frei gesprochen werden. Er darf in den Grafen-, Freiherrn- und Adelsstand erheben, was sonst in Deutschland als ein Reservatrecht des Kaisers gilt. Endlich, wenn der österreichische Mannsstamm ausstirbt,

---

außerdem aber noch mehrere andere der österreichischen Privilegien um die Mitte des 14. Jahrhunderts gefälscht sind. Natürlich entbehrten auch alle späteren Bestätigungen dieser falschen Privilegien und somit auch die Karls V. d. d. Augsburg, 8. September 1530 eigentlich der rechtlichen Giltigkeit, und die ganze Stellung Oesterreichs im Reiche beruht eigentlich auf einer Fälschung. Freilich war dies Resultat der neueren Forschung zu P's. Zeit noch nicht bekannt.

[1]) Dies Verhältniß Böhmens änderte sich, als am 30. Juni 1708 Böhmen im Kurfürstenrath Sitz und Stimme erhielt und seitdem auch zu den Reichslasten beizutragen versprach.

[2]) Die Ed. posth. sagt: daß er des Kaisers Unterthan ist.

[3]) Die Ed. posth. sagt: mehr wie mit einem Gleichstehenden, als wie mit einem Unterthan.

[4]) Dieser ganze Satz ist in der Ed. posth. weggelassen.

tritt die weibliche Erbfolge ein, und wenn auch weibliche Erben fehlen, hat der letzte Herzog das freie Verfügungsrecht über seine Lande, eine Bestimmung, die doch deutlich genug zeigt, daß dem Reiche keine Rechte in Oesterreich zustehen.

Ich brauche nichts weiter hinzuzufügen; denn das Gesagte beweist für jeden Verständigen genug.[1] So müßte man auch sehr thöricht sein, wenn man nicht einsähe, wie Karl V. nur zum Hohn seine Niederlande für einen Theil des Reiches erklärt hat, mit der großartigen Versicherung, sie würden dem Reiche ebenso viel einbringen, wie zwei Kurlande zusammen.[2] Denn die Reichseinkünfte werden ja nur zum Türkenkriege, also zum Schutz der österreichen Erblande verwendet. Und da die Erhebung dieser Abgaben in der Hand Oesterreichs lag, so hätte man voraussehen können, daß gegen die Niederländer, wenn sie im Zahlen säumig wären, nicht allzustreng würde verfahren werden.[3] Unter diesen Umständen darf ein Italiäner wohl vermuthen, daß Karl die Deutschen nur hat bewegen wollen, ihr Geld leichter für ihnen eigentlich fremde Zwecke herzugeben, indem er ihnen zeigte, daß der Kaiser selbst einen Theil der Lasten auf seine Erblande zu übernehmen bereit sei.

Auch mag bei Karl die Absicht zu Grunde gelegen haben, nachdem er die österreichischen Erblande in Deutschland an Ferdinand abgetreten hatte, seinem Sohne Philipp bei einer etwaigen Bewerbung um die Kaiserkrone den Einwurf zu ersparen, er habe keine Besitzungen im Reiche; endlich mag er auch erwogen haben, daß den Niederlanden so gegen französische Angriffe der deutsche Schutz gesichert sei.

---

[1] Es folgt jetzt in der Ed. posth. ein langer Zusatz, der so beginnt: „Diese ganze Ausführung hat übrigens keineswegs den Zweck, dem Habsburgischen Hause einen Vorwurf zu machen. Vielmehr verdienen die Oesterreicher nur Lob dafür, daß sie die günstigen Verhältnisse in ihrem Interesse auszunutzen verstanden haben." Es folgt dann eine längere Ausführung über die Gründe, welche Kaiser Ferdinand I. zur Verleihung der ausgedehnten österreichischen Privilegien bestimmt haben. Ich hebe daraus nur den einen Satz hervor: „Wenn alle Fürsten solche Privilegien hätten, dann wäre Deutschland längst ganz und gar zerrissen und der Reichsverband völlig aufgelöst."

[2] Die Ed. posth. sagt: „In noch loserer Verbindung mit Deutschland stehen die spanischen Niederlanden, welche Karl V. als burgundischen Kreis dem Reiche einverleibte mit der Versicherung, sie würden ebenso viel zahlen, wie zwei Kurfürstenthümer zusammen." Auch im Folgenden ist wieder manches geändert, was ich übergehen kann, da die mildernde und abschwächende Tendenz der Ed. posth. sich aus dem bisher Angeführten wohl zur Genüge ergiebt.

[3] Vgl. Droysen, Geschichte der preußischen Politik III, 3, 90: „Ob der burgundische Kreis noch zum Reich gehörte oder nicht, war kaum zu sagen. Auf den Reichstagen hatte Spanien für Burgund Sitz und Stimme; aber der Kreis zahlte keine Römermonate, war nicht in der Executionsordnung, stand nicht unter den Reichsgerichten." — So sagt auch die Ed. posth.: „Die Einverleibung Burgunds in Deutschland hat weiter keine Wirkung, als daß der Burgundische Kreis auf dem Reichstage Sitz und Stimme hat: denn die Libertät der Niederlande ist völlig gesichert. Sie sind nur zur Zahlung von Abgaben zum Schutze Deutschlands verpflichtet und auch diesen haben sie sich jetzt entzogen, wie denn andererseits die deutschen Stände sich nicht für verpflichtet halten, zum Schutz der Niederlande zu den Waffen zu greifen, grade als ob Burgund sie gar nichts anginge."

Heute hat das Haus Oesterreich nur noch zwei männliche Sprossen, Kaiser Leopold und König Karl von Spanien, dem nur sehr Wenige ein langes Leben in Aussicht stellen. So wünschen denn viele Deutsche, daß Leopolds Ehe mit männlicher Nachkommenschaft gesegnet sein möge, da sie fürchten, daß die Todtenopfer für den letzten Sproß eines so glorreichen Geschlechtes in allzu verderblichen Kämpfen bestehen werden.

§. 5. Die Wittelsbacher.

Das Geschlecht der Pfalzgrafen bei Rhein und Herzöge von Baiern steht an Alter keinem nach. Ihr Gebiet umfaßt einen weiten Landstrich von den Alpen bis zur Mosel und außerdem zwei Herzogthümer an der niederländischen Grenze. Von den beiden Linien dieses Hauses besitzt die Wilhelmische seit langer Zeit das durch seinen Reichthum hochberühmte Herzogthum Baiern, wozu im letzten Kriege noch die Kurwürde und die der anderen Linie entrissene Oberpfalz hinzukamen. Außerdem haben seit fast einem Jahrhundert bairische Prinzen das Kölner Kurfürstenthum inne, und der jetzige Kurfürst besitzt noch dazu die Bisthümer Lüttich und Hildesheim.

Die zweite, die Rudolfinische Linie theilt sich wieder in mehrere Zweige. Ihr Haupt, der Kurfürst von der Pfalz, besitzt noch die Unterpfalz, einen der fruchtbarsten und anmuthigsten Landstriche Deutschlands. Dem Pfalzgrafen von Neuburg gehören außer seinem Gebiete an der Donau die Herzogthümer Jülich und Berg; während die Pfalzgrafen von Sulzbach, Simmern, Zweibrücken, Birkenfeld und Lautereck nur über unbedeutende Ländchen herrschen. Doch stammt aus dem Zweibrückischen Zweige Karl Gustav, König von Schweden, dessen Nachkomme, der jetzige König Karl, seit dem Osnabrückischen Frieden auch in Deutschland die Herzogthümer Bremen und Verden, Pommern mit Stettin, das Fürstenthum Rügen und die Herrschaft Wismar besitzt.

Heute zeichnet sich das ganze Geschlecht durch besonders rühmenswerthe und treffliche Fürsten aus. Denn die bairischen Fürsten sind wegen ihrer Frömmigkeit berühmt; den Kurfürsten von der Pfalz aber zählt man wegen seiner vorzüglichen Gaben und wegen seiner seltenen Weisheit mit Recht zu den Zierden der Nation;[1] weiter gilt auch der Neuburger für einen der klügsten deutschen Fürsten,[2] und viele prophezeien ihm die polnische Krone, weniger wegen seiner Verwandtschaft mit der regierenden polnischen Dynastie, als weil sie ihn für den würdigsten halten. Endlich ist auch Prinz Ruprecht von der Pfalz als Seeheld berühmt.

---

[1] Die Parallele mit dem frommen Kurfürst Ferdinand Maria von Baiern, der, wie man meinte, sich sehr wenig um weltliche Dinge kümmerte, dient dazu, das Verdienst Karl Ludwigs von der Pfalz um so bedeutender erscheinen zu lassen.

[2] Es ist Philipp Wilhelm, der 1690 als Kurfürst starb. Er war der Schwiegervater des Sohnes von Johann Sobiesky: seine Pläne auf die polnische Krone sind aber bekanntlich gescheitert.

§. 6. Sachsen.

Die Herzöge von Sachsen besitzen das Herzland von Deutschland. Ihnen gehört Meißen, Thüringen, ein kleiner Landstrich an der Elbe, Obersachsen genannt, außerdem die Ober- und Niederlausitz und in Franken das Herzogthum Coburg und die Grafschaft Henneberg. Das Land hat fruchtbaren Boden und großen Metallreichthum.

Auch das sächsische Geschlecht theilt sich in zwei Linien, die Albertinische und die Ernestinische. Ersterer gehören der Kurfürst und seine drei Brüder an, von welchen der zweitälteste auf Lebenszeit das Erzbisthum Magdeburg besitzt. Aus der Ernestinischen stammen die Herzöge von Altenburg und Gotha und die vier weimarischen Brüder, welche alle, so viel ich weiß, Nachkommen haben.

§. 7. Brandenburg.

Es folgen weiter die Markgrafen von Brandenburg. Das Haupt dieser Familie, der Kurfürst, beherrscht ein weit ausgedehntes Land. Außer Preußen, das vom römischen Reiche unabhängig ist, und das er seit dem letzten Vertrage mit Polen als souveräner Fürst besitzt, gehören ihm die Marken, Hinterpommern, das schlesische Herzogthum Crossen, das Herzogthum Cleve und die Gebiete von Mark und Ravensburg. Für den Theil Pommerns, der den Schweden überlassen ist, und der sonst nach dem Aussterben der pommerschen Herzöge ihm hätte zufallen müssen, hat er als Ersatz die Bisthümer Halberstadt, Minden und Cammin und die Anwartschaft auf Magdeburg nach dem Tode des sächsischen August erhalten; weite und fruchtbare Länder, für die er aber, wie Viele glauben, doch lieber das ganze Pommern hätte.[1])

Ich erinnere mich, daß, als ich nach meiner Rückkehr aus Deutschland zu Padua mich in Gesellschaft einiger französischen und italiänischen Marquis befand und erzählte, der erwähnte Fürst könne in seinen Landen über 200 deutsche Meilen reisen, ohne in fremdem Gebiet übernachten zu müssen (obwohl ja die brandenburgischen Lande hier und da durch fremdes Gebiet durchschnitten werden), die meisten der Anwesenden mir vorwarfen, ich übertreibe, wie alle Reisenden. Und so wäre ich bei unseren Landsleuten, die ja selten oder nie aus Italien herauskommen, beinah in den Verdacht der Aufschneiderei gekommen, wenn nicht ein alter Offizier, der lange in Deutschland gedient und den ich am Hofe von Berlin kennen gelernt hatte, meine Mittheilung bestätigt hätte. Nun schämten sie sich, daß bei uns und in Frankreich manche den stolzen Titel Markgraf führten, die kaum 200 Morgen Landes besäßen: bis dahin aber war es ihnen un-

---

[1]) Es könnte auffallen, daß P. über die Persönlichkeit des großen Kurfürsten und seine so bedeutsame Stellung in Deutschland so gar nichts sagt. Theils mag das mit seinem Verhältniß zu Karl Ludwig von der Pfalz zusammenhängen, theils kann es scheinen, daß P. erst später die Politik des großen Kurfürsten völlig zu würdigen und zu verstehen gelernt habe, als er sich mit der brandenburgischen Geschichte eingehender beschäftigte. Uebrigens ist auch in der Ed. posth. hier nichts hinzugefügt, während die ganze nachfolgende Erzählung über das Gespräch zu Padua dort weggelassen ist.

bekannt geblieben, daß zwischen unseren Marchesen und den deutschen Markgrafen ein himmelweiter Unterschied besteht.

Uebrigens giebt es auch Markgrafen von Brandenburg in Franken, welche, wenn ich mich nicht irre, das alte Gebiet der Burggrafen von Nürnberg besitzen und sich in die Culmbachische und Onolzbachische Linie theilen.

§. 8. Die übrigen Fürsten.

An die Kurhäuser schließen sich die anderen Fürstenhäuser an. Verschiedene von diesen machen sich bekanntlich den Vorrang streitig; ich wünsche daher, daß die Reihenfolge, in der ich sie aufzählen werde, nicht als präjudicierlich für diese übrigens so kleinlichen[1]) Streitigkeiten angesehen werde.

Den Herzogen von Braunschweig und Lüneburg gehört ein bedeutendes Land in Niedersachsen. Sie theilen sich in zwei Zweige. Dem einen gehört das Herzogthum Braunschweig, dessen jetziger Herzog schon in hohem Alter steht.[2]) Das Herzogthum Lüneburg ist unter zwei Brüder getheilt, von denen der eine in Celle, der andere in Hannover residirt, während ein dritter Bruder das Bisthum Osnabrück besitzt.[3]) Die mecklenburgischen Herzoge, die sich in die schwerinische und güstrowische Linie theilen, beherrschen einen mäßigen Landstrich zwischen Ostsee und Elbe. Der Herzog von Würtemberg besitzt ein weites und ansehnliches Land in Schwaben, während einem Verwandten von ihm an der äußersten Grenze Deutschlands die Grafschaft Mümpelgard gehört. Auch den Landgrafen von Hessen ist ein ausgedehntes Gebiet unterworfen; sie theilen sich in eine Casselsche und eine Darmstädtische Linie. Die Markgrafen von Baden, die gleichfalls in die Durlachsche und die Baden-Badensche Linie zerfallen, herrschen über ein langgestrecktes Territorium am rechten Ufer des Rheins. Den Herzogen von Holstein gehört ein Theil von der Cimbrischen Halbinsel, die durch ihre Lage an zwei Meeren besonders begünstigt ist. Uebrigens steht, was von Holstein zum deutschen Reiche gehört, unter der Herrschaft des Dänenkönigs und des Herzogs von Gottorp, welcher letztere auch das Bisthum Lübeck besitzt; das Herzogthum Schleswig aber ist von Deutschland unabhängig. Endlich gehört den Herzogen von Sachsen-Lauenburg ein kleiner Landstrich in Niedersachsen und den Fürsten von Anhalt ein etwa ebenso großer in Obersachsen.

§. 9. Die neuen Fürsten.

Und das sind die alten Fürsten. Denn die Herzöge von Savoyen und Lothringen haben zwar Reichslehen und deshalb auch Sitz und Stimme

---

[1]) Dies Wort fehlt in der Ed. posth.
[2]) Es ist der Herzog August, ein wegen seiner Gelehrsamkeit und klassischen Bildung sehr bekannter Fürst. Er starb im Jahre 1660 fast neunzig Jahre alt.
[3]) Gemeint ist Ernst August, Bischof von Osnabrück seit 1662, dann seit 1680 Herzog von Calenburg, seit 1692 Kurfürst, gestorben 1698.

auf dem Reichstage,¹) aber wegen der Lage ihrer Gebiete haben sie eine ganz andere politische Stellung als die deutschen Fürsten.

Ferdinand II. nun, der, nach Vieler Meinung, die Befugnisse der Fürsten auf ein bescheidenes Maß zurückzuführen und sich eine absolute Herrschaft zu gründen die Absicht hatte, bediente sich zu diesem Zwecke auch des Mittels, ihm ganz ergebene Persönlichkeiten in den Fürstenstand zu erheben, mit deren Hilfe er die Stimmen der alten Fürsten unschädlich zu machen hoffte, wenn er einmal einen allgemeinen Reichstag würde berufen müssen, was er übrigens sehr ungern that. Vielleicht wollte er auch zeigen, daß die alten Fürsten keinen Grund hätten, auf ihre Würde so gewaltig stolz zu sein, da es in seiner Macht liege, einer beliebig großen Zahl von Leuten gleichen Rang mit ihnen zu verleihen. Und wenn es dem Kaiser ebenso leicht wäre, neue Länder zu schaffen, wie Titel zu verleihen, so würde auch ohne Zweifel die Stellung der alten Fürsten sehr gefährdet sein. So erlangten denn, freilich ungern aufgenommen,²) Sitz und Stimme auf dem Reichstage die Fürsten von Hohenzollern, Eggenberg, Nassau-Hadamar, Nassau-Dillenburg, Lobkowitz, Solm, Dietrichstein, Auersberg und Piccolomini.³) Aber weil die Pläne Ferdinands gescheitert sind und die Macht der neuen Fürsten mit der der alten gar nicht zu vergleichen ist, so haben erstere gegen letztere bis jetzt nur wenig Bedeutung. Und⁴), wie denn immer neuer Adel dem alten verhaßt ist, sie haben sogar den Spott hören müssen, sie hätten weiter nichts gewonnen, als aus reichen Grafen arme Fürsten geworden zu sein. Aber einmal ist doch jeder Adel neu gewesen, und im Laufe der Zeit können auch sie noch zu größerer Macht gelangen. Der leichteste Weg dazu ist ihnen freilich abgeschnitten, seitdem der Kaiser bedeutendere erledigte Reichslehen nicht mehr nach Belieben verleihen darf.

§. 10. Die geistlichen Fürsten.

Eine zweite Klasse von Fürsten bilden die Bischöfe und Aebte. Diese stammen zwar oft aus dem niederen Adel oder aus dem Freiherrn- und Grafenstande und gelangen erst durch die Wahl der Capitel zur fürstlichen Würde, aber nichtsdestoweniger haben sie auf dem Reichstage und bei anderen Gelegenheiten fast noch einen höheren Rang, als die weltlichen Fürsten. Es würde ja auch thöricht sein, wollte man die Geistlichkeit, deren Verhältnisse sich im Vergleich zu denen der ersten christlichen Urzeit,

---

¹) Savoyen konnte im 17. Jahrhundert kaum mehr als Theil des Reiches betrachtet werden. Lothringen dagegen stand noch weit mehr im Verbande des Reiches und noch 1684 sprach ein kaiserliches Commissionsdecret (abgedruckt bei Kulpis I, 511 ff.) es aus, daß der Kaiser den Herzog von Lothringen „nicht weniger als ein jedwederes Reichsmitglied von höchsten kaiserlichen Ambts wegen zu schützen und zu schirmen verbunden" sei.

²) Die Verhandlungen, welche der Zulassung der „neuen Fürsten" zum Reichstage vorangingen, sind zuletzt dargestellt von Erdmannsdörffer Graf Georg Friedrich von Waldeck. Berlin 1869, S. 102 ff.

³) Die Ed. posth. fügt hier noch die Fürsten von Nassau-Siegen, Portia, Ostfriesland, Fürstenberg, Waldeck und Oettingen hinzu, die inzwischen ebenfalls in den Fürstenstand erhoben waren.

⁴) Dieser Satz fehlt in der Ed. posth. ebenso wie der nächstfolgende.

jetzt bedeutend geändert haben, noch länger an die veralteten Gesetze über die Demuth des Priesterstandes binden, welche einst der Heiland verkündet hat, Gesetze, die vielleicht auch nur für jene älteste Zeit giltig sein sollten. Denn das wäre in der That lächerlich gewesen, wenn Fischer oder Weber, die mühsam von ihrer Hände Arbeit lebten, ehrgeizig nach hohem Range gestrebt hätten.

Nun ist zwar in der ganzen katholischen Christenheit das Ansehen der Priester groß und ihr Vermögen bedeutend, aber sie sind doch nirgends zu solcher Macht und zu solchem Reichthum gelangt, wie in Deutschland, wo viele von ihnen den weltlichen Fürsten, weder was den Umfang der Territorien, noch was den Glanz der Hofhaltung angeht, irgend nachstehen. Auch steht ihnen dieselbe Gerichtsbarkeit und Hoheit über ihre Unterthanen zu. Viele von ihnen aber gehen lieber in kriegerischer Rüstung, als im Meßgewande einher[1]) und suchen ein Feld für ihre Wirksamkeit lieber darin, Krieg anzustiften und ihr Vaterland und benachbarte Länder in Unruhe zu stürzen, als darin, Frömmigkeit und Gottesfurcht zu verbreiten. Auch ist heute die Zahl derer groß genug, die sich nicht schämen, die heiligen Weihen zu empfangen, um jährlich ein- oder zweimal der Welt zu zeigen, wie sorgfältig sie die Pflichten ihres heiligen Amtes zu erfüllen verstehen.

Während übrigens früher die Macht der geistlichen Fürsten der der weltlichen gleichkam, oder sie wohl gar übertraf, hat ihnen jetzt die Kirchenreformation in einem großen Theile Deutschlands und der westfälische Friede viel Abbruch gethan. Im ober- und niedersächsischen Kreise ist den Geistlichen nur sehr wenig geblieben; dagegen war die Beute der oberdeutschen Fürsten — den Herzog von Württemberg ausgenommen — geringer. Denn die sächsischen Fürsten brauchten Karl V. weniger zu fürchten, als diejenigen, welche Rücksichten auf die Nähe seiner Besitzungen oder seine persönliche Gegenwart zu nehmen hatten. Während daher in Norddeutschland die noch übrigen Gebiete der geistlichen Fürsten zerstreut liegen und durch mächtige weltliche Territorien getrennt sind, haben sie im Süden und Westen mehr geographischen Zusammenhang und insbesondere haben sie fast die ganzen Rheinlande inne, den schönsten Theil Deutschlands, in welchem ihr Gebiet nur durch die Länder des Kurfürsten von der Pfalz unterbrochen ist, den sie schon deshalb, glaub' ich, mit scheelen Augen ansehen.

§. 11. Fortsetzung.

Die geistlichen Fürstenthümer nun, welche noch nicht unter protestantische Herrschaft gekommen sind, sind etwa die folgenden. Drei Erzbischöfe, die von Mainz, Köln, Trier haben die Kurwürde; außerdem giebt es noch zwei Erzbisthümer (denn Magdeburg kann man schon als säcularisirt betrachten), das von Salzburg und das von Besançon in Burgund. Bischöfe giebt es von Bamberg, Würzburg, Worms, Speier,

---

[1]) P. denkt jedenfalls an den herrischen und trotzigen Bischof von Münster, Bernhard Christoph von Galen, der es 1665 wagen durfte, den vereinigten Niederlanden den Krieg zu erklären und der nur durch französische Intervention und brandenburgische Vermittelung zum Frieden gezwungen werden konnte.

Eichstädt, Straßburg, Constanz, Augsburg, Hildesheim, Paderborn, Freising, Regensburg, Passau. Trient, Brixen, Basel, Lüttich, Osnabrück, Münster und Chur, während den ersten Rang unter den Bischöfen der Deutschordensmeister einnimmt. Dabei ist aber zu beachten, daß oft zwei und mehr Bisthümer in einer Hand vereinigt sind, sei es, weil die Einkünfte eines Bisthumes nicht auszureichen scheinen, um die Kosten einer glänzenden Hofhaltung zu decken, sei es, um die Macht der Inhaber dieser Bisthümer bedeutender zu machen. Das oben nicht erwähnte Bisthum Lübeck ist protestantisch und fast ein Erbland der Herzöge von Holstein. Von Aebten oder Prälaten haben Fürstenrang die von Fulda, Kempten, Elwangen, Murbach, Lüders, Berchtesgaden, Weißenburg, Prüm, Stablo und Corvey. Zu ihnen gehört auch der Johanniterordensmeister. Die übrigen Prälaten, welche nicht Fürsten sind, theilen sich in zwei Curien, die schwäbische und die rheinische, von denen jede auf dem Reichstage eine Stimme hat. An Rang stehen sie den Reichsgrafen gleich.

§. 12. Die Reichsgrafen.

Auch die Grafen und Freiherren leben in Deutschland in weit glänzenderen Verhältnissen, als in anderen Reichen. Denn sie üben fast dieselben Rechte aus, wie die Fürsten, und die Gebiete der alten Grafschaften sind oft sehr ausgedehnt; während man in anderen Ländern bisweilen den Besitzer eines kleinen Gutes den stolzen Grafentitel führen sieht. Freilich hat manchen Familien die Theilung des Gebietes unter mehrere Brüder nicht wenig geschadet, welche für erlauchte Geschlechter ein großes Uebel und nur bei geringen Leuten aus Rücksichten der Billigkeit oder der Pietät zu entschuldigen ist. Einige haben auch durch schlechte Verwaltung ihrer Besitzungen und durch übermäßigen Aufwand manche Einbuße erlitten.

Die Reichsgrafen haben vier Stimmen auf dem Reichstage und theilen sich in die wetterauische, schwäbische, fränkische und westfälische Bank. Mir sind bekannt die Grafen von Nassau, Oldenburg, Fürstenberg, Hohenlohe, Hanau, Sain und Wittgenstein, Leiningen, Solms, Waldeck, Isenburg, Stolberg, Wied, Mansfeld, Reuß, Oettingen, Montfort, Königseck, Fugger, Sulz, Cronberg, Sintzendorf, Wallenstein, Pappenheim, Castell, Löwenstein, Erbach, Isenburg, Schwarzburg, Bentheim, Ostfriesland (dieser nennt sich aber jetzt Fürst),[1]) Lippe, Rantzow und der Rhein- und Wildgraf. Einige mag ich ausgelassen haben, denen mein Schweigen keinen Abbruch thun wird, wie es auch nicht meine Aufgabe war, die genannten in ihrer richtigen Ordnung aufzuzählen. Es giebt aber außerdem noch viele Grafen und Freiherrn, die in den Erblanden des Kaisers angesessen[2]) oder die erst neuerdings in diesen Stand erhoben sind. Diese sind anderen Ständen untergeben und haben keinen Sitz auf dem Reichstage. Sie aufzuzählen, würde der Mühe nicht werth sein.

---

[1]) Ostfriesland ist in der Ed. posth. weggelassen und richtiger zu den neuen Fürsten gezählt.
[2]) Nicht bloß in denen des Kaisers, sondern auch in den Erblanden anderer Stände gab es schon zu P's. Zeit landsäßige, d. h. nicht reichsunmittelbare Grafen.

§. 13. Die freien Reichsstädte.

Weiter giebt es in Deutschland eine große Zahl freier Städte, welche unter keinem der Stände, sondern unmittelbar unter Kaiser und Reich stehen und daher Reichsstädte heißen. Auf dem Reichstage bilden sie ein besonderes Collegium, in welchem sie sich in zwei Klassen oder Bänke theilen, die Rheinische und die Schwäbische. Die bedeutendsten unter ihnen sind Nürnberg, Augsburg, Cöln, Lübeck, Ulm, Straßburg, Frankfurt, Regensburg und Aachen. Weniger bedeutend sind Worms, Speier, Colmar, Memmingen, Eßlingen, Schwäbisch-Hall, Heilbronn, Lindau, Goslar, Mühlhausen und Nordhausen. Die übrigen haben mehr Grund auf ihre Freiheit, als auf ihre Macht stolz zu sein.

Vor ein oder zwei Jahrhunderten war die Macht dieser Städte groß und den Fürsten selbst furchtbar, heute ist ihre Bedeutung gering und vielfach wird mit gutem Grund prophezeit, sie würden einst gänzlich unter die Botmäßigkeit der Fürsten kommen. Die Bischöfe wenigstens drohen dies ganz offen denjenigen Städten, in denen ihre Kathedralkirchen liegen. Außerdem giebt es noch einige andere Städte, deren Recht auf die Reichsfreiheit nicht ganz unanfechtbar ist. Auf Hamburg, die reichste Stadt in Deutschland, erheben die Herzöge von Holstein Ansprüche, wenn auch die Nachbarn wohl nie zugeben werden, daß der König von Dänemark sich einer so reichen Beute bemächtige. Bremen hat es mit den Schweden zu thun, welche herzogliche Rechte über die Stadt in Anspruch nehmen und vielleicht nicht ohne Grund vermuthen, daß, um sie zu überlisten, Bremen im Jahre 1641 auf dem Reichstage unter die Zahl der freien Städte aufgenommen ist, da schon damals zu erwarten war, daß das Herzogthum in schwedische Hände fallen würde.[1]) Ebenso ist die Freiheit Braunschweigs, das mit seinem Gebiet die sonst wohl zusammenhängenden Landestheile der Herzoge unterbricht,[2]) diesen ein Dorn im Auge, während die braunschweigischen Herzöge wohl nicht leicht zugeben werden, daß der Bischof von Hildesheim seine Stadt sich unterwerfe. Daß der Kurfürst von Brandenburg kein Freund einer allzu großen Unabhängigkeit seiner Städte ist, ist bekannt; und deshalb droht auch der Freiheit Magdeburgs nach dem Tode des sächsischen August eine Beschränkung.[3]) Eine ähnliche zweifelhafte Stellung nahmen bis vor kurzem die Erfurter[4]) ein, welche durch

---

[1]) Den bremisch-schwedischen Streit beendete bekanntlich der Vertrag zu Hohenhausen am 25. November 1666, worin die Stadt nachgab, daß nach beendigtem jetzigen Reichstage ihre Reichsunmittelbarkeit bis zum Schluß des Jahrhunderts ruhen sollte. Dieser Reichstag ist aber bekanntlich erst 1806 beendigt. Vgl. die neueste Darstellung dieser Angelegenheit bei Droysen, Pr. Pol. III, 3, 158 ff. Uebrigens hat schon Thomasius bemerkt, daß P. hier entschieden auf Seite Schwedens steht.

[2]) Bekanntlich erfolgte die „Reduction" Braunschweigs 1671 durch die vereinigten Herzoge.

[3]) Schon vor dem Tode des Administrators, 1666, erfolgte die Besetzung Magdeburgs mit brandenburgischen Truppen, wodurch die wichtigste Elbfestung militärisch in die Hand des Kurfürsten kam.

[4]) Erfurt war bekanntlich mainzische Landstadt und wurde 1664 vom Erzbischofe von Mainz unterworfen, doch beanspruchte Sachsen ein Schutzrecht darüber.

ihre Trägheit und Feigheit sich der Freiheit so sehr unwürdig gemacht
haben, daß noch heute kein Verständiger begreifen kann, warum die Sachsen
sich diese Burg Thüringens nicht haben unterthan machen wollen. Die
Holländer aber haben es genug bereut, daß sie den Bürgern von Münster
gegen ihren Bischof keine Hilfe geleistet haben,[1]) zumal es für sie, die
ihre Freiheit einem Aufstande gegen ihren Fürsten verdanken, doch nahe
genug lag, ein ähnliches Unternehmen anderer zu unterstützen.

§. 14. Die Reichsritterschaft.

Die Ritterschaft in Deutschland zerfällt in zwei Klassen, von denen
die eine reichsunmittelbar ist, die andere unter den Landesfürsten steht.
Die zur ersten Klasse gehören, nennen sich freie Reichsritter und zusammen
die unmittelbare freie Reichsritterschaft. Sie theilen sich nach den Ländern,
in denen ihre Güter liegen, in schwäbische, fränkische und rheinische Ritter,
von denen jede Abtheilung wieder in mehrere kleinere zerfällt. Sie wählen
aus ihrem Stande Ritter-Hauptleute und Ritter-Räthe,[2]) welche ihre gemeinsamen Interessen wahrnahmen, und halten auch in wichtigeren Fällen
Rittertage ab. Auf dem Reichstage haben sie aber keinen Sitz, was sie
selbst als einen Vortheil betrachten, da sie so von den Reichslasten frei
bleiben. Es würde ihnen ja auch wenig nützen, bei einer so großen Zahl
von Stimmen eine oder zwei für sich zu haben.[3]) Im übrigen haben sie
fast dieselben Rechte und Freiheiten wie die anderen Stände, so daß ihnen
außer der Macht nichts fehlt, um Fürsten zu sein. Reiche Einkünfte
ziehen sie aus den Kanonikaten und kirchlichen Pfründen, durch welche sie
leicht zur Fürstenwürde gelangen. Und daß, wer so gestiegen ist, für seine
Familie sorgen kann, das zeigt ja das Beispiel des heiligen Vaters selbst.
Uebrigens muß es auch sehr angenehm sein, reiche Einkünfte zu beziehen,
ohne irgend welche Mühe dafür zu haben. Denn den Gottesdienst lassen
sie durch Vicare versehen, da sie sich selbst vor jeder Heiserkeit in Acht nehmen,
außer vor der, welche durch Weinrausch entsteht. Und der Unbequemlich-
keit des Cölibats helfen leicht käufliche Frauenzimmer ab; ich wenigstens
habe noch Niemanden gesehen, der sich dem Himmel zu Liebe castrirt
hätte. Keusch und enthaltsam zu leben gilt ja für einen Edelmann für
ebenso schimpflich, wie keine Freude an Hunden und Pferden zu haben.

---

[1]) Das ist nicht ganz richtig. Allerdings haben die Generalstaaten die Stadt
Münster ganz offen unterstützt, deren Agent Aitzema im Haag nicht ohne Einfluß
war. Sie gaben 25,000 Gulden zu 4% mit dem Versprechen, monatlich ebenso
viel zu schicken. Aber nichtsdestoweniger mußte die Stadt, als der Kaiser,
Frankreich und Brandenburg intervenirten, 1661 capituliren. Droysen, Pr. Pol.
III, 3, 94. 95.

[2]) P. braucht die Ausdrücke directores und assessores. Aber die im Text
gebrauchten sind die officiellen Titel.

[3]) Nichtsdestoweniger haben die Ritter zu wiederholten Malen das Recht,
sich auf den Reichstagen vertreten zu lassen, in Anspruch genommen. Kulpis,
S. 594, führt eine gegen diese Prätensionen gerichtete Schrift an unter dem
Titel: Verschiedene Considerationes, derentwegen der löbl. Reichs-Ritterschafft
in Schwaben / Franken und am Rhein=Strom Votum und Sessio auf Reichs=
und Crohß=Tägen nicht zu verstatten.

Einige Ritter klagen übrigens laut, daß die Fürsten ihre Freiheit bedrohten und sie mit scheelen Augen ansähen, weil sie, obwohl im Gebiete der Fürsten angesessen, sich doch so weitreichender Privilegien erfreuten. Andere sprechen es offen aus, daß eine solche Menge kleiner Könige der Macht eines großen Reiches wenig zuträglich sei; und daß sie bei einem auswärtigen Kriege beiden kriegführenden Mächten zur Beute fallen würden. Nun werden aber die Ritter nicht leicht wegen einer unbestimmten Gefahr auf ihre gewisse Freiheit verzichten, und auch die übrigen Fürsten werden es nicht leicht zugeben, daß einige wenige einen solchen Machtzuwachs erhalten,[1]) wenn nicht ein gewaltiger Umschwung aller Machtverhältnisse im Reiche eintritt oder im langsamen Laufe der Zeit durch Listen aller Art die Macht der Ritter untergraben wird.

§. 15. Die Kreiseintheilung.

Schließlich bleibt hier noch kurz zu erwähnen, daß das ganze weite Reich nach einer Einrichtung Maximilians vom Jahre 1512 in 10 Kreise getheilt wird. Die Kreise sind der österreichische, der kurrheinische, der oberrheinische, der schwäbische, der bairische, der fränkische, der ober- und der niedersächsische, der westfälische und der burgundische. Das Königreich Böhmen mit Schlesien und Mähren ist von der Kreiseintheilung exituirt, ein deutlicher Beweis, daß es mehr in einem Bundesverhältnisse zu Deutschland steht, als mit ihm einen einheitlichen Staat bildet. Welche Staaten zu jedem Kreise gehören, kann man in jedem Handbuch finden. Die ganze Eintheilung bezweckt die Aufrechthaltung des Landfriedens und die Execution der Urtheile gegen widerspänstige. Zu diesem Behufe kann jeder Kreis einen Kreisobersten erwählen, welcher die Kreistruppen commandirt, und Kreistage abhalten, auf welchen über die Defension des Kreises und über das Münzwesen verhandelt wird. Das Recht der Berufung dieser Kreistage hat der sogenannte Kreis-Ausschreibende Fürst. Vielleicht trägt übrigens diese Einrichtung nur zur Uneinigkeit des ganzen Reiches bei, da die Uebel, welche einen Kreis bedrohen, die übrigen nur weniger berühren.[2])

Und damit mag über die Theile Deutschlands genug gesagt sein.

---

[1]) Der Gedanke P's. ist: Weil die Mehrzahl der Ritter in den rheinischen, fränkischen und schwäbischen Kreisen angesessen sind, würden auch nur die Fürsten dieser Kreise bei einer Mediatisirung der Ritter Vortheil haben.
[2]) Die ganze Kreisverfassung ist hier sehr kurz behandelt. Aber in der That hatte sie im 17. Jahrhundert auch schon ihre politische Bedeutung zum großen Theil verloren, und mit Recht bemerkt Häußer, Deutsche Geschichte, 2. Aufl. I, 78: „Auch von der Kreiseintheilung galt, was bei allen überlieferten Einrichtungen der Reichsverfassung wahrzunehmen war; man hatte die alte Form bestehen lassen, ohne zur rechten Zeit ihre Mängel zu beseitigen und sie den neuen Bedürfnissen anzupassen." Doch hat namentlich noch 1702 die Kreisorganisation auf den Gang der großen Politik wesentlichen Einfluß ausgeübt. Uebrigens hat man ja noch 1815 versucht, die Kreiseintheilung in die Verfassung des deutschen Bundes wieder aufzunehmen. Vgl. Häußer IV, 662.

Drittes Capitel.

Die Entstehung und Entwickelung der Reichsstände.

§. 1. Die weltlichen Fürsten und ihre Abstufung.

Wer sich eine genaue Kenntniß der Verhältnisse des deutschen Reiches erwerben will, wird untersuchen müssen, auf welchem Wege die deutschen Reichsstände zu ihrer so bedeutenden Machtstellung gelangt sind; denn ohne diese Untersuchung würde man die ganze so unregelmäßige Gestaltung des deutschen Reichswesens und seine Verfassung kaum verstehen. Da nun die Stände theils Fürsten und Grafen, theils Bischöfe und Aebte, theils Städte sind, so ist die Entstehung jeder dieser Klassen besonders zu betrachten.

Die weltlichen Fürsten heißen theils Herzoge, theils Grafen — oder mit einem weiteren Zusatze Pfalzgrafen, Landgrafen, Markgrafen und Burggrafen. Den bloßen Fürstentitel führen außer den oben erwähnten neu ernannten nur die Fürsten von Anhalt; andere Stände führen ihn neben anderen Titeln. So nennen sich die Oesterreicher Fürsten von Schwaben, die Herzoge von Pommern und jetzt die Könige von Schweden Fürsten von Rügen, die Landgrafen von Hessen Fürsten von Hersfeld u. s. w.

§. 2. Das alte Herzogs- und Grafenamt.

Bei den alten Deutschen[1]) war vor der fränkischen Herrschaft die Herzogswürde ein militärisches Amt, wie schon der Name (Heerzog) anzeigt. Die Herzoge wählte man aus den im Rufe größter Tapferkeit stehenden Männern, wenn ein Krieg bevorstand. Im Frieden verwalteten die Greven oder Grafen die Staaten und sprachen Recht in den Hundertschaften und

---

[1]) Hier wiederum, wie im 1. Capitel, kann es nicht meine Aufgabe sein, die Irrthümer P's. über die älteste deutsche Verfassung einzeln hervorzuheben. So ist es z. B. ein solcher Irrthum, wenn P. die fränkische Institution der Grafen schon in die Urzeit verlegt, in denen vielmehr bekanntlich an der Spitze der einzelnen civitates Fürsten (principes) stehen. Auch über die Bildung der Territorialhoheit hat P. bisweilen Ansichten, welche der neueren verfassungsgeschichtlichen Forschung gegenüber nicht haltbar sind.

Dorfgemeinden. Die correcte lateinische Bezeichnung für diesen Titel würde Präses sein, doch ist das Wort Comes dafür allgemein in Gebrauch gekommen; denn so hießen seit Constantin dem Großen im römischen Reiche die obersten Hofbeamten, die Statthalter der Provinzen und die höchsten Gerichtsbeamten. Die Franken setzten später, als sie Allemannien und das übrige Deutschland sich unterworfen hatten, Herzoge an die Spitze der Civil- und Militärverwaltung der Provinzen, denen bisweilen für die Rechtsprechung Grafen beigegeben wurden. Einige Districte standen auch nur unter Grafen ohne Herzoge. Doch waren alle diese Würdenträger nur Beamte, ihre Gewalt nur eine Amtsgewalt im eigentlichen Sinne des Wortes. Im Laufe der Zeit aber, als Herzoge auf Lebenszeit eingesetzt wurden und das Amt vom Vater auf den Sohn überging, benutzten die Herzoge eifrig jede Gelegenheit, ihre Macht zu befestigen, anerkannten nicht mehr die Autorität der Könige und fingen an, die nur ihrer Verwaltung anvertrauten Provinzen als ihr Eigenthum anzusehen. Nun ist aber für Monarchien nichts gefährlicher, als wenn derartige Aemter erblich werden, besonders wenn sie Militär- und Civilgewalt zugleich umfassen. Es kam mir daher schier lächerlich vor, als ich neulich las, daß einige Schriftsteller diesen Gang der Entwickelung lobten und vertheidigten. Denn es gereicht zwar Königen zum Ruhm, wohlverdienten Unterthanen reiche Belohnungen zu verleihen, aber der Herr, der allen seinen Sclaven die Freiheit schenkt, wird sich nachher selber die Schuhe reinigen müssen. Und Geschenke verpflichten zwar um so mehr, je eher der Beschenkte hoffen darf, sie auf seine Kinder zu vererben; aber nichtsdestoweniger wird doch jeder sein Eigenthum möglichst unabhängig von den Rechten und Ansprüchen anderer zu machen suchen; und wenn auch ein jeder besser für sein Eigenthum als für fremdes sorgt, so überläßt doch darum ein guter Landwirth noch nicht seinen Knechten sein Gut zu eigen. Endlich giebt es ja, um Empörungen der Statthalter vorzubeugen, weniger kostspielige Mittel, als das ihnen die erbliche Verwaltung ihrer Provinzen zu übertragen. Ganz besonders thöricht aber ist es, wenn man den Glanz der Krone dadurch zu erhöhen sucht, daß man möglichst viele Unterthanen mächtig genug macht, sich von der Autorität der Krone unabhängig zu machen. Ich[1]) brauche nichts weiter hinzuzufügen. Denn jene thörichten Schriftsteller und ihre Ansichten charakterisirt zur Genüge das eine Factum, daß sie gegenüber den italiänischen, französischen und spanischen Autoren sich auf ihre eigenen Staatsrechtslehrer berufen, deren Bücher-Mißgeburten die vollständigste Unkenntniß auch nur der Elemente der Staatswissenschaften an den Tag legen.

---

[1]) Dieser Satz und der folgende fehlen in der Ed. posth. Statt dessen folgt wieder einer jener abschwächenden und mildernden Zusätze, mit denen P. sich in der letzten Ausgabe vor Mißdeutungen und Anfeindungen zu schützen suchte. Wenn auch derartige Institutionen neu einzuführen, sagt er ungefähr, ein Verkennen des monarchischen Princips sei, so sei er doch weit davon entfernt, sie völlig verurtheilen zu wollen, wo sie einmal beständen, oder gar eine gewaltsame Aenderung empfehlen zu wollen.

§. 3. Die hohen Beamten unter Karl dem Großen und seinen Nachfolgern.

Karl der Große hob, sobald er des von seinen Vorfahren gemachten politischen Fehlers sich bewußt wurde, die Herzogthümer auf, deren territorialer Umfang schon übergroß geworden war, theilte die ausgedehntesten in mehrere Bezirke und stellte an die Spitze eines jeden einen Grafen. Von diesen haben einige den Grafentitel beibehalten; andere hießen Pfalzgrafen (comites palatini), d. h. Vorsteher einer königlichen Pfalz, die am Hofe des Königs Recht sprachen; andere Landgrafen, d. h. Vorsteher eines ganzen Gaues; wieder andere Markgrafen, d. h. Verwalter der Grenzgebiete oder Marken, beauftragt mit ihrer Vertheidigung gegen fremde Angriffe und zugleich mit der Rechtsprechung in ihnen; andere endlich Burggrafen, d. h. Befehlshaber einer königlichen Burg. Diese Aemter aber verlieh Karl nicht auf Lebenszeit, geschweige denn als vererbbare Würden, sondern er behielt sich das freie Ernennungs- und Abberufungsrecht vor.

Nach dem Tode Karls aber fiel man wieder in den alten Irrthum zurück; und es wurde nicht nur Brauch, daß in allen diesen Aemtern der Sohn dem Vater folgte, sondern die Nachkommen Karls ließen auch wieder die Vereinigung mehrerer Grafschaften zu ausgedehnten Herzogthümern zu oder schufen solche wohl gar selbst. Die Inhaber dieser Würden nun, ehrgeizig wie alle Menschen von Natur, ergriffen gern die günstige Gelegenheit, ihre Stellung zu befestigen, während das Ansehen der fränkischen Karolinger mehr und mehr sank und ihre Macht sich in Bruderkriegen verzehrte. Besonders Otto, der Herzog der Sachsen, des mächtigsten Stammes, der Vater Heinrich des Vogelstellers, erweiterte seine Macht so, daß ihm zur Königswürde nur der Name zu fehlen schien. Deßhalb bewog Konrad I., der Heinrich, Otto's Sohn, zu unterwerfen erfolglos sich bemüht hatte, vor seinem Tode die Großen, Heinrich die Königswürde zu übertragen, indem er es für klüger erachtete, freiwillig zu geben, was er doch nicht hätte behaupten können, und jedenfalls die Losreißung Sachsens vom Körper des deutschen Reichs hindern wollte.

Einige Fürsten verdanken auch ihre Macht der Freigebigkeit der Kaiser, von der besonders die Zeit der Ottonen viele Beispiele bietet. Ob eine solche Freigebigkeit mit monarchischen Grundsätzen sich verträgt, mag ich jetzt nicht untersuchen. Weiter wuchs die Macht der Fürsten durch Schenkungen, Kauf und durch Erbschaften, welche ihnen nicht bloß nach dem Rechte der Blutverwandtschaft, sondern auch durch Erbverträge und Verbrüderung zufielen. Ein solcher Vertrag besteht noch heute zwischen den mächtigen Häusern von Brandenburg, Sachsen und Hessen; aus solchen Verträgen fiel an Sachsen die Grafschaft Henneberg, an Brandenburg Pommern, obwohl der brandenburgisch-pommersche Vertrag nicht gegenseitig war. Weil aber, wie auf der Hand liegt, die oberlehnsherrlichen Rechte des Kaisers an den fürstlichen Territorien durch solche Verträge illusorisch gemacht werden, bedürfen dieselben, um gültig zu sein, der Genehmigung des Kaisers, die in ruhigen Zeiten schon aus Rücksicht auf die nicht betheiligten Stände, nicht leicht zu erwirken sein wird. — Endlich ist in stürmischen Zeiten manches von den Fürsten ohne Rechtstitel durch Gewalt erworben.

§. 4. Das Wesen des Lehnsverbandes.

Da übrigens die einmal befestigte Fürstenmacht nur durch einen gewaltsamen Umsturz aller deutschen Verhältnisse — der leicht das Verderben seiner Urheber hätte werden können — wieder beseitigt werden konnte, so erachteten die Kaiser es für rathsamer, die Rechte der Fürsten anzuerkennen, zumal diese Anerkennung zur Vorbedingung ihrer Wahl gemacht wurde. Die Fürsten nahmen also ihre Besitzungen vom Kaiser zu Lehen und leisteten ihm und dem Reiche den Eid der Treue.

So werden denn jetzt alle Besitzungen der Fürsten, welcher Art auch der Rechtstitel sein mag, auf Grund dessen sie erworben sind, als Reichslehen angesehen. Die Fürsten verloren auch durch die Anerkennung der Lehnshoheit weder an Macht noch an Ansehen. Wenn ich heute Jemandem Theile meines Besitzthums zu Lehen gäbe, so würde ich ihn freilich vollständig zu meinem Untergebenen machen und ihm beliebige Bedingungen vorschreiben können. Wer aber Besitzungen, die ihm schon gehören, nachträglich von einem anderen zu Lehen nimmt, der schließt eigentlich nur einen Bundesvertrag mit seinem Lehnsherrn ab,[1]) dessen Oberhoheitsrechte er gebührend anzuerkennen verspricht und dem er sich zu bestimmten Leistungen verpflichtet. Nun war aber nach dem Erlöschen des Karolingischen Geschlechts Deutschland schon vollkommen unabhängig, und mehrere Große besaßen sehr ausgedehnte Gebiete. Als man daher übereinkam, einem von den Großen die Königswürde zu übertragen, um zu verhüten, daß Deutschland wieder, wie in der Vorzeit, in lauter kleine Staaten auseinanderfalle, beabsichtigten die Großen keineswegs, ihre Macht aufzugeben, sondern wollten nur einen mächtigen Beschützer für dieselben schaffen. Als aber einmal der Fürstenstand sich consolidirt hatte, konnten die Kaiser nicht umhin, auch denjenigen, welche an Stelle der erloschenen Geschlechter neu zu Fürsten erhoben wurden, gleiche Rechte mit den alten Fürsten einzuräumen.

Nun wird aber kein Politiker läugnen, daß der Lehnsverband, in welchem die Fürsten zu Kaiser und Reich stehen, eigentlich nur ein Bundesverhältniß zwischen Pacisscenten von verschiedenem Range ist. Denn wären die Fürsten Unterthanen des Kaisers, so könnten sie nicht das Recht über Leben und Tod ihrer Landesangesessenen haben, und könnten nicht die Befugnisse haben, Beamte zu ernennen, Verträge zu schließen, Abgaben aller Art, nicht für den königlichen Fiscus, sondern für sich zu

---

[1]) Schon hier berührt der Verf. seine im 6. Capitel weitläufig dargelegte Theorie, daß Deutschland eigentlich kein Einheits-, sondern ein Bundesstaat sei. Freilich ist die historische Begründung dieses Satzes für die Zeiten des Mittelalters durchaus unhaltbar; denn sie beruht auf der Hypothese, daß die Fürsten Besitzungen, die ihr Eigenthum waren, dem Kaiser zu Lehen aufgetragen hätten. Das ist falsch; denn die Besitzungen der Herzoge und Großen des Reiches hatten ihre Qualität, Reichslehen zu sein, nie, auch nach dem Erlöschen des Karolingischen Hauses nicht, verloren. P. macht auch diese ganze unhaltbare Hypothese nur, um den Zustand Deutschlands seit den westfälischen Zeiten, daß nämlich Deutschland mehr ein Bundes-, als ein Einheitsstaat war, auch in das Mittelalter zurückzuversetzen und so rechtlich und historisch zu begründen.

erheben, endlich über ihre Leistungen selbst zu bestimmen. Dagegen sind Beispiele aus alter und neuer Geschichte dafür genügend vorhanden, daß ein Bundesgenosse, der den Bundesvertrag gröblich verletzt hat, durch die anderen zur Rechenschaft gezogen werden kann. Wenn aber dem Kaiser allein das Recht zugestanden hätte, über Vergehen der Fürsten zu erkennen, welche den Verlust ihrer Lehen nach sich ziehen könnte, so wäre dadurch die fürstliche Macht in ihrer Grundlage zu vernichten gewesen. Deßhalb haben die Fürsten auch den Kaisern, die sich die Befugniß hierzu anmaßten, allezeit hartnäckigen Widerstand geleistet, und sind nie in ihrem Respect gegen den Kaiser so weit gegangen, ihm zu Liebe auf ihre Rechte zu verzichten.

§. 5. Schwächung der Macht einzelner Fürsten.

So kam es denn auch in Deutschland zu Vorgängen, wie sie überall da einzutreten pflegen, wo den Herrschern des Staats die Macht einzelner Unterthanen gefährlich wird. War ein Kaiser im Besitz einer großen Hausmacht, oder stand er im Rufe besonderer persönlicher Tüchtigkeit, so willfahrten ihm auch die Fürsten; schwache und träge Kaiser dagegen regierten nur, so weit es den Fürsten beliebte. Die Kaiser aber, welche die so tief gewurzelte Fürstenmacht gewaltsam zu brechen und Deutschland wieder zu einer wahren Monarchie zu machen versucht haben — die haben bisweilen ihren eigenen Sturz verursacht, immer aber ihre Pläne scheitern sehen müssen, und, außer Mühe und Anstrengung für sich und andere, nichts erreicht. Auch wenn sie mit List vorgegangen sind, haben sie nicht viel durchgesetzt; und die Gegenpartei hat immer Mittel gefunden, ihre Pläne zu vereiteln, und hat stets, was sie in einer Position verlor, in einer anderen wiedergewonnen. Es ist ja bekannt, wie wenig Erfolg die Politik Karls V. im vorigen und Ferdinands II. in unserem Jahrhundert gehabt hat.

Freilich hat die Macht mancher Fürsten in Folge ihrer eigenen Prunksucht, Unthätigkeit und Verschwendung sehr abgenommen, zumal da, wo man weder auf neue Erwerbungen viel Werth legte, noch Verlusten mit genügender Sorgfalt vorbeugte. Manche Fürstenhäuser sind auch durch die vielen Theilungen sehr geschwächt; andere endlich haben durch die letzten Bürgerkriege ohne ihr Verschulden viel zu leiden gehabt.

§. 6. Die geistlichen Fürsten. Bischofswahl.

Es bleibt weiter die Stellung der Bischöfe zu besprechen. Es ist allbekannt, daß in der ältesten Zeit des Christenthums die sogenannten Bischöfe von der übrigen Geistlichkeit und von der Gemeinde erwählt wurden. Später, um das 4. Jahrhundert, als auch die Fürsten das Christenthum zu bekennen anfingen, gelangte nicht leicht mehr Jemand zur bischöflichen Würde, der nicht von dem Staatsregenten bestätigt war: denn die Fürsten sahen bald ein, wie viel für die Ruhe des Staats darauf ankomme, daß rechtschaffene und friedliche Männer an der Spitze der Geistlichkeit ständen. Auch die fränkischen Könige übten das Recht der Bestätigung und Ernennung der Bischöfe aus; ebenso auch später die deutschen Könige bis auf Heinrich IV., welchen Gregor VII. und seine Nachfolger aus diesem Grunde in einen überaus merkwürdigen Kampf verwickelten. Sein Sohn und Nachfolger Heinrich V. verzichtete endlich, des langen Kampfes müde, auf dem Reichstage zu Worms (1122) auf das Recht, die Bischöfe zu ernennen und, wie früher üblich war, ihnen mit Ring und Stab die Investitur zu ertheilen. Dem Kaiser blieb nur die Befugniß, dem erwählten Bischof die Regalien und Reichslehen mit dem Symbol des Scepters zu verleihen. Daß dies Zugeständniß eine große Niederlage der kaiserlichen Macht bedeutete, ist leicht einzusehen. Denn wenn der Kaiser auch nur wenig Macht über die weltlichen Fürsten gehabt hatte, so war es ihm doch leicht gewesen, den weltlichen Fürsten die Spitze zu bieten, so lange ihm die geistlichen völlig untergeben waren. Wenn übrigens im Vertrage Heinrichs V. mit dem Papste bestimmt war, daß die Bischofswahl dem Clerus und der Gemeinde zustehen solle, so fingen doch die Kanoniker oder die Geistlichen des bischöflichen Domcapitels bald an, das Wahlrecht für sich allein in Anspruch zu nehmen, ohne Zweifel unter Connivenz des Papstes, dem es lieber sein mußte, wenn einigen wenigen, als wenn der ganzen Kirche das Wahlrecht zustand. Endlich ist es dahin gekommen, daß die vom Capitel erwählten Bischöfe sich in Rom die Bestätigung holen müssen, während früher Bestätigung und Weihe dem Metropolitan zugestanden hatte. Für eine directe Ernennung der Bischöfe durch die Päpste finden sich in Deutschland nur wenige Beispiele;[1]) die Capitel würden eine derartige Ernennung auch nicht anerkennen, außer wenn etwa innere Wirren sie am Widerstande hinderten.

§. 7. Der Ursprung der Macht der geistlichen Fürsten.

Ihre große Machtstellung verdanken übrigens die deutschen Bischöfe vorzüglich der Freigebigkeit der ältesten Kaiser. Denn in jenen Zeiten beseelte eine heiße Frömmigkeit alle Fürsten und jeder glaubte, sich die Gottheit um so mehr zu verbinden, je mehr er der Geistlichkeit schenkte. Jetzt freilich sind schon viele von dieser Ansicht zurückgekommen und meinen, vielleicht nicht mit Unrecht, daß der fromme Eifer der Geistlichkeit durch allzugroßen Besitz mehr versiege als wachse. Auch waren die Pfaffen darin consequent, bei jenen rechtschaffenen Leuten, welche die Strenge der Geistlichen gern besänftigen wollten, ganz dreist ihre Forderungen zu stellen. Man schenkte also den Bischöfen und Kirchen nicht nur Güter und Zehnten, sondern auch ganze Herrschaften, Grafschaften und Herzogthümer, ja selbst die Rechte der Regalien, so daß sie zuletzt grade so unabhängig wie die weltlichen Fürsten dastanden. Zur Fürstenwürde gelangten die meisten zur Zeit der Ottonen oder etwas später; auch bekamen sie die Regalien nicht alle zugleich und auf einmal, sondern nach und nach und zu verschiedenen Zeiten. Daher haben manche noch heute nicht alle diese Rechte, andere üben sie nur mit bestimmten Beschränkungen aus. Uebrigens widmeten sich damals nur die edelsten Männer dem geistlichen Stande, wie denn auch nur unter der Geistlichkeit noch einige wissenschaftliche Bildung zu finden war, und grade deshalb konnten Macht und Ansehen der Geistlichkeit so schnell steigen. Man berief ja auch deshalb

---

[1]) Die Ed. posth. verbessert: finden sich in den letzten Jahrhunderten weniger Beispiele als früher.

schon früh die Bischöfe in den königlichen Rath und übergab ihnen die Aemter, welche eine gewisse gelehrte Bildung voraussetzen. Daher führen noch heute die ersten der Bischöfe den Kanzlertitel.

Weiter trug dann noch der Umstand zur Vermehrung der bischöflichen Macht bei, daß viele Fürsten und Edle ihre Güter ganz oder theilweise der Kirche zu Lehen auftrugen, um so der Fürsprache der Geistlichkeit für ihr Seelenheil versichert zu sein. Erloschen dann später diese Geschlechter, so fielen ihre Besitzungen an die Kirche. Endlich weiß Jeder, wie viel durch Schenkungen und Testamente von Vornehm und Gering an die Kirche gekommen ist. Denn man glaubte, kein Preis sei zu hoch, für den man die Seelen aus dem Fegefeuer loskaufen könne, vor dem die Deutschen, die ohnehin den Durst und die Hitze nicht wohl ertragen können, eine wunderbare Angst haben.

§. 8. Die Emancipation der Geistlichkeit vom Kaiser.

So hatte denn die Geistlichkeit eine bedeutende Machtstellung erlangt, mit der sie ganz zufrieden war, wenn auch die Pfaffen nie dem Ehrgeiz und der Habsucht ganz entsagt haben. Wie aber diese Art Leute immer eifrig danach strebt, andere zu beherrschen, sich selbst aber nur mit höchstem Widerstreben der Herrschaft eines anderen unterwirft, so ruhten sie auch so lange nicht, als es noch im Belieben des Kaisers stand, die kirchlichen Pfründen zu verleihen und sich dadurch in der Kirche selbst Anhänger zu verschaffen. Hielte mich nicht die schuldige Ehrerbietung vor dem geistlichen Stande zurück, so würde ich die Pfaffen die gottlosesten Menschen nennen, weil sie die, wie der Erfolg gezeigt hat, sehr unkluge Freigebigkeit der Kaiser mißbraucht haben, um die kaiserliche Macht selbst zu untergraben: denn der Freiheit unwürdig ist, wer die Pflicht der Dankbarkeit gegen den, der ihm die Freiheit gegeben hat, nicht erfüllt. So gelang es den Pfaffen mit Hilfe des päpstlichen Bannes und innerer Unruhen, welche sie selbst anstifteten, sich von der Laienherrschaft unabhängig zu machen. Denn sie hörten mit ihren Feindseligkeiten gegen das Kaiserthum, in denen Mainz das Banner vorantrug, nicht eher auf, als bis sie nur noch vom Papst abhängig waren. Viele halten es nun grade für das größte Unglück des deutschen Reiches, daß ein großer Theil seiner Bürger einen Oberherrn anerkennt, der außerhalb der Grenzen des Reiches seinen Wohnsitz hat. Man müßte denn sonst glauben, daß die Päpste uneigennützig genug seien, mehr das Interesse Deutschlands, als ihr eigenes im Auge zu haben und daß man in Rom besser wisse, was für Deutschland gut sei, als in Deutschland selbst.

§. 9. Die freien Städte.

Schließlich sind noch ein paar Worte über die freien Städte hinzuzufügen.[1]) Bis zum 5. Jahrhundert nach Christi Geburt hatte Deutschland rechts vom Rhein nur Dörfer ohne Mauern oder zerstreute Gebäude,

---

[1]) Auch hier gilt für manche Punkte das in der ersten Note zu diesem Capitel bemerkte.

ja selbst bis zum 9. Jahrhundert wird nur hier und da eine oder die andere Stadt bei den Wenden (Venedi) erwähnt. In den linksrheinischen Gebieten aber, die einst den Römern unterworfen waren, gab es schon früher Städte, ebenso auch in dem Lande zwischen Donau und Alpen, welches später mit Deutschland vereinigt wurde. Die alten Germanen aber hatten keine Städte, theils weil ihnen die Kenntniß der Baukunst fehlte — ein Mangel, der noch heute in manchen Theilen Deutschlands bemerkbar ist — theils wegen der niedrigen Bildungsstufe des Volkes, das Städte wie Klöster verabscheute. Gewöhnt an einfache und ländliche Lebensweise, an geringen Hausrath und wenig Bequemlichkeit, unbekannt mit überflüssigem Reichthum und Luxus und ohne Verlangen danach, kannte man die Annehmlichkeit des städtischen Lebens nicht, noch begehrte man sie. Später aber, als mit dem Christenthum sich die Cultur verbreitete, lernte man ein weniger einfaches Leben kennen und schätzen. Bald kam auch Liebe am Besitz hinzu und von fernher kam der Luxus ins Land, zwei mächtige Hebel für die Verbreitung städtischer Cultur. Reich gewordene Fürsten verwandten dann wohl ihre Schätze auf die Gründung von Städten und luden Einheimische und Fremde durch reiche Privilegien ein, dorthin zu ziehen. Als dann nach der Einführung des Christenthums die Leibeigenschaft an vielen Orten aufgehoben oder doch gemildert wurde, wanderten viele Freigelassene, die keinen Landbesitz hatten, schaarenweise in die Stadt, um sich dem Handwerk oder dem Handel zu widmen. Heinrich der Vogler erbaute oder befestigte dann viele Städte in Sachsen wegen der Einfälle in Ungarn, und befahl, daß der neunte Mann von den Freien in die Stadt ziehen sollte. Weiter trugen zum Wachsthum der Städte die gegenseitigen Schutz- und Handelsverträge viel bei. Von diesen Bündnissen sind besonders bekannt der rheinische Bund von 1235, dem auch einige Fürsten beitreten wollten, und der zum Schutze des Seehandels geschlossene Hansabund, dessen Macht einst selbst den Königen von Schweden, Dänemark und England gefährlich war. Uebrigens ist dieser Bund seit dem Jahre 1500 fast ganz zerfallen, theils weil die kleineren Städte allmählich davon zurücktraten, als sie sahen, daß nur die größeren Nutzen davon hätten, theils weil nach dem Beispiel der Hansa auch andere Städte am Ocean und an der Ostsee, vor allem die flandrischen und holländischen, sich auf den Seehandel warfen. Denn als das Monopol der Hansestädte aufhörte, da fiel auch ihre Macht in sich zusammen.

§. 10. Die Unabhängigkeit der Städte.

Wenn nun auch anfangs die Lage der Städte eine weit günstigere war, als die der Dörfer, so waren sie doch ebenso wie diese der Herrschaft der Könige oder Kaiser unterworfen, welche in ihnen durch Grafen oder sogenannte Königsboten Recht sprechen ließen. Später kamen durch die außerordentliche Freigebigkeit der Kaiser viele Städte unter die Botmäßigkeit der Bischöfe, andere unter die der Herzoge und Grafen — andere aber blieben nur dem Kaiser unmittelbar unterworfen. Um das 12. Jahrhundert gelang es dann einigen von ihnen, die reich und mächtig geworden waren, ihre Stellung unabhängiger zu machen, was die in innere Wirren verwickelten oder auf dem Throne noch nicht befestigten Kaiser nicht hindern konnten: ja manchen verliehen die Kaiser selbst ausgedehnte Privilegien und Freiheiten, um sich ihrer Hilfe und Unterstützung gegen geistliche und weltliche Fürsten zu versichern. Bald entledigte man sich in den Städten der kaiserlichen Vögte und Beamten ganz. Als dann in der Folge die Kaiser bemerkten, daß die bischöfliche Macht sich gegen sie selbst wende, verliehen sie auch den größeren bischöflichen Städten solche Freiheitsbriefe. Weiter benutzten nach dem Erlöschen des schwäbischen Herzogsgeschlechts viele schwäbische Städte, darunter selbst ganz unbedeutende, die gute Gelegenheit, sich die Freiheit zu erwerben. Uebrigens erlangten alle diese Städte ihre Unabhängigkeit nicht auf einmal, sondern eine nach der anderen, je nachdem sie von den Kaisern besonders begünstigt wurden. Daher haben auch nicht alle dieselben Rechte, und viele sind noch heute nicht im Besitz aller Regalien. Manche erwarben auch von den Kaisern, Herzogen und Bischöfen die Regierungsrechte durch Kauf, Tausch oder unter irgend einem anderen Rechtstitel; andere endlich schüttelten ihr Joch mit Gewalt ab und machten später diesen Schritt durch Vertrag zu einem rechtlichen. Denn viele Fürsten mußten ihrer Ohnmacht oder ihrer Geldverlegenheiten halber zu dem letzten Mittel greifen, ihren Unterthanen die Freiheit zu verkaufen, oder hielten es wohl gar noch für Gewinn, wenn sie einen mäßigen Preis für die Rechte erhielten, welche sich die Städte angemaßt hatten, und die man ihnen mit Gewalt doch nicht wieder hätte entreißen können.

Viertes Capitel.

Das Haupt des deutschen Reichs. Kaiser. Kaiserwahl.

§. 1. Das Kaiserthum bei den Karolingern und die Successionsordnung im deutschen Reich.

Obgleich nun das deutsche Reich sich aus so vielen Gliedern zusammensetzt, von denen manche als besondere mächtige Staaten gelten können, hat es doch seit der Zeit Karls des Großen — wenn man von der Zeit der Interregna absieht — immer unter einem Haupte gestanden, dem früher der einfache Titel König, später der stolzere Name Römischer Kaiser (Cäsar) beigelegt wurde. Um dieses einen Hauptes willen betrachten denn auch die meisten Deutschland als einen einheitlichen Staat. Wir werden also demnächst zu untersuchen haben, wie dies Haupt bestellt wird. Dabei wird es von Interesse sein, ein wenig weiter auszuholen, um die Unterschiede zwischen der früheren und der jetzigen Kaiserwahl klarzulegen und zugleich über die Entstehung der kurfürstlichen Würde ins Reine zu kommen.

Zur Zeit Karls des Großen und seiner nächsten Nachfolger muß man sorgfältig zwischen dem römischen Kaiser- und dem fränkischen Königthum unterscheiden. Jenes erwarb Karl unter Zustimmung des römischen Volkes und des Papstes, der als der vornehmste Römer galt und offenbar schon nach der Herrschaft in Rom strebte, und zwar erwarb er diese Würde, wie es scheint, als eine erbliche.[1] Daher hatte die Krönung seiner Nachfolger nicht die Bedeutung einer neuen und freien Wahl, sondern nur die einer feierlichen Weihe, denn wir hören, daß Karl seinen Sohn Ludwig, dieser seinen Sohn Lothar zum Kaiser ernannt hat, ohne daß die Einholung der Zustimmung der Römer oder des Papstes erwähnt wird. Das fränkische Königthum dagegen darf man weder als ein rein erbliches, noch als ein

---

[1] In dieser Auffassung des Kaiserthums als einer erblichen Würde steht P. vollkommen auf demselben Standpunkt, den auch die heutige Forschung einnimmt. Vgl. z. B. Giesebrecht, Gesch. der deutschen Kaiserzeit I, 145.

reines Wahlkönigthum bezeichnen.¹) Denn wir haben bestimmte Zeugnisse dafür, daß die Könige der Franken unter Zustimmung und Beifallsrufen des ganzen Volkes eingesetzt sind, aber doch so, daß man nur aus zwingenden Gründen die natürlichen Erben des verstorbenen Königs überging. In ähnlicher Weise regelt sich ja noch heute die Erbfolge in Polen. Uebrigens scheint bei genauerer Betrachtung doch das fränkische Königthum mehr einem erblichen, als einem Wahlkönigthum nahe zu kommen. Es wurde nämlich wahrscheinlich dem Begründer der Dynastie die Königswürde so übertragen, daß sie auch auf seine Nachkommen übergehen sollte, falls dieselben nicht dem Volke ganz unwürdig erschienen. Daher wurde durch jene Zustimmung der Großen und des Volkes bei dem Regierungsantritt eines neuen Königs nicht eigentlich ein neues Recht geschaffen, sondern es wurde nur festgestellt, daß der Thronerbe des bei der Begründung der Dynastie erworbenen Rechts nicht als unwürdig erscheine.

Als später der Karolingische Stamm vom Throne gestürzt war, wurde die Regierung des deutschen, oder wie man es damals nannte, des ostfränkischen Reiches durch einen freien Wahlact der Fürsten dem sächsischen Otto angeboten; als dieser aber wegen seines hohen Alters ablehnte, wurde auf seinen Rath Herzog Konrad von Franken, der nach Einigen von Karolingischer Abkunft sein soll, zum König erwählt. Dann wurde wiederum auf Konrads Vorschlag, aber durch freie Wahl, Heinrich der Vogler,²) der Sohn Ottos von Sachsen, zum König gewählt. Heinrich begnügte sich mit Deutschland allein und lehnte die Einladung des Papstes, den Kaisertitel zu erwerben, ab. Aber sein Sohn Otto der Große hat, nachdem er Italien unterworfen hatte, Rom und den Kirchenstaat so mit Deutschland verbunden, daß seitdem der jedesmalige König von Deutschland ohne neue Wahl römischer Kaiser ist und die Krönung durch den Papst nur noch die Bedeutung einer feierlichen Weihe hat, wenn auch früher vor derselben die deutschen Könige den Kaisertitel nicht anzunehmen pflegten. Im deutschen Reiche wurde nun dieselbe Successionsordnung üblich, wie früher im fränkischen: d. h. die Wahl der Großen und des Volkes wich nicht leicht von der natürlichen Erbfolge in der regierenden Dynastie ab.³) Das galt bis auf Heinrich IV. Seine Minderjährigkeit aber, weiter seine schlechte Regierung und dazu noch die Aufreizungen des Papstes, bewogen die Fürsten, sich gegen den Kaiser zu erheben und ihn abzusetzen, indem gleichzeitig ein Reichsgesetz erlassen wurde, worin ausdrücklich bestimmt war, daß für die Zukunft der Sohn des vorigen Königs, wenn er auch der Krone würdig sei, doch nur „nach freier Wahl der Fürsten, nicht nach Erbrecht" zum Throne gelangen solle. Seit jener Zeit hörte dann die Succession nach Erbrecht allmählich auf.

---

¹) Vgl. hierzu Cap. 1. §. 7, wo diese Frage über die Erblichkeit der fränkischen Krone schon erörtert ist. Doch steht das hier bemerkte mit dem dort gesagten nicht gradezu im Widerspruch, insofern als auch dort von einer Art Mitwirkung des Volkes bei der Einsetzung der Könige die Rede ist und hier nur das dort gesagte näher bestimmt wird.

²) Es ist bekannt, daß dieser Beiname Heinrichs keine historische Berechtigung hat, und daß die oft erzählte Begebenheit, an die er sich knüpft, in das Gebiet der Sage gehört.

³) Auch hier hat P. ganz das richtige getroffen, und seine Ansicht über die Succession im Reiche ist noch heute giltig.

§. 2. Die Kurfürsten. Falsche Ansichten über ihren Ursprung.

An jener Wahl nun betheiligte sich in der ältesten Zeit das ganze Volk, wenn auch ohne Zweifel das Ansehen der Großen, d. h. der geistlichen und weltlichen Fürsten dabei einen maßgebenden Einfluß hatte. Seit einigen Jahrhunderten aber wählen unter Ausschluß aller übrigen nur sieben, oder seit dem Frieden von Osnabrück acht Fürsten den Kaiser, welche deßhalb Kurfürsten genannt wurden. Es sind dies drei geistliche, die Erzbischöfe von Mainz, Trier und Cöln, und fünf weltliche, der König von Böhmen, die Herzoge von Baiern und Sachsen, der Markgraf von Brandenburg und der Pfalzgraf vom Rhein. Wann diese Fürsten das alleinige Wahlrecht erlangt haben, steht nicht ganz fest. Zwei Jahrhunderte lang, von 1250 bis 1500, herrschte die Ansicht, daß Kaiser Otto III. und Papst Gregor V. die sieben Kurfürsten eingesetzt hätten, und einige Schriftsteller schreiben hierbei dem Papst, andere dem Kaiser den Hauptantheil zu, je nachdem sie auf Seiten des einen oder des anderen stehen. Diese Ansicht hat zuerst, so viel ich weiß, unser Landsmann Onuphrius Panvinius in einem besonderen Buche unter dem Titel: „De comitiis Imperii" bekämpft, und jetzt stimmen ihm fast alle einsichtigen Deutschen zu. Sein Hauptgrund ist, daß dies Reichsgesetz, stamme es nun von Otto oder von Gregor, bis jetzt noch Niemand hat auffinden können, und daß alle Schriftsteller während der 240 Jahre von Otto III. bis Friedrich II. darüber schweigen. Denn Martinus Polonus, der zuerst die Kurfürsten erwähnt, lebte unter Friedrich II., also ungefähr drittehalb Jahrhunderte nach Otto III., und seine Glaubwürdigkeit in Betreff einer so weit vor seiner Zeit liegenden Begebenheit ist nicht über allen Zweifel erhaben, zumal er durch kein beweiskräftiges Zeugniß unterstützt wird. Ja mehr noch, Martinus selbst erwähnt gar nicht einmal ein Reichsgesetz und behauptet auch nicht einmal, daß zur Zeit Otto's die Kurfürsten zuerst aufgetreten seien, sondern behauptet nur, daß seit der Zeit Otto's die hohen Reichsbeamten angefangen hätten zu wählen. Das kann man auf zweifache Weise verstehen. Entweder kann man annehmen, daß die Inhaber der früheren Oberhofämter damals die größten Territorien besaßen, oder daß damals den mächtigsten Fürsten die Oberhofämter dauernd übertragen seien. Wenn aber auch diese höchsten Beamten durch besonderes Ansehen vielleicht sich vor den anderen auszeichneten, so wird doch kein Geschichtskundiger leugnen, daß außer jenen sieben noch andere bei der Königswahl mitgewirkt haben.

Andere schreiben die Einsetzung der Kurfürsten dem Kaiser Friedrich II. zu. Aber wir besitzen keine Spur einer darauf bezüglichen Verfügung dieses Kaisers, und es ist auch wenig wahrscheinlich, daß die übrigen Fürsten freiwillig und alle auf einmal ihr Wahlrecht aufgegeben haben sollten.

§. 3. Der eigentliche Ursprung des Kurfürstenthums.

Unter diesen Umständen hat nun bei den Kennern der deutschen Geschichte die Ansicht das Uebergewicht erlangt, daß schon vor Friedrich II. jene sieben Fürsten als die höchsten Reichsbeamten und als die mächtigsten

Landesherren bei den Kaiserwahlen einen dominirenden Einfluß hatten, daß aber nach der Zeit Friedrichs, als innere Wirren das Reich furchtbar zerrütteten, und als die übrigen Fürsten sich wenig um die Reichsangelegenheiten kümmerten, sie allein das Recht der Wahl sich anmaßten. Nachdem dies ausschließliche Wahlrecht gebräuchlich geworden und bei mehreren Wahlacten anerkannt worden war, wurde es durch die goldene Bulle feierlichst und reichsgesetzlich sanctionirt, durch welche auch der ganze Vorgang bei der Wahl geregelt und die Befugniß der Kurfürsten genau bestimmt wurden. Seitdem haben jene Fürsten auch den Titel Kurfürst angenommen, und man hat angefangen, ihnen einen höheren Rang, als den übrigen Fürsten zuzuschreiben. [1])

§. 4. Die Kurfürsten. — Fortsetzung.

Wenn demnach auch anfangs jene Fürsten grade deshalb, weil sie die höchsten Reichsbeamten waren, das Wahlrecht für sich errungen zu haben scheinen, so wurden doch später durch die goldene Bulle sowohl jene Aemter wie die Kurwürde so an bestimmte Gebiete geknüpft, daß der rechtmäßige Besitzer dieser Territorien eo ipso Kurfürst ist. Die geistlichen Kurfürsten erhalten, wie alle übrigen deutschen Bischöfe, ihre Würde durch Wahl oder Ernennung. Zu beachten ist dabei, daß, während sonst die Bischöfe der päpstlichen Bestätigung bedürfen und ihr Pallium in Rom erkauft haben müssen, ehe sie legal Amtshandlungen vollziehen können, die drei Kurfürsten schon vor der päpstlichen Bestätigung bei der Kaiserwahl mitwirken dürfen, da das Wahlrecht als eine weltliche Befugniß gilt die mit dem geistlichen Amte nichts zu thun hat. Dagegen darf nicht etwa das Capitel im Falle der Vacanz eines kurfürstlichen Stuhles das Wahlrecht ausüben. In den weltlichen Kurfürstenthümern dagegen gilt, die agnatische Linealerbfolge, und es ist Gesetz, daß weder die Kurwürde noch die eigentlichen Kurlande getheilt werden können. Wenn es sich aber um Errichtung eines neuen Kurfürstenthumes oder um Absetzung eines Kurfürsten handelt, so ist nach Reichsgesetz und Herkommen der Kaiser nicht befugt, hier ohne Genehmigung der übrigen Stände oder wenigstens der Kurfürsten vorzugehen. Freilich können aus unserem und aus dem vorigen Jahrhundert zwei Präcedenzfälle für das Gegentheil aufgeführt werden. [2]) Und beide Male hat man vergeblich gegen das Vorgehen des Kaisers protestirt: denn auf bloße Worte brauchten die in beiden Fällen vom Kriegsglück begünstigten Kaiser nichts zu geben. Aber der Kaiser war doch immer vorsichtig genug, einem Fürsten aus demselben Hause, dem der Entsetzte angehört hatte, die Kurwürde zu übertragen. [3]) So wurde einmal die Gehässigkeit seines Vorgehens bedeutend gemildert, und andererer-

---

[1]) Dieser von den Kurfürsten beanspruchte höhere Rang ist übrigens von den Fürsten nicht immer zugegeben, und noch beim Nymweger Frieden ist lebhaft über diese Frage debattirt worden.
[2]) Gemeint ist natürlich die Absetzung des Kurfürsten von Sachsen im 16. und die Friedrichs von der Pfalz im 17. Jahrhundert.
[3]) Im ersten Falle bekanntlich dem Herzog Moritz von Sachsen, im zweiten dem Herzog von Baiern, also auch einem Wittelsbacher.

seits wurden so die mächtigsten Fürstengeschlechter in sich entzweit, und der vom Kaiser begünstigte Zweig diesem für lange Zeit zu Dank verpflichtet.

Schließlich bleibt hier noch zu erwähnen, daß minorenne Kurfürsten bei der Kaiserwahl von ihren Vormündern vertreten werden. Majorenn aber werden die Kurfürsten nach vollendetem achtzehnten Lebensjahre.

§. 5. Hergang bei der Kaiserwahl.

Der Hergang bei der Kaiserwahl ist ungefähr der folgende. Der Kurfürst von Mainz zeigt innerhalb eines Monats, nachdem er die Nachricht vom Tode des Kaisers empfangen hat, seinen Collegen die Thronerledigung an und beruft sie zur Wahl. Die Kurfürsten erscheinen in Frankfurt in Person oder lassen sich durch Gesandte vertreten. Jeder darf zu seiner Begleitung 200 Reiter mit sich führen, eine Zahl, an die man sich aber jetzt nicht mehr genau bindet. Während der Dauer der Wahlhandlung haben alle Fremden sich aus dem Wahlorte zu entfernen. Der Wahlact selbst, welcher in der Sacristei der St. Bartholomäuskirche stattfindet, beginnt mit einer Messe. Dann leisten alle Anwesenden am Altar einen Eid, nur eine würdige Persönlichkeit zum Kaiser wählen zu wollen, und darauf sammelt der Mainzer, als Vorsitzender des Wahlcollegiums, die Stimmen ein, er fragt zuerst den Kurfürsten von Trier, dann den von Köln, darauf die weltlichen, während er selbst zuletzt stimmt. Die Mehrheit der Stimmen ist entscheidend und auch für die Minorität bindend. Da es aber jetzt 8 Kurfürsten giebt, so könnte Stimmengleichheit eintreten, ein Fall, für den bis jetzt noch keine Bestimmung getroffen ist. Uebrigens darf jeder Kurfürst sich selbst wählen. Ueber die Wahlhandlung wird ein Protokoll aufgenommen und von allen Kurfürsten besiegelt. Dann treten die Kurfürsten an den Altar, und der von Mainz verkündet der inzwischen eingelassenen Menge den Namen des erwählten Kaisers. Diesem wird darauf unter bestimmten Bedingungen die Regierung übertragen, doch muß er sogleich jedem der Kurfürsten seine Rechte und Privilegien bestätigen. Die Krönung soll nach der goldenen Bulle in Aachen geschehen, aber sie findet jetzt meistens am Orte der Wahl selbst statt. Weil Aachen in der Kölnischen Diöceie liegt, so wurde früher die Krönung meist vom Kurfürsten von Köln vollzogen, doch hat der von Mainz sein Recht hierzu bestritten. Diese Streitfrage ist meines Wissens jetzt so entschieden, daß die Erzbischöfe von Köln und Mainz abwechselnd die Krönung vollziehen, ohne daß es dabei auf den Krönungsort ankommt.¹) Die anderen Ceremonien bei der Wahl übergehe ich, sie sind in jedem Handbuch des Staatsrechts beschrieben.

§. 6. Absetzung des Kaisers.

Zu hart und zu gehässig wäre es erschienen, wenn man durch ausdrückliche gesetzliche Verfügung den Kurfürsten das Recht eingeräumt hätte, wie den Kaiser zu erwählen, so ihn auch, wenn er es verdiene, abzusetzen.

---

¹) In der Ed. posth. wird hier berichtigend gesagt, daß innerhalb der Kölner Diöcese der Erzbischof von Köln, innerhalb der Mainzer der von Mainz krönt; und daß nur außerhalb beider Diöcesen die Krönung alternirt.

Doch ist es bekannt, daß sie von diesem Rechte gegen Wenzel Gebrauch gemacht haben, also gegen den Sohn desselben Karl IV., dem alle die, welche den Vorrang der Kurfürsten mit scheelem Auge ansehen, es laut genug vorwerfen, er habe nur, um seinem Sohne die Nachfolge im Reiche zu sichern, die goldene Bulle erlassen und die Kurfürsten durch seine Freigebigkeit zu gewinnen versucht.¹) Auch Heinrich IV. abzusetzen haben einige Fürsten versucht. In beiden Fällen sollen übrigens hauptsächlich die Kurfürsten von Mainz, denen die betreffenden Kaiser sehr wenig wohl wollten, für das Recht, den Kaiser abzusetzen, eingetreten sein.

§. 7. Vorrechte der Kurfürsten.

Uebrigens haben die Kurfürsten noch andere Vorrechte vor den übrigen Fürsten. Sie können nicht nur allein für sich Kurtage halten und ohne Zuziehung der übrigen Fürsten über die wichtigsten Angelegenheiten berathen, sondern sie sind auch die obersten Beamten des Reiches. Und zwar sind die drei Erzbischöfe Erzkanzler, der Mainzer für Deutschland, der Trierer für Gallien und das arelatische Reich (darunter ist der im 11. Jahrhundert mit Deutschland vereinigte Theil des burgundischen Reiches zu verstehen), und der von Köln für Italien. Doch ist diese Würde bei Köln und Trier nur ein Titel ohne Bedeutung.²) Der König von Böhmen ist Erzschenk und reicht bei einem feierlichen Mahle dem Kaiser den ersten Becher, der Baier ist Erztruchseß und trägt bei dem Krönungszuge den Reichsapfel, der Sachse als Erzmarschall trägt dem Kaiser das gezückte Schwert voran, der Brandenburger als Erzkämmerer reicht dem Kaiser das Wasser und trägt ihm das Scepter voran, der rheinische Pfalzgraf endlich als Erzschatzmeister streut im Krönungszuge goldene und silberne Münzen unter das Volk aus. Die weltlichen Kurfürsten aber haben Stellvertreter in diesen Aemtern, der Böhme die Schenken von Limburg, der Baier die Truchsessen von Waldburg, der Sachse die Marschälle von Pappenheim, der Brandenburger die Grafen von Hohenzollern, der Pfälzer die Grafen von Sinzendorf.

Einige andere Rechte, welche den Kurfürsten in der goldenen Bulle garantirt sind, kommen heute fast allen Fürsten zu. Als Vorrechte der ersteren wären nur anzuführen, daß gegen ihre Gerichte nicht an Reichsgerichte appellirt werden darf, daß sie ihre Lehen nicht erneuern zu lassen brauchen u. dgl.

---

¹) Die Ed. posth. fährt hier so fort: „Wenn übrigens auch Wenzel freiwillig auf das Reich verzichtet zu haben scheint, so möchte ich doch nicht behaupten, daß gegen Heinrich IV. den Vorschriften des Rechts gemäß verfahren sei. Daß aber die Mainzer Erzbischöfe die Absetzung beider Kaiser, die ihnen nicht wohlwollten, anstrebten, lag im Geiste jener Zeiten, in denen die Päpste mit Hilfe des deutschen Clerus sich der Obmacht der Kaiser zu entziehen strebten."

²) Mainz dagegen als Reichserzkanzler hatte u. a. das wichtige Vorrecht des Directoriums im Kurfürstenrath, das ihm auf die Beschlüsse des Reichstags, bei dem Mangel einer festen Geschäftsordnung, einen oft maßgebenden Einfluß gewährte.

§. 8. Das Reichsvicariat.

Während eines Interregnums fungiren die Kurfürsten von der Pfalz und von Sachsen als Reichsvicare, d. h. als Vertreter des Kaisers, jener in den rheinischen und schwäbischen Gebieten, wo fränkisches Recht gilt, dieser im Gebiete des sächsischen Rechtes. Doch dürfen die Reichsvicare keine Fürsten- und Fahnenlehen verleihen, auch kein Reichsgut veräußern oder verpfänden. Im übrigen pflegen ihre Regierungshandlungen von dem neuen Kaiser bestätigt zu werden.

Während des letzten Interregnums nach dem Tode Ferdinands III. hat der Kurfürst von Baiern dem von der Pfalz das Reichsvicariat streitig gemacht.[1]) Dabei ist er mit großer Schlauheit vorgegangen und hat seinen Plan völlig geheim zu halten gewußt, um rechtzeitige Gegenmaßregeln unmöglich zu machen. Sobald er aber durch Couriere vom Tode des Kaisers benachrichtigt war, erließ er sogleich nach allen Seiten hin Schreiben, in denen er die Uebernahme des Vicariats anzeigte, und auf welche die meisten Stände, ohne die Sachlage gehörig zu überlegen, mit Glückwunschschreiben antworteten, zu einer Zeit, als Kurpfalz kaum die Nachricht vom Tode des Kaisers erhalten hatte. Doch gab der Kurfürst von der Pfalz sein gutes Recht nicht ohne weiteres auf, sondern erließ ebenfalls Notificationsschreiben, in denen er die Uebernahme des Reichsvicariats anzeigte, und in welchen zugleich gegen das ungesetzmäßige Verfahren Baierns Protest eingelegt wurde. Man weiß auch, daß es manchen Fürsten später sehr leid gethan hat, daß sie ihre Antwortschreiben an Baiern nicht mehr zurücknehmen konnten: aber wie es zu gehen pflegt, was sollte ein Unbetheiligter sich in den Streit der beiden Kurfürsten mischen? Von beiden Seiten erschienen dann staatsrechtliche Schriften über die Streitfrage; und wenn sich auch Niemand darüber wunderte, daß Baiern jetzt das Vicariat in Anspruch nahm, da es nicht einmal zur Zeit der höchsten Macht des Kurfürsten von der Pfalz Bedenken getragen hatte, ihm seine Kurwürde streitig zu machen, zumal es selbst auf seine eigene Machtstellung und außerdem auf die Gunst Oesterreichs sich stützen konnte, so mußte doch das unparteiische Publikum zugestehen, daß Kurpfalz im Rechte sei. Denn die pfälzischen Publicisten hatten nachgewiesen, daß das Vicariat keineswegs ein Ausfluß oder ein Zubehör des Erztruchsessenamtes sei, sondern ein seit alten Zeiten mit der rheinischen Pfalzgrafschaft verknüpftes Recht. Ebenso ist ja bekanntlich auch der Sachse nicht als Kurfürst, sondern als Pfalzgraf von Sachsen Reichsvicar. Da übrigens Viele auf Seiten Baierns standen, Andere wenigstens mit dem bairischen Kurfürsten sich nicht verfeinden wollten, und da überhaupt Fürsten einen einmal gethanen Schritt, auch wenn sie ihn als illegal erkennen, doch nicht zurückzunehmen pflegen, so ist die Streitfrage bis jetzt noch nicht entschieden.

---

[1]) Schon 1612 war dieselbe Streitfrage aufgeworfen. Vgl. Kulpis II, 64 über die in dieser Angelegenheit gewechselten Streitschriften. Daß das Recht auf Seiten des Kurfürsten von der Pfalz war, ist unzweifelhaft. Die beste der darüber erschienenen Schrift ist wohl Ezechiel Spanheims (anonymer) Discours du Palatinat et de la dignité électorale contre les prétensions du Duc de Bavière.

§. 9. Die römische Königswürde.

Bisweilen wird dem Kaiser noch ein römischer König beigegeben, wie es heißt, um als Generalstatthalter in seiner Abwesenheit oder Behinderung die Regierungsgeschäfte zu führen und nach seinem Tode ohne weitere Wahl den Thron zu besteigen. Es ist klar, daß ein Bedürfniß oder ein Nutzen für das Reich hierbei nur vorgeschützt wird. Denn der wahre Grund, wenigstens bei den meisten derartigen Ernennungen war der, daß der Kaiser noch bei seinen Lebzeiten seinem Sohne, seinem Bruder oder seinem nächsten Verwandten die Nachfolge im Reiche sichern wollte, indem das Haupt des Reiches das Vorschlagsrecht hatte. Können doch diejenigen, welche bei einer Thronvacanz erst durch freie Wahl zur Krone gelangen, an einschränkende Bedingungen gebunden werden.

Fünftes Capitel.

Die Befugnisse des Kaisers und ihre gesetz- und gewohnheitsmäßigen Beschränkungen.

§. 1. Ursprung der Wahlcapitulationen.

Unter welchen Umständen und wodurch die deutschen Fürsten zu einer so bedeutenden Machtstellung gelangt sind, die sich mit einer monarchischen Staatsverfassung kaum verträgt, ist oben gezeigt worden. Ebenso ist erwähnt, daß den Fürsten nachdem sie einmal das Recht, den König frei zu wählen, erworben hatten, vor allem daran lag, ihre Befugnisse sich zu sichern. So wurde den Königen das Recht genommen, in den wichtigsten Reichsgeschäften nach Gutdünken zu entscheiden, indem man ihnen die Verpflichtung auferlegte, in solchen Angelegenheiten die Zustimmung der Fürsten einzuholen, so daß die Könige nicht so viel durch eigentliche Befehle, als durch ihre Autorität durchzusetzen vermochten. Es ist auch wohl möglich, daß in den Eid, welchen alle christlichen Könige bei ihrem Regierungsantritt zu leisten pflegen, schon früh von den Großen Deutschlands eine Clausel eingefügt ist, worin der König sich verpflichtet, die Rechte jedes einzelnen Deutschen zu schützen und die löblichen und hergebrachten Gewohnheiten des Reiches zu beobachten. Ob aber im Laufe der Zeit hier noch besondere Bedingungen hinzugefügt und schriftlich aufgezeichnet sind, steht nicht ganz fest. Auch ist keine sogenannte Wahlcapitulation aus der Zeit vor Karl V. bekannt, und wenn einige Schriftsteller sich auf eine solche berufen, so verdienen sie wenig Glauben.[1] Wenn aber in der goldenen Bulle dem Kaiser die Pflicht auferlegt wird, Rechte, Privilegien und Freiheiten der Kurfürsten mit Brief und Siegel zu bestätigen, so ist diese Bestimmung doch eben nur auf die Kurfürsten beschränkt, und eine Wahlcapitulation, welche die Rechte des ganzen Reiches garantirt, ist etwas ganz anderes. Veranlaßt aber wurden die Kurfürsten, Karl V. an eine bestimmte und ausführliche Capitulation zu binden, weil sie die Macht, das jugendliche Alter und den hohen Sinn des Königs kannten, der sich schon durch seinen Wahlspruch plus ultra zu erkennen gab; weil sie befürchteten, er werde seine große Hausmacht benutzen, um die Rechte der

---

[1] Noch Guldast hatte die Existenz einer Wahlcapitulation Maximilians I. behauptet, auf diese freilich schon längst widerlegte Ansicht bezieht sich P.

Fürsten zu beschränken; endlich weil sie wünschten, Karl von vorn herein
darauf hinzuweisen, daß er in Deutschland nicht so herrschen könne, wie
er in seinen übrigen Gebieten gewohnt sei. Später hielt man dann an
der einmal getroffenen Einrichtung fest, wenn auch keine so zwingenden
Gründe vorlagen, schon damit die Nachfolger Karls nicht glauben sollten,
sie hätten weiter gehende Befugnisse als er.

§. 2. Das Recht, die Wahlcapitulation zu bestimmen.

Diese Capitulationen sind nun bis jetzt von den Kurfürsten allein,[1]
ohne Zuziehung der anderen Stände, dem Kaiser festgesetzt. Doch haben
letztere sich bisweilen hierüber beklagt, und im westfälischen Frieden ist bestimmt worden, daß der nächste Reichstag eine immerwährende Wahlcapitulation entwerfen solle, eine Formel,[2] die nach deutschem Style eine
Vertagung der Sache für alle Ewigkeit bedeutet. Doch habe ich bei
meinem Aufenthalt in Regensburg gehört, man nehme die Sache ernstlich
in Betracht, und schon sei eine gewaltige Masse Papier dabei verbraucht.
Doch war man dort der Ansicht, die Kurfürsten hätten nichts zu fürchten,
da es im Interesse des Kaisers selbst läge, daß die Kurfürsten ihren Vorrang
vor den Fürsten behaupteten. Denn man könne leichter auf die geringe
Zahl der Kurfürsten, als auf alle Fürsten wirken, da man ja Allen sonst
für ihre Nachgiebigkeit zu Gegenleistungen verbunden sein würde. Im
Fürstenrathe selbst seien die den Kurfürsten verwandten Familien nicht sehr
gegen das Vorrecht der letzteren, und auf die Wünsche der übrigen brauche
man keine Rücksicht zu nehmen. Auch sei es nicht Sitte, in Deutschland
den hergebrachten Rechtszustand durch Gewaltthätigkeiten oder complott-
mäßige Verbindung zu stören. Man fügte hinzu, daß, wenn es auch
billig sei, in der Capitulation den übrigen Fürsten ebenso wie den Kurfürsten Rechnung zu tragen, sich doch kaum für eine immerwährende
Capitulation eine Formel finden dürfte, welche nicht im Laufe der Zeit
und unter veränderten politischen Verhältnissen eine Verbesserung nöthig
machen würde. Manches sei auch in die alten Capitulationen nur eingeschoben, um augenblicklichen Bedürfnissen zu entsprechen, oder eine Um-
gehung der anderen Bestimmungen zu verhindern. Weiter würden die
Kurfürsten gern bereit sein, auf Wunsch der übrigen Stände auch Bestimmungen zu Gunsten der letzteren in die Capitulation aufzunehmen.
Endlich sei es sehr thöricht, wenn man den Kurfürsten einen Vorwurf
aus der vorzugsweisen Berücksichtigung ihrer eigenen Interessen machen
wollte: denn warum sollten sie allein nicht nach dem Grundsatz aller
Menschen: Jeder ist sich selbst der nächste, handeln dürfen.

Uebrigens[3] habe ich von anderer Seite auch andere Gründe für das
Hinausschieben der Verhandlungen über die Wahlcapitulation anführen

---

[1] P. geht hier nicht auf die Frage ein, ob alle Kurfürsten an der Fest-
setzung der Capitulation Theil zu nehmen berechtigt sind, oder ob Böhmen davon ausgeschlossen sei. Diese Frage ist bis zur Admission Böhmens im Kur-
fürstencollleg oft erörtert, aber nie definitiv entschieden worden, dann verlor sie
ihre praktische Bedeutung.

[2] Ed. posth. läßt diesen Zusatz und den folgenden Satz fort.

[3] Dieser ganze Schlußpassus des zweiten Paragraphen ist in der Ed. posth.
unterdrückt. Der Grund ist leicht ersichtlich. Vgl. S. 41 Anm. 2.

hören. Man sagte, der Kaiser, der sonst den Reichstag sehr ungern versammelt sehe, sei durch den Türkenkrieg zur Berufung der Stände veranlaßt worden, weil er gehofft hätte, bedeutende Geldsummen bewilligt zu erhalten. Aber die Stände hätten statt Geld Soldaten angeboten, und da die kaiserlichen Räthe eine solche Bewilligung für wenig einträglich gehalten hätten, sei schneller, als beabsichtigt war, ein Frieden mit den Türken abgeschlossen. Nun sei man aber über den Reichsabschied in Verlegenheit gewesen: da man nicht mehr, wie in früheren Jahren, in den Berathungen über Türkenhilfe den reichsten Stoff für Verhandlungen und Beschlüsse finden konnte. Und doch seien viele Leute neugierig genug, wissen zu wollen, was die vielen Gesandten das Jahr über gethan hätten, und wem zum Nutzen man eigentlich Vormittags spanischen, Nachmittags aber Rhein- und Moselwein getrunken hätte. Da habe man denn diese verwickelte Frage gefunden, und könne nun nach langen vergeblichen Verhandlungen ruhig schwören, man sei nicht müßig gewesen; ja aus den vielen leeren Streitigkeiten, deren Entscheidung man auf den nächsten Reichstag verschieben könne, werde sich vielleicht eine Art von Reichsabschied zusammenstoppeln lassen.

§. 3. Nutzen der Wahlcapitulation.

Wie dem nun auch sei, es ist jedenfalls eine sehr zweckmäßige Einrichtung, daß die kaiserlichen Befugnisse und ihre Beschränkungen in den Capitulationen fest und klar bestimmt sind. Auch ist es für den Ruf der Stände nur von Nutzen, da sie sich doch nicht so beherrschen lassen, wie die Unterthanen in den übrigen Reichen, wenn die Welt erfährt, daß ihre Rechte nicht auf Usurpation beruhen, sondern daß der Kaiser selbst diesen Beschränkungen zugestimmt hat. Und die Freiheit der Stände wird durch die Capitulation gesichert, indem man den Kaiser an präcise, auf rechtlichem Wege nicht zu beseitigende Beschränkungen bindet. Aber auch der Kaiser hat keinen Grund, sich zu beklagen, daß er nicht, wie die übrigen Monarchen, mit denen verfahren kann, welche sich so gern seine gehorsamen Unterthanen nennen. Denn im Anfang der Capitulation bekennt der Kaiser selbst, er habe unter den nachfolgenden Bedingungen die Krone erhalten und habe über sie mit den Kurfürsten in ihrem eigenen Namen und in dem der anderen Stände, einen Vertrag geschlossen. Wenn ihm die Bedingungen mißfielen, konnte er ja die Krone ausschlagen, oder den Kurfürsten beweisen, daß die Capitulation ungerechte oder thörichte Bestimmungen enthalte, deren Aenderung die Kurfürsten natürlich gern gestatten würden. Hat aber der Kaiser einmal die beschränkte Gewalt übernommen, so versündigt er sich, wenn er nach voller königlicher Gewalt über die Stände strebt, und diese brauchen ihm, sobald er derartige Versuche macht, nicht mehr zu gehorchen. Daß es aber überhaupt möglich ist, die königliche Gewalt an gewisse Beschränkungen zu binden, daran zweifelt in Deutschland kein einsichtiger Politiker. Davon unterschieden ist aber — und auch daran zweifeln scharfsinnige Politiker nicht — noch die Stellung eines Bundesoberhaupts,[1] die sich schon äußerlich von voller königlicher Herrschaft unterscheidet.

---

[1] P.'s Ansicht ist, daß dem Kaiserthum eigentlich nur diese Bedeutung, die eines Bundesoberhaupts, zukommt. Dies ist im 6. Capitel ausgeführt.

§. 4. Bedeutung und Wirkung der Capitulationen.

Die meisten deutschen Staatsrechtslehrer bringen übrigens, wo sie über die Wahlcapitulation reden, nur elende Schmeicheleien vor, während andere sich mit den Grundlehren der Politik gänzlich unbekannt zeigen. Hat man doch sogar thörichter Weise behauptet, die Capitulation beschränke die kaiserliche Machtvollkommenheit nicht, sondern beuge nur einer Schwächung des Reichs durch Veräußerung oder Verpfändung von Reichsgebiet u. dgl. vor. Die meisten freilich anerkennen, daß die Gewalt des Kaisers durch die Capitulation beschränkt wird und deshalb keine absolute mehr ist; aber sie ist, sagen sie, doch immer eine höchste, oder, wie andere es ausdrücken: die Capitulation beschränkt die Vollkommenheit der kaiserlichen Macht, aber nicht ihre Hoheit.[1]) Werde ich auch erst im nächsten Capitel auf diesen Punkt einzugehen haben, so mag doch schon hier erwähnt werden, daß es ein Irrthum ist, wenn man meint, die Frage sei zu lösen durch eine Unterscheidung zwischen Gesetzen, welche durch den Befehl eines Vorgesetzten und solchen, welche durch vertragsmäßiges Uebereinkommen verbindliche Kraft haben, indem man die Capitulationen zu den letzteren rechnet. Denn durch diese Unterscheidung wird nur bewiesen, daß der Kaiser kein Unterthan der Stände,[2]) keineswegs aber, daß er im eigentlichen Sinne des Worts ihr Herrscher ist. Denn nicht der ist Herrscher, der keinen Herrn über sich hat, sondern nur der, dessen Befehle von anderen ohne Umschweife oder Widerspruch befolgt werden müssen. Noch viel weniger aber ist der der Herrscher eines Staates, der in ihm dem Range nach der erste ist. Denn den ersten Rang hat in unserem Vaterlande der Doge von Venedig, den doch niemand als Herrscher von Italien wird bezeichnen wollen. So kann es ja auch in aristokratischen oder demokratischen Staaten Fürsten im eigentlichen Sinne des Wortes geben, denen der höchste Rang im Staate zukommt; ja selbst in einem Staatenbunde kann sehr wohl ein Bundesgenosse an Rang der erste sein, die Bundesangelegenheiten verwalten und deshalb als das Haupt des Bundes angesehen werden, ohne über seine Bundesgenossen eine eigentliche Herrschaft auszuüben, welche diese zu seinen Unterthanen machen würde.

Doch diese ganze Erörterung will ich vorläufig noch bei Seite lassen, indem ich zunächst darauf eingehe, zu untersuchen, welche Hoheitsrechte dem Kaiser zustehen. Denn wer diese nicht kennt, wird sich kein richtiges Urtheil über die deutsche Verfassung bilden können. Die Reihenfolge, die ich bei dieser Untersuchung beobachten werde, ergiebt sich mehr aus der Natur der Sache selbst, als daß sie irgend einem streng wissenschaftlichen System entspräche.

---

[1]) Dieser Unterschied zwischen Vollkommenheit (plenitudo) und Hoheit (summitas) der kaiserlichen Macht gehört zu den scholastischen Spitzfindigkeiten, mit denen die Publicisten die inneren Widersprüche der deutschen Verfassung so gern verdeckten. Es kam mir darauf an, die lateinischen Ausdrücke möglichst getreu wiederzugeben, richtiger wäre sonst vielleicht gewesen, plenitudo mit Umfang, summitas mit Grad zu übersetzen.

[2]) Insofern er sich nämlich der Wahlcapitulation nur als einem vertragsmäßigen Uebereinkommen, und nicht als einer von den Ständen kraft ihres Herrscherrechts erlassenen Anordnung fügt.

§. 5. Das Recht, Beamte zu ernennen.

Ich werde also mit der Ernennung der Beamten anfangen, welche in allen Staaten dem Souverän zusteht. Und wenn dieser zuletzt die Verantwortung für alle Handlungen der Beamten zu tragen hat, so muß er auch das Recht haben, ihre Geschäftsführung zu prüfen und sie für Amtsvergehen zu entsetzen oder sonst zu strafen. Daß der Kaiser nun in seinen Erblanden alle diese Rechte ausübt, ist außer Zweifel; streitig dagegen ist, ob sie ihm auch in den anderen Theilen des Reiches zustehen.

Oben ist dargelegt worden, daß die deutschen Herzoge und Grafen anfangs nur Beamte waren, eine Bezeichnung, welche sie freilich heute als eine schwere Beleidigung ansehen würden. Denn heute wird kein Fürst mehr zugestehen, daß er nur als Vertreter des Kaisers Regierungsrechte über seine Unterthanen ausübe, oder daß seine Unterthanen zugleich die des Kaisers seien, so daß der Kaiser mehr Recht ihnen zu befehlen habe, als er selbst, wenn auch die Fürsten mit noch so ehrerbietigen Ausdrücken den Kaiser oft ihrer tiefen Ergebenheit versichern.

Unmöglich ist es nun zwar nicht, daß es auch in einer Monarchie erbliche Beamten giebt, nur müssen sie dem Souverän immer als Beamte gegenüberstehen dürfen. Die ganze Sache wird übrigens aus folgender Ausführung klarer werden.[1]) Der Kaiser kann, wem er will, den Titel eines Reichsfürsten oder Reichsgrafen verleihen, aber Sitz und Stimmrecht auf den Reichstagen kann er ihm ohne die Zustimmung der anderen Stände nicht geben. (Vgl. Capitul. Leopold. Art. 44.) Und da nun der Fürstentitel keine Bedeutung hat, wenn das Gebiet fehlt, welches allein die fürstliche Würde zu einer wahren machen kann, so hat man eigens verfügt, daß der Kaiser nicht das Recht haben solle, neuernannten Fürsten vacante Reichslehen zu verleihen, sondern daß dieselben an den Reichsfiscus fallen. (Capitul. Leopold. Art. 29. 30.) Der Grund dieser Verfügung ist ein doppelter, einmal soll verhütet werden, daß das Haus Oesterreich alle vacanten Reichslehen verschlinge — denn bei freiem Verleihungsrecht würde Oesterreich sich selbst oder seine Creaturen gewiß nicht vergessen — sodann soll die Möglichkeit gegeben werden, daß endlich einmal Deutschland seinem Kaiser außer dem Titel etwas Reelles bieten kann, wovon er die mit der höchsten Würde verknüpften Kosten bestreiten kann; denn dann wird man auch bei der Wahl nicht mehr hauptsächlich auf die Macht und den Reichthum des zu Erwählenden Rücksicht zu nehmen brauchen. Eine zu uneigennützige Freigebigkeit aber wäre es, glaube ich, wollte der Kaiser für einen neu ernannten Fürsten aus seinen Erblanden ein angemessenes Territorium bilden, um ihn den anderen Fürsten gleichzustellen.

Vielleicht hat der Kaiser auch das Recht, einen fremden Souverän unter die Zahl der deutschen Reichsfürsten aufzunehmen, aber wenn auch

---

[1]) Die folgende Ausführung scheint in diesen Zusammenhang nicht zu passen. Aber sie scheint es nur. Denn P. will hier der Meinung derer entgegentreten, welche annehmen, daß die Fürsten die Beamten des Reiches seien, und daß das Recht des Kaisers, Fürsten zu creiren, das Recht der Beamtenernennung repräsentire. Daher zeigt P., daß der Kaiser wohl den Fürstentitel, nicht aber Fürstenrechte verleihen kann; und eben deshalb wird im folgenden Paragraphen nachgewiesen, daß er diese Rechte auch nicht eigenmächtig entziehen darf.

Jemand sich dazu verstehen wollte, seine Standesverhältnisse so zu verschlechtern, welchen Platz sollte er denn auf dem Reichstage erhalten? Den untersten Rang würde er nicht einnehmen wollen, und einen höheren würden die deutschen Fürsten wohl nur einem Könige einräumen. Mit weniger Schwierigkeit würde es allerdings verbunden sein, eine fremde Stadt unter die Reichsstädte aufzunehmen. Denn die Städte legen nicht so viel Gewicht auf ihren Rang als die Fürsten, und eine Stadt wie Buchhorn oder eine andere ebenso berühmte würde wohl wenig Schwierigkeiten machen, eine Vergrößerung des deutschen Reiches dadurch zu ermöglichen, daß sie auf ihren Rang verzichtete. Aber der Anschluß einer freien Stadt an Deutschland wäre doch wohl nur nach Zertrümmerung eines der benachbarten Reiche denkbar, und eine deutsche Stadt, welche einem Fürsten unterthan ist, zur reichsunmittelbaren zu erheben, wird dieser dem Kaiser nie erlauben.

§. 6. Das Recht, Fürsten abzusetzen.

Noch viel weniger hat der Kaiser allein das Recht, einem Reichsstande die Fürstenwürde zu nehmen, oder ihn seines Gebiets zu berauben, selbst wenn derselbe sich Verbrechen gegen das Reich hat zu Schulden kommen lassen; sondern er bedarf auch in einem ganz notorischen Falle der Zustimmung mindestens der Kurfürsten, bevor er gegen einen Reichsstand die Acht aussprechen darf. (Capitul. Leopold. Art. 28.) Man will eben verhüten, daß Privatfeinde des Kaisers als Reichsverräther behandelt werden. Ja, einige Stände waren so vorsichtig, in Frankfurt bei der Berathung der Capitulation für die Aufnahme einer Bestimmung in den 28. Artikel zu wirken, wonach die Vollstreckung der Execution gegen einen geächteten Stand nach hergebrachtem Recht den Mitgliedern des betreffenden Kreises übertragen werden soll. Denn wenn der Kaiser selbst die Acht vollstrecken dürfte, so wäre es möglich, daß er sich der Gebiete des geächteten bemächtigte, um die Kosten der Execution zu decken; und wenn der Richter selbst Vortheil davon hätte, so würde ihm daran liegen, nur möglichst harte Urtheilssprüche zu verhängen.

Wie ein Landesherr seine Unterthanen behandelt, und ob er die ihm anvertrauten Schafe scheert oder schindet, darum hat sich der Kaiser übrigens wenig zu kümmern. Denn er muß ja eidlich versprechen, jeden Reichsstand in seinen Rechten und Privilegien zu schützen und in deren Ausübung nicht zu stören; und als das wichtigste ihrer Rechte sehen die deutschen Fürsten das an, mit ihren Unterthanen entweder nach eigener Willkür oder doch so verfahren zu können, wie sie selbst mit jenen übereingekommen sind. (Capitul. Leopold. Art. 3. 7. 89.)

Nur in sehr wenigen Fällen kann daher der Kaiser den Unterthanen der Stände direct Befehle ertheilen, so z. B. darf er sie als Zeugen oder Parteien durch in seinem Namen erlassene Citationen, aber ohne ein Zwangsmittel, vorladen.[1]) Auch hat er das Recht, den Unterthanen der Stände Belohnungen, besonders Ehrentitel und Privilegien zu verleihen — aber nur unbeschadet der landesherrlichen Rechte.

---

[1]) Die späteren Ausgaben sagen: Die meisten bestreiten ihm selbst das Recht, sie als Zeugen oder Parteien u. s. w. vorzuladen.

§. 7. Rechte des Kaisers in Bezug auf Steuererhebung.

Wir haben nun zu betrachten, welche Rechte der Kaiser an den Besitzthümern der Stände hat, insofern als aus diesen in Kriegs und Friedenszeiten Beiträge zur Bestreitung der Reichslasten zu leisten sind.
Soweit mir bekannt ist, gehören alle Zölle außerhalb der kaiserlichen Erblande mit Ausnahme einiger weniger Zollstätten, den Ständen. Der Kaiser hat nur ein Aufsichtsrecht darüber, indem er verpflichtet ist, zu verhindern, daß durch übermäßige Erhöhung der Zölle der Handel geschädigt werde (Cap. Leop. 21. 23). Auch darf der Kaiser keine neuen Zollstätten im Gebiete eines der Stände errichten. Die Einkünfte des Kaisers aus dem Reiche sind daher sehr unbedeutend, um so mehr, als der größte Theil derselben den kaiserlichen Beamten zufällt für welche insbesondere die Erneuerung der Reichslehen einträglich ist. Denn die Ausschreibung von direkten Steuern durch den Kaiser allein ist in Deutschland ganz unerhört. Und die Stände pflegen — mit Ausnahme der Umlage für das Reichskammergericht zu Speyer — nicht leicht eine stehende Reichsabgabe zu bewilligen, und selbst jene unbedeutenden sogenannten Kammerzieler werden von vielen Ständen nur mit Widerstreben gezahlt.
Früher hatten die Stände die Verpflichtung, wenn der Kaiser nach Rom zog, um sich krönen zu lassen, 4000 Reiter und 20000 Mann Fußvolk auf ihre Kosten anzuwerben und zu unterhalten. Da aber seit langer Zeit schon keine Römerzüge mehr vorgekommen sind, so dienen die für diesen Zweck früher gemachten Ausschreibungen jetzt nur als Norm für die Beitragspflicht der einzelnen Stände, wenn etwa außerordentliche Zahlungen nöthig sind. Doch wird auch hier vielfach über ungerechte Vertheilung der Lasten geklagt, da sich seit der Zeit der Feststellung der Matrikel die Machtverhältnisse einzelner Staaten bedeutend verändert haben.
Am meisten Geld haben übrigens die Deutschen immer auf die Türkenkriege verwendet, denn der Türkenschrecken hat bis jetzt immer bei dem gemeinen Mann offenen Leib und offenen Geldbeutel zur Folge gehabt. Aber auch zu diesem Zwecke werden nicht einfach zwangsweise Abgaben von den Ständen erhoben; sondern für alles muß auf den Reichstagen oder durch herumreisende Commissarien erst die Bewilligung der Stände erwirkt werden, welche um so eher ertheilt zu werden pflegt, als einzelne Fürsten daraus selbst noch Gewinn ziehen, indem sie einen Theil der ihren Unterthanen in diesem Falle auferlegten außerordentlichen Steuern für sich behalten.

§. 8. Das Recht über Krieg und Frieden.

Daß die Entscheidung über Krieg und Frieden schon keine freie mehr ist, wenn über die Mittel zur Kriegsführung die freie Disposition fehlt, ist klar. Nun können freilich schon die österreichischen Erblande ein starkes Heer unterhalten, aber sie würden doch bald erschöpft werden, wenn ihnen allein eine solche Last dauernd obläge. Und von den Ständen darf sich der Kaiser keine Hilfe versprechen, wenn sie nicht selbst den Krieg beschließen und die erforderlichen Mittel bewilligen. Zwar pflegt man ihn nicht ganz im Stich zu lassen, wenn er von auswärtigen Mächten angegriffen ist, ist er aber selbst der Angreifer, so unterstützen ihn nur die Stände, welche durch besondere Verträge mit Oesterreich verbunden sind. Denn es liegt im Interesse der Stände Angriffskriege des Kaisers zu verhindern, einmal weil in solche Wirren leicht das ganze Reich mit verwickelt werden kann; sodann weil ein Sieg des Kaisers nur seine Macht vergrößern würde und der Unabhängigkeit der Stände gefährlich werden könnte. (Cap. Leop. Art. 13. 14. 16.)

Ebenso ist die Befugniß des Kaisers Verträge und Bündnisse abzuschließen eine sehr beschränkte. (Cap. Leop. Art. 10.) Wenn[1]) also dem Kaiser untersagt ist unter irgend welchem Vorwand Kriege anzufangen oder Bündnisse zu schließen, ohne die Genehmigung mindestens der Kurfürsten einzuholen, dann darf man sich mit Recht darüber wundern, daß in jüngster Zeit einige Kurfürsten und Fürsten sich verbinden und mit einer schnell zusammengerafften Schaar von Räubern in das Gebiet des Kurfürsten von der Pfalz einfallen durften, um einiger Rechte des Kurfürsten willen, welche ihnen unbequem waren, indem sie sich damit begnügten dem Kaiser so obenhin und in trotzigem Tone Anzeige von ihrem Vorhaben zu machen.[2]) Ja mehr noch, ein deutscher Bischof hat kürzlich aus eigenem Antriebe und auf eigene Faust mit den Niederlanden einen Krieg begonnen, in den leicht ganz Deutschland hätte mit hineingezogen werden können,[3]) und das alles geschah während der Reichstag versammelt war und müßig zusah. Daß aber Stände mit Frankreich und Schweden, die doch seit langer Zeit Feinde des Hauses Oesterreich sind, Bündnisse schließen, ist ganz an der Tagesordnung.[4])

§. 9. Kaiserliche Competenz in Religionssachen.

Untersuchen wir nun weiter die Befugnisse des Kaisers in Religionssachen. Denn wir dürfen diesen Punkt nicht übergehen, da viele Politiker, Anhänger der protestantischen Lehre, die bürgerliche Regierung mit kirchlichen Befugnissen ausgestattet wissen wollen, während es innerhalb des Katholicismus fast ein Dogma ist, daß es für den Priesterstand außerordentlich nachtheilig ist, wenn Laien auf geistliche Angelegenheiten Einfluß haben und sich nicht damit begnügen wollen, den Clerus zu beschützen und zu bereichern.

Während früher ganz Deutschland katholisch war, und nur in Böhmen die Lehre des Johann Hus wenige Anhänger hatte, die Juden aber nur hier und da geduldet wurden, hat das Papstthum durch Martin Luther unerwartet eine gewaltige Niederlage erlitten. Die Ursachen des Streites waren sehr geringfügiger Natur: im Verlauf der Zeit aber hat derselbe

---

[1]) Diese folgenden Sätze bis zum Schluß des § fehlen in der Ed. posth. Dafür heißt es: Dagegen sind Beispiele dafür genug vorhanden, daß sich die Stände ihres Rechts, Bündnisse mit auswärtigen Mächten zu schließen in ausgedehntem Maßstabe und sehr zum Schaden des Reichs bedient haben.
[2]) Es bezieht sich diese Bemerkung auf den Einfall von Kurmainz, Worms und Speyer in die kurpfälzischen Lande, um den Kurfürsten zum Verzicht auf sein sogenanntes Wildfangrecht zu bewegen.
[3]) Ueber den münsterisch-holländischen Krieg, vgl. S. 50 Anm. 1.
[4]) Man denke nur an den Rheinbund von 1658, vgl. Droysen Preuß. Polit. III., 3, 12 ff.

einen großen Theil Deutschlands dem Gehorsam gegen den päpstlichen Stuhl abwendig gemacht. Daß¹) aber aus einem so kleinen Funken ein so großer Brand hervorgehen konnte, daran trugen, wenn ich die Wahrheit sagen soll, die Thorheit der ersten Gegner Luthers und die unvorsichtige Uebereilung Leos X. die eigentliche Schuld. Anfangs stritten sich nur ein paar untergeordnete Mönche, von denen dem einen die Frömmigkeit, dem anderen mehr der Gewinn am Herzen lag, beide Theile aber anerkannten die Autorität des Papstes. Ein kluger Richter hätte hier gegen beide Theile billig verfahren, oder beiden Stillschweigen auferlegen sollen, um so zu vermeiden, daß der ganze Ablaßhandel der Menge verdächtig werde. Wenigstens hätte man nicht offen auf Seite der Ablaßkrämer treten dürfen, schon um dem Verdachte vorzubeugen, daß dem heiligen Vater mehr an dem Vortheil seiner Kasse als an dem Seelenheil der Gläubigen liege, oder daß er lieber den Ablaß für Sünden verkaufen wolle, als die Sünden selbst verhindern. Denn viele meinten schon, die Pfaffen machten es ebenso wie die Aerzte und Chirurgen, welche von den Krankheiten und Wunden der Menschheit leben, und an deren aufrichtiges Mitgefühl für die Kranken niemand glaubt.

Hielt man es aber für thöricht oder für Unrecht, nachtheilig für die wankende Kirche zu entscheiden, nun so hätte man den ehrgeizigen Luther²) durch Geschenke oder Versprechungen gewinnen müssen, die Laien nicht zu veranlassen, das Joch der Kirche abzuschütteln. Und da doch im allgemeinen kirchliche Würden nach Gunst, oder in Folge von Bestechungen verliehen werden, so wäre es, glaube ich, schon der Mühe werth gewesen, dem Mönch von Wittenberg den Purpur zu verleihen, damit er nicht ein Feind der Kirche werde. Denn Luther beschloß erst dann sich um die Gunst der Laien zu bewerben, als er einsah, daß er von einem geistlichen Tribunal nie einen gerechten Spruch erhalten werde. So weigerte er sich den Papst, der offen Partei gegen ihn ergriffen hatte, als seinen Richter anzuerkennen, und um nicht alles Schutzes bar zu sein, fing er an zu predigen, der weltlichen Obrigkeit komme auch in kirchlichen Angelegenheiten die oberste Leitung zu; und da offenbar durch die von den Vorfahren zu frommen Zwecken gemachten Schenkungen nur die Trägheit und Schwelgerei der Geistlichkeit genährt werde, so müsse man diese trägen Rosse von der Krippe entfernen.

Natürlich griff man diese Lehren begierig auf, theils weil viel wahres in ihnen zu liegen schien, theils weil man die Einziehung der geistlichen

---

¹) Für die folgende Ausführung, welche die Geschichte der Reformation in etwas sehr äußerlicher, ja fast oberflächlicher Weise behandelt, darf man nicht vergessen, daß P. in der ersten Ausgabe als italiänischer Katholik spricht. In der Ed. posth. ist wenigstens etwas geändert, indem der göttlichen Vorsehung gedankt und zugleich die allgemeine einer religiösen Reform außerordentlich zuneigende Stimmung erwähnt wird.

²) In seiner Ansicht über Luther's Charakter und die Möglichkeit durch Ehren und Würde den kühnen Reformator zu gewinnen, so wenig ihr auch jetzt beigetreten werden wird, steht P. doch nicht allein. Thomasius z. B. behauptet, Luther sei gerade einer jener Leute gewesen, die der Furcht nie, wohl aber den Versuchungen des Glückes erliegen, und deren Muth allen Gefahren Trotz bietet, aber im Glücke aufhört standhaft zu sein.

Güter für sehr lucrativ hielt. Immer mehr verbreitete sich die Meinung, die Italiener, unsere Landsleute führten die einfältigen Deutschen am Narrenseil herum, und das Geld, welches der Ablaßhandel einbringe, werde in Rom verpraßt oder zur Ausstattung päpstlicher Nepoten verwandt. Man erinnerte sich auch jenes Ausspruches des Papstes Martin V.: Er wolle gern ein Storch werden, wenn nur alle Deutschen Frösche wären; und man beklagte es laut, daß das deutsche Volk, welches einst das römische Joch so mannhaft abgeschüttelt habe, jetzt unter dem Vorwande der Religion von der an sich so machtlosen Geistlichkeit fast in knechtischer Unterthänigkeit gehalten werde.[1]) Unterstützt wurde dann diese ganze geistige Bewegung noch durch die damals wieder neu erblühte Pflege der klassischen Literatur; denn wahrhaft gebildete Menschen verstehen sich nicht leicht dazu, etwas zu glauben, was mit der Vernunft nicht übereinstimmt.

§. 10. Fortgang der Reformation bis zum Religionsfrieden.

Bei dieser Gelegenheit wurde nun ein großer Theil der Gebräuche und alten Dogmen, welche den neuen Lehrern überflüssig oder falsch erschienen, bei vielen deutschen Stämmen ganz beseitigt, indem zugleich die geistlichen Güter aller Orten eingezogen wurden. Es entstanden nun viele Processe über diese Güter beim Kammergericht, und da dieses den Ansprüchen der Geistlichkeit geneigt schien, weigerten sich die Anhänger der neuen Lehre, welche man bald Protestanten nannte, die Jurisdiction des Kammergerichts, wenigstens in dieser Beziehung anzuerkennen. Denn im allgemeinen gilt zwar der Rechtsgrundsatz, daß wer mit Gewalt seines Eigenthums beraubt ist, vor allen Dingen wieder in dasselbe einzusetzen ist, aber in diesem Falle machten die Protestanten den nicht unbegründeten Einwand, es müsse erst durch ein allgemeines, rechtmäßiges Concil oder eine andere öffentliche Versammlung festgestellt werden, ob die vertriebenen Geistlichen wirklich Anhänger der rechten Lehre seien. Könnten sie das nicht beweisen, so hätten sie kein Recht auf den Besitz der Güter, welche von den Vorfahren der echten Gottesverehrung gewidmet seien.

Durch Beweisführungen und Protestationen allein aber hielt man sich nicht für hinlänglich gesichert, und so schlossen die meisten protestantischen Fürsten den sogenannten schmalkaldischen Bund, um jede Gewalt in Sachen der Religion abzuwehren. Bald kam es zum Kampfe, der für die Protestanten einen unglücklichen Ausgang nahm. Der Kurfürst von Sachsen und der Landgraf von Hessen wurden gefangen genommen, und die Sache des Protestantismus war äußerst gefährdet. Aber die Waffen des Kurfürsten Moritz von Sachsen retteten die neue Lehre, und zu Passau schloß man einen Vergleich, über den in den Lehrbüchern der deutschen Geschichte das nähere zu finden ist. Endlich auf dem Augsburger Reichstage von 1555 wurden der protestantischen Lehre durch den sogenannten Religionsfrieden ausreichende Garantieen gegeben.

---

[1]) Parific. a Lapid. p. 376 citirt den Ausspruch eines Würzburger Geistlichen: Were Lutherus noch ein 30. Jahr ausgeblieben, Wir Geistlichen wolten es dahin gebracht haben, daß die Bawren Hew und Stroh gefressen, und uns Geistlichen die Cappaunen selbsten gebraten gebracht und die Junckeren hetten uns die Stieffel, Schuch und sporen butzen und schmieren müssen.

Die Hauptbestimmungen dieses Friedens waren: Niemand soll den Anderen um der Religion willen angreifen, schädigen oder vergewaltigen. Kirchengüter, welche nicht reichsunmittelbar und von weltlichen Ständen in Besitz genommen sind, verbleiben diesen, wenn sie nicht zur Zeit des Passauer Vergleiches oder seitdem in geistliche Hände zurückgekommen sind; das Kammergericht darf gegen die weltlichen Besitzer keine Klage annehmen. Die geistliche Gerichtsbarkeit soll sich nicht auf die Anhänger des Augsburgischen Bekenntnisses erstrecken, und diese haben das Recht, ihre religiösen Angelegenheiten selbst zu bestimmen.

Niemand soll die Unterthanen eines anderen Standes zu seiner Religion herüberziehen, oder sich in Religionssachen zu ihrem Vertheidiger aufwerfen, doch soll es den Unterthanen, die einer anderen Confession angehören, als ihr Landesherr, unbenommen bleiben, ihre Güter zu verkaufen und auszuwandern. Wenn die religiösen Differenzen in Deutschland nicht auf gütlichem Wege ausgeglichen werden, so soll dieser Friede für ewige Zeiten gültig sein.

§. 11. Der geistliche Vorbehalt. (Reservatum ecclesiasticum).

Die schwierigste Frage aber war, ob man den katholischen Geistlichen das Recht geben solle, wenn sie zur augsburgischen Confession übertraten, ihre Würde und die geistlichen Besitzungen zu behalten. Die Protestanten drangen sehr darauf, denn sie hielten es für eine Herabsetzung, daß die Annahme ihres Glaubens für Geistliche den Verlust der Würde und der Güter nach sich ziehen sollte. Es werde damit, behaupteten sie, Vielen die Möglichkeit genommen, sich der neuen Lehre zuzuwenden. Auch sollten die geistlichen Besitzungen keineswegs zu profanen Zwecken verwandt werden, und die Kapitel sollten das Recht der freien Bischofswahl behalten. Aber es war klar, daß, wenn man den geistlichen Fürsten dies Recht einräumte, die Macht der katholischen Kirche in Deutschland in ihren Grundvesten erschüttert war. Daher widersetzten sich denn die katholischen Fürsten einer solchen Bestimmung aufs hartnäckigste und setzten es durch die Unterstützung des Kaisers Ferdinand durch, daß in den Religionsfrieden eine Clausel aufgenommen wurde, welche bestimmte, wenn ein geistlicher Fürst zum Protestantismus übertreten, so solle er zwar seinen Rang behalten, aber seine kirchlichen Pfründen verlieren.

Freilich beklagten sich schon damals und etwas später während des Kölnischen Handels[1]) die Protestanten über diese Clausel und erklärten sich nicht dadurch gebunden.

---

[1]) Bekanntlich wollte gegen Ende des 16. Jahrhunderts Gebhard Truchseß Erzbischof u. Kurfürst von Köln zum Protestantismus übertreten, zugleich aber seine geistliche Würde u. sein Kurfürstenthum behaupten. Doch wurde er, von den protestantischen Kurfürsten nur mangelhaft unterstützt und vom Papst entschieden bekämpft, vertrieben und mußte einem baierischen Prinzen das Erzbisthum lassen. Vgl. Ranke: Zur deutschen Geschichte 126. 127. Ein ganz ähnlicher Vorgang trug sich bald darauf im Bisthum Straßburg zu. S. ebenda.

§. 12. Die religiösen Bewegungen vom Religionsfrieden bis zum westfälischen Frieden.

So hatte denn der Religionsfriede nicht allen Samen der Zwietracht, der aus der confessionellen Verschiedenheit emporzukeimen drohte, unterdrücken können. Die Anhänger der neuen Lehre selbst entzweiten sich unter einander, indem ein Theil einfach an dem Wortlaut des Augsburgischen Bekenntnisses festhielt, ein anderer gewisse Dogmen genauer gefaßt haben wollte; und obgleich die Differenzen nach dem Urtheil aller Verständigen durchaus nicht so bedeutend waren, daß es hätte zum Bruche und gleichsam zu einem Bürgerkriege kommen müssen, so nahm doch durch die Maßlosigkeit der Prediger und durch die Hetzerei der Katholiken, welchen die Spaltung der Gegner sehr willkommen war, die gegenseitige Erbitterung immer mehr zu.[1]) Da nun der Religionsfrieden diejenigen nicht mit umfaßte, welche weder dem Katholicismus noch der Augsburgischen Confession anhingen, so bemühten sich die Katholiken mit vieler Schlauheit es durchzusetzen, daß die Reformirten nicht als Anhänger des Augsburgischen Bekenntnisses betrachtet würden. Wenn nun auch die Reformirten wiederholt erklärten, wegen derartiger geringer Meinungsverschiedenheiten könnten sie nicht vom Religionsfrieden ausgeschlossen werden, so bewirkte doch der Eifer der Pfaffen, daß jede der beiden evangelischen Parteien eine eigene Politik zu verfolgen begann und den gemeinsamen Interessen weniger Rechnung trug. Ja, es kam vor, daß, wenn die eine Partei von den Katholiken angegriffen wurde, die andere ihren Untergang ruhig mit ansah, ja wohl gar gegen sie auftrat.[2])

Zu diesen Mißhelligkeiten kamen später noch andere hinzu, und zuletzt entzündete sich in Böhmen die Kriegsflamme, welche bald ganz Deutschland ergriff. In diesem Kriege war anfangs das Glück dem Kaiser günstiger, als er selbst hatte hoffen können, und als er schon einen großen Theil Deutschlands mit Waffengewalt unterworfen hatte, erließ er im Jahre 1629 ein Edikt, die Restitution der geistlichen Güter betreffend, welche nach dem Passauer Vertrage von den Evangelischen in Besitz genommen waren. Man beabsichtigte durch dies Edikt die geistlichen und die anderen katholischen Stände zu gewinnen, und ihnen vorzuspiegeln, der Krieg werde zur Aufrechterhaltung der Religion, nicht etwa zur Unterdrückung der ständischen Rechte geführt. Hatte der Kaiser einmal mit Hülfe, oder wenigstens ohne Widerstand der Katholiken die Protestanten besiegt, so war es ihm ein leichtes auch die übrigen Stände völlig niederzuwerfen. Nun ist es aber bekannt, wie der Erfolg diesen

---

[1]) Vgl. über die eingetretene Spaltung unter den Protestanten die schöne Darstellung Rankes in dem Capitel: Theologische Entzweiung. Zur deutschen Geschichte S. 52 ff.
[2]) Noch im 17. Jahrh. war dieser Gegensatz zwischen Lutheranern u. Calvinisten so stark, daß Leibniz daraus Capital zu machen suchte und in seinem perfiden Consilium de castigando per Saxonem Brandenburgico (Klopp Werke Leibniz' Bd. II.) ausdrücklich diesen Gegensatz als ein Motiv für Sachsen Brandenburg anzugreifen betonte.

Plan vereitelt hat. Im Osnabrückischen Frieden wurden schließlich durch den Artikel V. die Religionssachen weitläufig geordnet, indem der Passauer Vertrag und der Religionsfriede bestätigt und ausdrücklich auch auf die Reformirten oder sogenannten Calvinisten[1]) ausgedehnt wurden. Man bestimmte weiter, daß alles in geistlichen, und soweit sie von diesen beeinflußt würden, auch in weltlichen Dingen, auf den Stand zurückgeführt werden sollte, in welchem es am 1. Januar 1624 gewesen wäre; daß daher die damals von den Katholiken inne gehabten, seitdem aber von den Protestanten occupirten, Güter jenen zurückgegeben werden sollten, und umgekehrt. Nicht reichsunmittelbares Kirchengut, welches die Protestanten damals gehabt hätten, sollten sie auf ewige Zeit behalten. Das Recht, die Religion zu ändern, das vorher die Stände frei hatten ausüben dürfen, wurde jetzt so beschränkt, daß die protestantischen Unterthanen katholischer Stände, welche im Jahre 1624 das Recht freier Religionsübung gehabt hätten, dasselbe behalten, die seitdem darin gestörten aber in ihre Rechte wieder eingesetzt werden sollten; denen aber, welche dies Recht damals nicht gehabt hätten, sollte die Gewissensfreiheit zwar gewahrt werden, ihren Cultus aber sollten sie nur innerhalb ihrer Privatwohnungen oder in Nachbarorten ausüben dürfen. Würden sie aber vom Landesherrn zur Auswanderung gezwungen, so sollten sie ihre Güter verkaufen oder durch Diener verwalten lassen dürfen. Auch der Kaiser machte zu Gunsten seiner protestantischen Unterthanen auf Bitten der protestantischen Fürsten einige Zugeständnisse. Außerdem wurde bestimmt, daß, wenn in Zukunft ein Fürst seinen Glauben wechseln wolle, er Priester seiner Confession an seinem Hofe halten könne, aber seine Unterthanen nicht zum Religionswechsel zwingen dürfe, sondern sie in der ihrigen belassen solle, wobei es den Unterthanen natürlich unbenommen bleiben würde, zum Glauben des Landesfürsten überzutreten. Die Religionsfreiheit sollte in Zukunft als eine vertragsmäßig durch Uebereinkunft gleichberechtigter Paciscenten verbürgte gelten, wobei der Kaiser als zu einer der contrahirenden Parteien gehörig anzusehen wäre, so daß weder ihm noch den anderen Ständen eine Aenderung des Vertrages durch Majoritätsbeschluß zustehen sollte.

Es ergiebt sich aus dem gesagten, daß die Lage der protestantischen Stände jetzt günstiger ist, als die der katholischen. Denn jene hängen vom Papst ab, diese dagegen haben selbst die oberste kirchliche Gewalt in ihren Ländern: wenn es überhaupt mit den Vorschriften der christlichen Religion vereinbar ist, daß geistliche Angelegenheiten von der weltlichen Herrschaft abhängen. Jedenfalls wurde durch diesen Frieden die geistliche Macht offenbar bedeutend beschränkt.[2]) (Capit. Leop. Art. 1. 19.)

§. 13. Die legislative Gewalt.

Wir gehen zur gesetzgebenden Gewalt über. Wem diese Gewalt zusteht, das wird sich leicht aus einer Untersuchung über das in Deutschland geltende Recht und seine Abstammung ergeben. Wir folgen dabei Hermann Conrings gelehrter Abhandlung „Ueber den Ursprung des deutschen Rechts."

---

[1]) Die drei Worte „oder sogenannten Calvinisten" fehlen in der Ed. posth.
[2]) In der Ed. posth., in welcher P. die katholische Maske ablegte, sind die Worte „wenn es überhaupt — beschränkt" natürlich weggelassen.

Conring ist besonders bemüht, die Ansicht zurückzuweisen, daß von Lothar dem Sachsen um 1130 das römische Recht in Lehre und Praxis eingeführt sei. Er beweist, daß bis zum dreizehnten Jahrhundert die deutschen Gerichtshöfe nicht nach geschriebenen Gesetzen, sondern nach hergebrachter Gewohnheit oder richterlichem Ermessen Recht gesprochen haben, und daß die damaligen Richter keine gelehrte Bildung besessen haben, sondern aus der Zahl der alterfahrenen, klugen und gerechten Volksgenossen genommen wurden, wie ja damals überhaupt noch die Mehrzahl der Laien des Lesens oder Schreibens nicht mächtig war. Im 13. Jahrhundert fand dann allmählich das kanonische Recht in Deutschland Eingang, und man entschied danach nicht nur geistliche Sachen, sondern entnahm daraus auch die Normen für den Civilproceß, obgleich viele treu an den alten Gebräuchen festhielten. Um dieselbe Zeit wurden auch die alten Rechtsgewohnheiten schriftlich aufgezeichnet. Zu den wichtigsten dieser Aufzeichnungen gehören das Lübische und das Magdeburgische Recht (Weichbild genannt), sodann der Sachsen- und Schwabenspiegel und das sächsische und schwäbische Lehnrecht; Rechtsbücher, die im 13. und 14. Jahrhundert in Gebrauch waren. Im 15. Jahrhundert erst kamen das römische Recht und das lombardische Lehnsrecht auf; römische Rechtsgelehrte wurden an die Fürstenhöfe gezogen, welche sich um die Verbreitung des römischen Rechts bemühten. Zugleich begann man dasselbe auch an den Universitäten zu lehren, welche nach dem Vorbilde unserer italiänischen Hochschulen eingerichtet wurden, die besucht zu haben in Deutschland als Auszeichnung galt. Als dann die Lehrer des römischen Rechts auch in die Gerichtshöfe berufen wurden, wurde auch dort dieses Recht recipirt, und Maximilian I. bestimmte 1495, daß im Kammergericht römisches Recht gelten solle, vorbehaltlich der hergebrachten Gewohnheiten und der Particularrechte einzelner Orte. Es ist also das heutige deutsche Recht eine Mischung aus römischem und kanonischem Rechte, alten Rechtsgewohnheiten und den Local- und Particularstatuten einzelner Länder, die unter sich sehr verschieden sein können. Das Landes- oder Stadtrecht gilt in allen Gerichtshöfen zuerst, erst wenn dies nicht ausreicht, wird auf das römische Recht, so weit es recipirt ist, zurückgegangen. Die Stände haben aber das Recht in Civilsachen für ihre Länder Gesetze zu geben, auch solche, die vom gemeinen Recht abweichen, und sie können, ohne Mitwirkung des Kaisers, auch sonst ihnen zweckmäßig scheinende Statuten erlassen, nur dürfen diese der Reichsverfassung nicht zuwiderlaufen. Freilich pflegen die Landesgesetze vom Kaiser bestätigt zu werden. Aber selbst in Kriminalsachen können die Landesfürsten Gesetze erlassen, denn die Karolina hat nicht allgemeine Gültigkeit. Endlich haben die Stände das Begnadigungsrecht. Neue Gesetze für das ganze Reich aber können nur durch Reichstagsbeschluß mit Zustimmung der Stände erlassen werden, und sie binden den Kaiser ebenso, wie die Einzelstaaten. (Cap. Leop. Art. 2.)

§. 14. Die Gerichtsverfassung.

Die Verhältnisse der deutschen Gerichtshöfe haben sich gleichfalls mit der Zeit umgebildet. Auch über sie giebt es eine vortreffliche Abhandlung von Conring (de germanici imperii judiciis), der ich durchweg folge.

Unter Karl dem Großen wurden Rechtsstreitigkeiten der königlichen

Familien unter sich oder mit anderen in der Versammlung der Großen und des Volkes entschieden, ebenso auch die wichtigeren Processe der Großen unter einander. Unbedeutendere Rechtshändel derselben gingen vor den König oder seine Missi (die wir heute Commissäre oder Revisoren oder außerordentliche Delegirte nennen würden). Für alle übrigen Prozesse waren in den einzelnen Gauen oder Kreisen Grafen oder Richter vom König ernannt, denen Schöffen oder Beisitzer aus dem Adel oder den angesehenen Gaugenossen zur Seite standen, und die über Criminal- und Civilsachen entschieden. Sie hatten wegen der Größe ihrer Bezirke in den einzelnen Ortschaften Stellvertreter, sogenannte Schultheißen, von denen an die Grafen appellirt werden konnte. Außerdem konnten die geistlichen Gerichte schlechten Lebenswandel mit kirchlichen Bußen strafen. Ueber Geistliche und Mönche hatten die Bischöfe, über Bischöfe der Metropolitan oder die Synode die Gerichtsbarkeit, wogegen man allmählich anfing, an den römischen Stuhl zu appelliren. Auch Processe von Laien kamen bisweilen vor die Bischöfe, die anfangs, wie es scheint, gleichsam als Schiedsrichter angesehen wurden, ihrer Frömmigkeit und Lauterkeit halber. Ueber die geistlichen Güter dagegen hatten nicht die Bischöfe, sondern ihre Vögte oder Vitzthümer (vicedomini), die von den Königen ernannt wurden, die Jurisdiction, sodaß die Geistlichkeit in persönlichen Sachen dem geistlichen, in dinglichen dem weltlichen Gerichte unterstand. Von allen diesen Gerichten konnte an die königlichen Missi, welche zu bestimmten Zeiten die Provinzen bereisten, oder an den König selbst appellirt werden. In letzterem Falle erkannte der König, oder für ihn der Pfalzgraf, der übrigens die am Hofe selbst entstandenen Rechtshändel entschied. Doch war die Appellation nicht leicht, wenn nicht die Grafen oder Missi den Rechtsbeistand überhaupt verweigert hatten.

Das ganze Proceßverfahren war kurz und einfach und auf wenige Termine beschränkt, so daß an der ganzen Gerichtsordnung nichts zu tadeln ist, als die Appellation der Geistlichen an den Papst, der zwar der heiligste Vater ist,[1] aber doch außerhalb des deutschen Reiches steht.[2]

§. 15. Fortsetzung.

Dies Verfahren hat sich nun im Laufe der Zeit vielfach verändert. Die königlichen Processe gehen seit der goldenen Bulle vor das Gericht der Kurfürsten,[3] doch haben auch die Päpste sich die Befugniß angemaßt, die Kaiser zu excommuniciren und ihre Unterthanen des Gehorsams zu entbinden, ja, sie betrachteten sogar den Kaiser als ihren Vasallen und das Reich als ihr Lehen.

In Betreff der Processe fürstlicher Personen blieb es beim alten Herkommen, sie waren nur der Gerichtsbarkeit des Kaisers unterworfen; aber die Processe wurden nach einem einfachen Verfahren, meist nach richterlichem Ermessen und Billigkeitsrücksichten, auf den Fürstentagen ent-

---

[1] Diese Worte „der zwar — ist" fehlen in Ed. posth.
[2] Ich beziehe mich auch für diesen Paragraph auf meine Anmerkung S. 28.
[3] Ueber den Grundgedanken der goldenen Bulle, in Betreff der Stellung der Kurfürsten, von dem diese Bestimmung nur eine Consequenz ist, vgl. Droysen Gesch. der preuß. Politik. 2. Aufl. I, 120.

schieden. Wenn im vorigen Jahrhundert die Kaiser für sich allein das Recht in Anspruch genommen haben, über Leben und Lehen der Fürsten zu richten,[1]) so haben doch die muthigeren unter den Fürsten dagegen immer Einspruch erhoben. Auch zeigt der ganze Bau der Reichsverfassung hinlänglich, selbst wenn andere Beweise fehlen sollten, daß der willkürlichen Entscheidung des Kaisers nicht Sachen von solcher Wichtigkeit anheimgestellt sein können.[2]) Deßhalb ist es eine leere Schmeichelei für den Kaiser, wenn man das sogenannte deutsche Fürstenrecht für eine Fiction erklärt.

Uebrigens ist es später Sitte geworden, daß die meisten Fürstenfamilien, und nach ihrem Vorbilde auch viele freie Städte, Schiedsgerichte, sogenannte Austräge, eingesetzt haben, was in den letzten Jahren Friedrichs II. und während des großen Interregnums aufgekommen ist.[3]) Oft haben auch diejenigen Fürsten, welche mehr Zutrauen zu ihrer Macht als zu ihrem Recht hatten, mit den Waffen ihre Streitigkeiten ausgetragen. In neuerer Zeit ist es endlich Sitte geworden, daß der Kaiser und die Fürsten selbst sich nicht mehr mit der Untersuchung von Processen abgeben, sondern dieselben ihren rechtskundigen Beamten überweisen. Denn dahin mußte es kommen, seit einmal an die Stelle der einfachen Rechtsgewohnheiten der Vorfahren das verwickelte kanonische und römische Recht getreten war, mit dem sich bekannt zu machen in der That eine harte Strafe für die Fürsten gewesen wäre.

§. 16. Fortsetzung. Gerichtsstand der Geistlichen.

In Betreff der Geistlichen traf man die Aenderung, die Processe gegen die Personen der Bischöfe ganz nach Rom zu ziehen unter Aufhebung der Gerichtsbarkeit der Erzbischöfe und der Synoden. Von[4]) weltlicher Gerichtsbarkeit sind daher die Geistlichen für ihre Person gänzlich eximirt. Wenigstens gilt das bei den Katholiken, während die Protestanten diesen besonderen Gerichtsstand der Geistlichkeit aufgehoben haben. Doch haben Karl V. und andere Kaiser ohne Einwilligung und sogar gegen den Willen des Papstes auch in geistlichen Sachen Verfügungen getroffen und Hand an die Personen der Cleriker gelegt.

Weiter haben zur Zeit Friedrichs II. und später viele Geistlichen den Einfluß ihrer Vögte ganz beseitigt und die freie Verwaltung ihrer Güter an sich genommen. Doch stehen die geistlichen Fürsten rücksichtlich ihrer Lehen und Regalien unter dem Reich, so daß sie also gestraft werden können, wenn sie sich gegen den Landfrieden und andere Reichsgesetze schwer vergangen haben.

Die Mönche standen für ihre Person zur Zeit Karls des Großen unter der Gerichtsbarkeit der Bischöfe. Später wurden einige alte Klöster von dieser eximirt und dem Papste unmittelbar unterworfen. Die neuen

---

[1]) Dahin gehört z. B. die Achtserklärung Johann Friedrich, Kurfürsten zu Sachsen, und Phylippes, Landgrafen von Hessen vom 20. Juli 1546. Vgl. darüber Ranke, Deutsche Geschichte im Zeitalter der Reformation 4. Aufl. IV, 310.
[2]) Die Ed. posth. fügt hinzu: Mindestens ist die Hinzuziehung der Kurfürsten erforderlich.
[3]) Vgl. über die Austräge unten § 19.
[4]) Dieser Satz fehlt in der Ed. posth.

Orden, welche im 13. Jahrhundert und später errichtet sind, sind ihren Provincialen und Generalen unterstellt und anerkennen nur den Papst als ihren obersten Richter.¹) Die Verwaltung ihrer Güter stand meist unter Vögten, von denen sich im Laufe der Zeit einige Klöster freigemacht haben, während die meisten ihre alte Verfassung beibehalten haben. Einige sind auch von öffentlichen Lasten befreit.

§. 17. Fortsetzung. Gerichtsstand der Unterthanen.

Processe der unteren Stände²) wurden schon zur Zeit Karls des Großen wie erwähnt, entweder vor den Bischöfen, deren Gerichtsbarkeit sich mit der Zeit ausdehnte, oder vor den weltlichen Richtern entschieden. Die erste Instanz bildete das Gericht der Schöffen, welche in den Gauen und Ortschaften eingesetzt waren. Von diesen ging man an die Grafen, deren Befugnisse mit der Zeit vielfach an die Herzoge oder Bischöfe übergingen. Von den Grafen konnte an die königlichen Missi, und in letzter Instanz an den König selbst appellirt werden, an dessen Hofe die Processe endgültig entschieden wurden. Als aber im 15. Jahrhundert durch die Weitschweifigkeiten des Processverfahrens und die Kniffe der Sachwalter die Appellationen anfingen häufiger zu werden, berieth man, um sie schneller erledigen zu können, über die Einsetzung eines stehenden höchsten Reichsgerichts, das endlich zu Speyer seinen festen Sitz nahm. Der eigentliche Grund seiner Einrichtung war also nicht, daß der kaiserliche Hof meist ohne feste Residenz im Reiche umherzog, sondern die Erwägung, daß die Last der Geschäfte so am leichtesten bewältigt werden konnte.

§. 18. Fortsetzung und Zusammenfassung.

Heutzutage ist nun die Ordnung der Gerichte in Deutschland die folgende. Streitigkeiten zwischen Privaten kommen in erster Instanz vor den Richter der Stadt oder des Dorfes, in welchem der Beklagte wohnt, wenn dieser nicht durch ein Privileg davon eximirt ist. Weiter besteht dann, so viel mir bekannt ist, in allen Fürstenthümern ein hoher Gerichtshof für das ganze Land, Hof- oder Landgericht genannt, an welchen appellirt wird, während in den meisten Städten nur eine Instanz vorhanden ist.³) Die gemeinsamen Gerichtshöfe für das ganze Reich sind das Kammergericht zu Speyer und der kaiserliche Reichs-Hofrath. Doch haben einige Reichsstände das Privileg, daß ihre Unterthanen nicht an jene Gerichte appelliren können. Dahin gehören alle Kurfürsten, auch die geistlichen, bei denen man nur bezweifeln kann, daß sie von diesem Privileg Gebrauch machen, nicht daß sie es besitzen. Dasselbe Recht haben das Haus Oesterreich und

---

¹) Die späteren Ausgaben, auch Ed. posth., fügen hinzu: was, wie es scheint, den Zweck hat, die bischöfliche Macht zu verringern.

²) P. braucht hier den Ausdruck plebeji. Thomasius will darunter nicht die der Patrimonialgerichtsbarkeit unterworfenen Bauern, sondern die Bürger der Städte und den landsässigen Adel verstanden wissen. Doch sehe ich nicht, was hinderte, auch die Bauern mitzuverstehen.

³) Doch hatten viele größere Städte schon damals ein Ober- und Unter- oder Niedergericht.

der König von Schweden für seine deutschen Lande (Westfäl. Frieden, Cap. 10 §. 12), für welche ein höchstes Gericht in Wismar besteht, das über die sonst[1]) nach Speyer oder an den Hofrath gehenden Appellationen entscheidet[2]) (Capitulation Leopolds, Cap. 27. 28). Für alle Stände dagegen besteht die Bestimmung, daß von ihren Gerichten an die Reichstribunale nur appellirt werden darf, wenn der Werth des Prozesses eine bestimmte, hier größere, dort kleinere Summe übersteigt[3]). Die Kriminalgerichtsbarkeit endlich üben nicht nur alle Reichsstände, sondern auch viele Landstädte und Adligen aus.

§. 19. Fortsetzung. Austräge.

Die Streitigkeiten der Stände unter einander entscheiden in erster Instanz die Schiedsrichter in den Austrägalgerichten. Diese sind theils durch Verträge der Stände unter einander eingesetzt, theils bestehen sie kraft gemeinsamer staatsrechtlicher Bestimmungen. Ihr erster Ursprung ist dunkel, aber man wird kaum irren, wenn man sie, wie schon erwähnt, auf die Zeit Friedrichs II. und des großen Interregnums zurückführt. Die Austrägalgerichte verdanken also nicht, wie einige wollen, Maximilian I. ihre Einsetzung, wenn auch dieser in der Wormser Kammergerichtsordnung von 1495 das Verfahren neu geregelt hat. Unter den verschiedenen dort aufgezählten Arten von Austrägen, kommen zwei am häufigsten vor: entweder nämlich schlägt der Beklagte drei Fürsten oder Stände vor, von denen der Kläger einen mit dem Schiedsspruch betraut, oder der Kaiser ernennt einen oder mehrere Commissäre. Doch kommen gewisse Arten von Processen — das Nähere darüber steht in allen Handbüchern — gar nicht vor die Austrägalgerichte, sondern gehen direct an's Kammergericht oder an den Hofrath.

Unpraktisch bei der Institution der Austräge ist, daß gegen sie die Berufung ans Kammergericht oder den Hofrath verstattet ist; deshalb kommen auch nur wenige Sachen bei ihnen zur endgiltigen Entscheidung. Auch sind sie kostspielig, da viel Geld auf die Bestechung der Commissäre der zu Schiedsrichtern ernannten Fürsten verwandt werden muß. Dazu kommt noch, daß für die Austräge eine Frist von sechs Monaten oder einem Jahre bestimmt ist, während es doch ein Wunder wäre, wenn in Deutschland ein wichtigerer Proceß in so kurzer Zeit entschieden würde.

§. 20. Fortsetzung. Das Kammergericht.

Das höchste Tribunal in Deutschland ist also das Kammergericht in Speyer, das unter Zustimmung der Stände 1495 von Maximilian I. er-

---

[1]) Die Ed. posth. schiebt ein: „an die früheren Herren oder"
[2]) Auch andere Stände hatten dies sogenannte Privilegium de non evocando, so z. B. schon seit 1363 (Droysen, Preuß. Pol. I., 127) der Burggraf von Nürnberg.
[3]) Das ist nicht ganz richtig. Schon die Kammergerichtsordnung hat die allgemeine Bestimmung, daß in Processen unter 50 Gulden (diese Summe ist später erhöht) das Kammergericht nicht einschreiten soll. Dagegen ist für viele Stände durch besondere Privilegien diese Summe noch erhöht und hier allerdings in verschiedenem Maße.

richtet worden ist. Es erläßt seine Decrete und Urtheile im Namen des Kaisers, allein nichtsdestoweniger steht es nicht unter dem Kaiser allein, sondern unter allen Ständen, und man muß anerkennen, daß es in ihrer aller Namen Recht spricht. Den Vorsitzenden des Kammergerichts ernennt der Kaiser, er muß fürstlichen oder wenigstens gräflichen oder freiherrlichen Standes sein. Der westfälische Frieden bestimmt, daß außer diesem ersten Präsidenten, dem sogenannten Kammerrichter, vier vom Kaiser ernannte Vicepräsidenten[1]) und 50 Beisitzer, 26 Katholiken[2]) und 24 Protestanten, das Kammergericht bilden sollen. So soll der Klage vorgebeugt werden, daß eine Majorität katholischer Beisitzer die Interessen der Protestanten schädige. Heute ist aber nicht einmal die Hälfte dieser Stellen besetzt, da die meisten Fürsten mit der Ernennung der Richter und der Zahlung der Gehälter sehr saumselig sind[3]), weil ihnen die gebieterischen Entscheidungen dieses Gerichtshofes, wenn dieselben auch meist nur leere Worte bleiben, doch unbequem sind.

Wer sich genauer über die Verfassung dieses Tribunals unterrichten will, der mag die Kammergerichtsordnung einsehen, welche unter die Reichstagsabschiede aufgenommen ist. Man sagt gewöhnlich, die Processe kämen in Speyer zum Vortrag, aber nicht zum Austrag[4]), theils wegen des weitläufigen Processverfahrens, theils wegen der Menge der Processe und der geringen Zahl von Richtern, besonders aber deshalb, weil es an der Macht fehlt, gefällte Erkenntnisse zu vollstrecken. Wer daher die hinlängliche Macht hat, kümmert sich nicht zum mindesten an die Decrete von Speyer. Und die Herren in Speyer sind klug genug, um die wenige Autorität, die sie haben, nicht auch noch muthwillig auf's Spiel zu setzen, sie hüten sich deshalb, einen Spruch zu thun, der einen mächtigeren Reichsstand beeinträchtigen könnte. Hier wie in anderen Gerichtshöfen bleiben also nur die kleinen Fliegen im Netze hangen.

Zur Hebung der Gebrechen des Kammergerichts sind im Reichsabschied von 1654 eine Menge von Beschlüssen gefaßt worden[5]). Gegen Entscheidungen des Kammergerichts giebt es übrigens keine Appellation; aber wenn Jemand sich beschwert glaubt, kann er eine Revision des Processes verlangen, worauf die Sache einen langen Schlaf zu schlafen pflegt.

§. 21. Fortsetzung. Der Reichshofrath.

Daneben besteht am kaiserlichen Hoflager ein Gerichtshof, der sich gleiche Befugnisse, wie das Kammergericht, zuschreibt, so daß weder von Wien nach Speyer, noch umgekehrt appellirt werden kann. Die Verfassung dieses Hofgerichts ist von Kaiser Ferdinand I. 1549 gegeben, von Maximilian II. erweitert und von Mathias 1614 ganz erneuert, bis schließlich auf dem Regensburger Reichstage von 1654 noch einige Bestimmungen

---

[1]) Davon müssen zwei Protestanten sein.
[2]) 26 Katholiken, weil der Kaiser zwei ernennt.
[3]) 1663 reichte das Kammergericht beim Reichstage eine Vorstellung ein, „die Ersetzung der noch vacirenden Cameral-Stellen, wie auch den bedürftigen Unterhalt" betreffend. Kulpis II., 125.
[4]) Pufendorf braucht hier das Wortspiel spirare sed non expirare, das sich im Deutschen so nicht wiedergeben läßt.
[5]) Vgl. Kulpis II., 125 ff., der einige Actenstücke mittheilt.

hinzugekommen sind (Capitulation Leopolds 41—43, Westfäl. Friede V., 20). Dieser Gerichtshof steht bis jetzt allein unter dem Kaiser, nur daß der Kurfürst von Mainz als Reichserzkanzler das Recht der Revision in Anspruch nimmt. Der Grund für die Errichtung dieses Tribunals[1]) liegt auf der Hand. Es war nur natürlich, daß Oesterreich es ungern sah, daß in Speyer über Appellationen und wichtige Rechtshändel erkannt wurde, ohne daß der kaiserliche Hof die Entscheidung beeinflussen konnte. Zeigt sich doch darin grade am meisten der Glanz der Majestät, daß zum Hofe des Fürsten diejenigen ihre Zuflucht nehmen, welche sich in ihren Rechten beschwert fühlen — und wird doch der, welcher die Orakelsprüche der Themis zu deuten hat, die Göttin leicht bewegen, nichts zu antworten, was gegen seine Interessen ist. Das Kammergericht zu Speyer, abhängig vom ganzen Reiche, wie es war, stand dem kaiserlichen Hofe fern, und am Rhein kümmerte man sich wenig darum, wohin die Strömung an der Donau ging. Jetzt konnten bei verändertem Charakter des Rechts Streitigkeiten zwischen den Ständen nicht mehr so leicht wie früher auf den Reichstagen erledigt werden; und der Kaiser sah ein, daß wenn er allein über dieselben zu befinden hätte, und wenn an ihn auch die Appellationen von Privatpersonen gingen, er[2]) eine feste Grundlage gewonnen hätte, um das Gebäude einer königlichen Macht über die Stände darauf zu gründen. An plausiblen Vorwänden für die Errichtung dieses Tribunals fehlte es ja nicht. Wozu hatte der Kaiser in der Wahlcapitulation versprochen, Aller Rechte zu wahren, wenn Alle ihn übergehend sich nach Speyer wandten? Dazu kam noch, daß der Hofrath sich an das so lange Proceßverfahren nicht gebunden hielt, so daß es klar war, daß, wer in Wien begünstigt wurde, seinen Proceß bald beendigt sehen würde. Denn in Speyer konnte man Weitschweifigkeiten nicht umgehen, auch wenn man gewollt hätte.

Richtig aber wird man den ganzen Charakter jenes Tribunals erst würdigen, wenn man bedenkt, daß es daneben am kaiserlichen Hofe noch einen geheimen Rath giebt, in welchem die wichtigsten Reichsangelegenheiten behandelt zu werden pflegen. Die vorkommenden Processe werden nun zuerst im Hofgericht berathen, und wo ein politisches Interesse mitzuspielen scheint, wendet man sich an den Kaiser mit der Frage, was ihm gut scheine. Dann wird die Sache wieder im geheimen Rathe vorgebracht, wo nicht rechtliche, sondern politische Gründe maßgebend sind, und wo man fragt, ob es dem Kaiser[3]) angenehm sei, wenn für die eine oder die andere Partei ein Spruch gefällt wird, und ob er leicht vollzogen werden kann. Entstehen Bedenken über diese Frage, so wird die Verkündigung des Urtheils vertagt. Ja[4]) man erzählt sogar, was ich kaum glauben

---

[1]) Ed. posth. fügt hinzu: „oder seine Ernennung und feierliche Einsetzung." Durch diesen Zusatz wehrt P. den ihm gemachten Vorwurf ab, er habe nicht gewußt, daß es schon vor Ferdinand I. einen kaiserlichen Hofrath gegeben hat.
[2]) Die folgenden Worte bis zum Schluß des Satzes sind in der Ed. posth. so abgeschwächt: er die Stände in die Nothwendigkeit versetzen würde, seine Majestät anzuerkennen.
[3]) Ed. posth. fügt aus hier unangebrachter Rücksicht gegen Oesterreich hinzu: „oder dem Reiche." Der Nutzen des Reiches ist im Hofrath wohl am wenigsten erwogen.
[4]) Alles Folgende bis zum Schluß des Paragraphen ist in der Ed. posth. weggelassen. Freilich konnte man denselben Vorwurf auch dem Kammergericht machen.

mag, daß die Räthe jenes Gerichtshofes es nicht sehr übel nehmen, wenn die Parteien durch Bestechung ihre Gunst zu gewinnen suchen. Freilich wäre es gerathen, um einem derartigen Verdachte vorzubeugen, wenn man Schamgefühl genug besäße, es den Parteien gegenüber als ein Geheimniß zu behandeln, wer im Plenum der Referent über ihren Proceß ist.

§. 22. Fortsetzung. **Vollstreckung der Urtheile.**

Die Vollstreckung der von den höchsten Gerichten gefällten Urtheilssprüche geschieht in folgender Weise. Zuerst wird dem Verurtheilten unter Androhung einer Strafe von so und so viel Mark reinen Goldes, die theils dem Fiscus, theils der obsiegenden Partei anheim fallen, aufgegeben, sich dem Spruche zu fügen. Macht er Schwierigkeiten, so wird die Strafe auferlegt; fährt er auch dann fort, die Drohung nicht zu beachten, so wird er in die Acht gethan und mit Waffengewalt zum Gehorsam gezwungen. Ist der Verurtheilte Unterthan eines Reichsstandes, so beauftragt man letzteren mit der Vollstreckung des Urtheils; ist er aber selbst reichsunmittelbar, so wird der Kreisoberste oder einer oder der andere von den Ständen des Kreises, dem er angehört, mit der Urtheilsvollstreckung betraut. Wenn ein Kreis zu schwach ist, um den Verurtheilten zu bezwingen, so werden zwei oder drei beauftragt. Im Allgemeinen aber sind derartige Executionen selten, und es ist für Deutschlands Wohl, wie für die ständische Libertät vortheilhafter, wenn Streitigkeiten von großer Bedeutung durch Schiedsrichter beigelegt werden.

§. 23 **Die Reichstage.**

In Sachen endlich, welche das ganze Reich betreffen, darf der Kaiser nicht allein entscheiden, sondern die Angelegenheit muß auf dem Reichstage, d. h. der Versammlung aller Stände, vorgetragen und dort entschieden werden (Capitulation Leopolds 39, zu Ende). Da dieser Punkt von den deutschen Schriftstellern ziemlich eingehend behandelt zu werden pflegt, so kann ich mich auf das Hauptsächlichste beschränken. Die Berufung des Reichstages steht zwar allein dem Kaiser zu, doch hat er darüber, sowie über Ort und Zeit des Zusammentretens durch Schreiben oder Gesandte die Zustimmung der Kurfürsten einzuholen (Capitulation Leopolds 27). Auch können die Kurfürsten den Kaiser zur Berufung auffordern, wenn der Nutzen des Reiches es zu erfordern scheint. Weil aber die Reichstage mit vielen Kosten für die Stände verbunden sind, so bestimmt der angeführte Artikel der Capitulation Leopolds ausdrücklich, daß der Kaiser nicht durch allzuhäufige unnöthige Reichstage die Stände beschweren solle. Während des Interregnums berufen die Reichsvicare, während einer Abwesenheit des Kaisers der römische König, wenn einer vorhanden ist, den Reichstag. Die Berufung geschieht aber nicht durch einen öffentlichen, allgemeinen Erlaß, sondern durch Schreiben oder gedruckte Briefe an die einzelnen Stände, in Ausdrücken, die mehr eine höfliche Einladung, als eine gebieterische Aufforderung enthalten. Die Berufung geht dem Zusammentritt des Reichstages um sechs Monate voran, damit die Stände über die vorzubringenden Angelegenheiten sich berathen können.

§. 24. Fortsetzung. Periodicität, Dauer, Ort der Reichstage.

In alten Zeiten wurde wahrscheinlich alljährlich ein Reichstag abgehalten, der aber nicht länger als einen Monat tagte. Heute ist über die Periodicität des Reichstages und seine Dauer keine feste Bestimmung vorhanden, sondern darüber wird nach den Bedürfnissen des Reiches bestimmt, oder [1]) sollte es wenigstens werden. Manche glauben, es liege im Interesse der ständischen Libertät, wenn in bestimmten Zeiten, z. B. alle drei Jahre, der Reichstag zusammentreten müßte,[2]) wobei es freilich nothwendig wäre, den langsamen Geschäftsgang zu beschleunigen und die übermäßige Höhe der Kosten zu ermäßigen. Viele sind wieder der Ansicht, beides, die Langsamkeit der Verhandlungen, wie die Höhe der Kosten, sei dem Kaiser erwünscht, denn die Stände würden dadurch den Reichstagen abgeneigt, die man sonst als den wirksamsten Schutz der ständischen Libertät betrachtet.[3])

Was den Sitz des Reichstages betrifft, so ist zwar in der goldenen Bulle bestimmt, daß der erste Reichstag in Nürnberg abgehalten werden solle,[4]) man bindet sich aber jetzt nicht mehr daran. In den Capitulationen wird gewöhnlich nur gesagt, daß ein passend gelegener Ort innerhalb des Reiches, unter Zustimmung der Kurfürsten, ausgewählt werden solle. Aus leicht einzusehenden Gründen wählt man seit langer Zeit eine freie Reichsstadt; würde der Kaiser aber z. B. Wien bestimmen, so glaube ich nicht, daß viele Fürsten erscheinen würden.

§. 25. Fortsetzung. Berufung zum Reichstage. Zwang zu erscheinen.

Zum Reichstage werden alle Reichsstände berufen, von den geistlichen auch die, welche noch nicht vom Papste bestätigt sind und das Pallium noch nicht erhalten haben. Bei Vacanz eines Stuhles wird das Capitel berufen. Die Bisthümer, deren Inhaber zum augsburgischen Bekenntniß übergetreten waren, wurden früher weder berufen noch zugelassen, haben aber seit dem Osnabrücker Frieden wieder ihren eigenen Sitz erlangt.[5]) Für minorenne weltliche Fürsten werden ihre Vormünder einberufen. Majorenne sollen eigentlich schon vor der erbetenen und erhaltenen Belehnung berufen und zugelassen werden, wenngleich dies Recht auf dem Regensburger Reichstage von 1608 dem Herzog Johann Friedrich von Württemberg bestritten

---

[1]) Die folgenden Worte bis zum Schlusse des Absatzes fehlen in der Ed. posth.

[2]) Zu einer solchen Bestimmung ist es bekanntlich nicht gekommen. Sie war auch um so weniger nöthig, als bekanntlich der 1662 oder eigentlich erst 1663 zusammengetretene Regensburger Reichstag erst 1806 wieder geschlossen ist.

[3]) Dem Verdacht, der Kaiser wünsche Reichstage möglichst zu vermeiden, ist auch von den Fürsten oft Ausdruck gegeben. Vgl. Droysen, Preuß. Politik III., 3, 40.

[4]) Die Ed. posth. fügt hinzu, „wenn nicht gesetzmäßige Hindernisse eintreten", und läßt dafür die Worte „man bindet — daran" weg.

[5]) Ed. posth. fügt hinzu: „den jetzt nur der Bischof von Lübeck einnimmt."

ist.¹) Gilt in einem Fürstenhaus die Primogenitur, so wird nur der Erstgeborene berufen; ist eine Theilung des Landes Rechtens, so werden alle diejenigen berufen, welche für ihren Theil eine eigene Belehnung empfangen haben. Beherrschen mehrere Brüder ein Gebiet ungetheilt, so werden alle berufen, haben aber zusammen nur eine Stimme.

Die Berufenen müssen auf dem Reichstage in Person erscheinen, oder wenn ihnen dies nicht genehm ist, durch genügend bevollmächtigte Gesandte sich vertreten lassen. Wer nicht erscheint, ist nichtsdestoweniger an die Beschlüsse der Majorität gebunden. Der König von Böhmen genießt das besondere Vorrecht, nur dann erscheinen zu müssen, wenn der Reichstag in Nürnberg oder Bamberg abgehalten wird. Dem Haus Oesterreich und den Ständen des burgundischen Kreises steht es frei, zu kommen oder fortzubleiben. Die leeren Ceremonieen beim Zusammentritt eines Reichstages brauche ich nicht aufzuzählen.

§. 26. Fortsetzung. Geschäftsgang im Reichstage.

Was im Reichstage zur Berathung kommen soll, wird vom Kaiser oder seinem Commissär vorgeschlagen. Dann geht man zur Berathung über. Fraglich ist, ob bei der Berathung und Beschlußfassung die Reihenfolge der Anträge beobachtet werden muß, oder ob man zu einer Proposition übergehen darf, ohne daß die vorangehende erledigt ist. Einige Stände haben oft behauptet, man sei nicht an die Folge der Anträge gebunden, aber die Anhänger des Kaisers sind immer unterwürfig; aus welchen Gründen, das ist für den Verständigen leicht zu erkennen. Zuerst wird daher immer über das berathen, was dem Kaiser erwünscht ist, Sachen, die dem ganzen Reiche nützlich sind, werden erst in zweiter Linie vorgebracht. Wollen also die Stände auch über solche berathen, so müssen sie zuerst dem Kaiser willfährig sein. Dieser dagegen wird, wenn er seine Zwecke erreicht hat, für die Angelegenheiten der Stände nicht zu viel Interesse zeigen.

Bei der Berathung theilen sich die Stände in drei Collegien, das der Kurfürsten, der Fürsten und der Städte; eine Scheidung, die zuerst auf dem Frankfurter Reichstage von 1489 vorgekommen sein soll. Im Kurfürstenrath hat Mainz, im Fürstenrath haben Oesterreich und Salzburg abwechselnd, im Städterath hat immer diejenige Stadt, in welcher der Reichstag abgehalten wird, den Vorsitz, das sogenannte Directorium. Die Fürsten haben jeder eine Virilstimme; die Grafen und die nicht fürstenmäßigen Prälaten stimmen kurienweise. Die Majorität entscheidet, ausgenommen in Religionssachen und in solchen Fragen, bei denen die Stände nicht als ein Körper erscheinen, sondern sich gewissermaßen in zwei streitende

---

¹) Eine Relation des brandenburgischen Gesandten Pruckmann (Ranke „zur deutschen Geschichte" 276.) sagt darüber: man hat mit Wirtenberg den Anfang machen wollen und durchtringen wollen, das kein Fürst oder Standt session oder Stim halten solle, er were dan bellehen, oder hette zum wenigsten indult oder Concession vom Kaiser erlangt. Durch welchen weg es in wenig Jharen dahin gerauchen wolte, das die weltliche banck im Fürstenhrate gaar leddig werden derfte. Vnd wurden alsdann die Bapstischen die maiora vmb so viel das inzunehmen haben.

Parteien theilen. Wie es in Steuersachen gehalten werden soll, steht noch nicht fest (Westfäl. Friede V, 19). Meiner Meinung nach muß hier ein Unterschied gemacht werden zwischen solchen Steuern, die zum Nutzen des ganzen Reichs dienen sollen und solchen, die nur zum besondern Vortheil des Kaisers bestimmt sind. Ersteren wird sich kein guter Patriot entziehen wollen, mit letzteren dagegen darf man weniger freigebig sein.

Die Art der Berathung ist nun die folgende. Die Beschlüsse des Kurfürsten-Collegiums werden zuerst dem Fürstenrathe mitgetheilt. Dieser antwortet mit seinen Beschlüssen. Man nennt das referiren und correscriren, und damit wird so lange fortgefahren, bis eine Verständigung erzielt ist. Sobald das geschehen ist, werden die Beschlüsse der beiden oberen Collegien dem Städterath mitgetheilt. Stimmt auch dieser zu, so werden dem Kaiser oder seinem Commissar die einstimmigen Beschlüsse der drei Stände übersandt, und wenn dieser sie sanctionirt, so ist der Beschluß rechtsgiltig. Können die drei Collegien sich nicht einigen, so werden ihre Beschlüsse dem Kaiser vorgelegt, der dann durch gütliche Vermittelung, aber nicht durch einseitigen Befehl, die widerstreitenden Ansichten zu versöhnen sucht. Ebenso wird auch, wenn dem Kaiser der Beschluß der Stände nicht genehm ist, der Weg der gütlichen Verhandlungen so lange versucht, bis eine Uebereinstimmung erzielt ist. So erklärt sich die in den Reichsabschieden übliche Formel: dieser Beschluß ist zwischen Kaiser und Ständen vertragsmäßig vereinbart. Uebrigens ist zu beachten, daß, wenn auch dem Städterath im Westfälischen Frieden (Cap. VIII. §. 4.) ein entscheidendes Votum beigelegt ist, während man ihm früher nur ein berathendes zugestehen wollte, doch die beiden oberen Collegien nicht eher mit dem dritten in Verhandlung treten, als bis sie unter sich einig sind. Doch können sie ihm ihre Ansichten nicht als Befehle oder als Majoritätsbeschlüsse aufdrängen, sondern wenn die Städte nicht zustimmen, tritt die Vermittelung des Kaisers ein, bis auch hier Uebereinstimmung vorhanden ist. Angelegenheiten, über die kein Beschluß zu Stande kommt, werden bis auf einen spätern Reichstag vertagt. Giltige Beschlüsse werden von Kurmainz als Reichsabschied formulirt. Dieser wird von neuem geprüft, unterschrieben, untersiegelt und dann verkündet.[1])

§. 27. Kaiserliche Reservatrechte.

Aus dem in diesem Capitel Gesagten ergiebt sich nun zur Genüge, welche Hoheitsrechte dem Kaiser verblieben sind. Doch giebt es noch einige Rechte des Kaisers, die außer ihm in Deutschland Niemand ausüben darf. Dahin gehören 1) Das jus primariarum precum, nach welchem der neuerwählte Kaiser in jedem geistlichen Collegium eine Pfründe besetzen

---

[1]) Mit dem, was hier über die Geschäftsordnung des Reichstages gesagt ist, ist der Gegenstand noch keineswegs erschöpft. Die Ausdehnung der Befugnisse der Directorien, die Art der Feststellung der Tagesordnung durch den sogenannten Ansagezettel, der Modus der Abstimmung und die schwierige Frage, nach welchen Regeln aus den Voten der Stände ein Conclusum zu ziehen war, — wenn es überall Regeln darüber gab — diese und viele andere Punkte sind noch jetzt keineswegs hinreichend festgestellt und verdienen wohl einmal eine eingehende Behandlung.

darf. Da¹) die Geistlichkeit den Kaisern die meisten ihrer Rechte und Freiheiten verdankt, so ist es gewiß kein übergroßes Zeichen von Dankbarkeit, wenn sie ihnen die Verleihung nur einer Pfründe in jedem Collegium, und auch diese nur bittweise, überläßt. 2) Das Recht, Titel jeder Art zu verleihen²) (vgl. aber Capitulation Leopolds 43. 44.). 3) Das Recht der alleinigen Ertheilung der Belehnung mit Fürsten- und Fahnenlehen. 4) Das Recht, Universitäten und Academieen zu errichten. 5) Das Recht, Städtegründungen zu gestatten u. dgl. m.

§. 28. Die Hoheitsrechte der Fürsten.

Aus dem Gesagten ergiebt sich nun auch, was den Ständen an der Souveränetät fehlt. Sie haben, wenigstens die meisten, gegen ihre Unterthanen das Recht über Leben und Tod. Sie geben Gesetze, auch solche, die dem gemeinen Recht zuwiderlaufen. Sie haben unbeschränkte Religionsfreiheit. Sie empfangen alle Einkünfte aus ihren Gebieten. Sie schreiben Steuern aus. Sie schließen unter einander und mit auswärtigen Mächten Bündnisse gegen Jedermann, außer gegen Kaiser und Reich (Westfäl. Friede VIII, 2. Capitulation Leopolds 6. 8.), ein Recht, das den nicht unmittelbaren Angehörigen des Reichs ausdrücklich entzogen ist. (Capitulation Leopolds Art. 9.) Sie haben das Recht, sich mit Waffengewalt zu vertheidigen oder ihnen zugefügtes Unrecht mit Gewalt zu rächen, namentlich gegen Auswärtige. Sie erbauen Festungen in ihren Gebieten, prägen Münzen und üben alle administrativen Rechte aus (Capitulation Leopolds 33. 34. Westfäl. Friede VIII, 2). Für die Kurfürsten enthält außerdem der 5. Artikel der Capitulation Leopolds noch besondere Bestimmungen.

Alle diese Befugnisse haben die Stände kraft eigenen Rechtes, nicht als Vertreter des Kaisers.³) Auch beeinträchtigt der Umstand, daß sie ihre Länder von Kaiser und Reich zu Lehen tragen, ihre Stellung nicht. Denn da sie dieselben nach Erbrecht besitzen, so hat, wie es auch um die erste Erwerbung der Territorien stehen mag, die Belehnung doch jetzt nur die Bedeutung einer Ceremonie, nicht die einer wahren Verleihung, da sie ja niemandem verweigert werden darf, der sie innerhalb der vorgeschriebenen Zeit nachsucht.⁴) Im Eide der Treue sind alle Rechte vorbehalten und ihre Verträge beschwören ja bekanntlich auch Bundesgenossen. Auch daß die Stände auf den Reichstagen auf eigene Kosten erscheinen müssen, ist keine Last und kein Zeichen der Unterthänigkeit, denn das pflegt bei allen

---

¹) Die folgenden Worte bis zu Nr. 2. fehlen in der Ed. posth.
²) Den Reichsadel zu verleihen, hatte allerdings der Kaiser das alleinige Recht, doch konnten die Fürsten innerhalb ihrer Gebiete gleichfalls in den Adelstand erheben, ein Recht, von dem z. B. der große Kurfürst unbedenklich Gebrauch gemacht hat.
³) In der Ed. posth. fügt P. hier mit Rücksicht auf inzwischen gemachte Einwände eine Ausführung hinzu, in der er mit Rücksicht auf die aufgestellte Behauptung, alle diese Rechte wären nur ein Ausfluß der Landeshoheit, aber nicht der Souveränetät, welche letztere erhabener sei, als jene, die Ansicht zurückweist, daß diesen Befugnissen gegenüber eine monarchische Gewalt denkbar sei.
⁴) Ein in der Ed. posth. hier eingeschobener Satz weist darauf hin, daß die Lehensabhängigkeit die Fürsten nicht zu Unterthanen im gewöhnlichen Sinne dieses Wortes mache.

Versammlungen von Bundesgenossen der Fall zu sein.¹) Dasselbe gilt von der Pflicht der Stände, Beiträge für die Bedürfnisse des Reichs zu leisten. Endlich ist auch das, was das Wichtigste zu sein scheint, daß nämlich die Stände vor den hohen Reichsgerichtshöfen verklagt und bei schweren Vergehen gegen das Reich geächtet und ihrer Länder beraubt werden können, dem Charakter eines Bundesverhältnisses nicht zuwider. Haben wir ja aus der alten Geschichte in dem Bunde der Amphiktyonen und der Achäer Beispiele dafür, und sahen wir doch in unserer Zeit die vereinigten Niederlande Gröningen durch die Besetzung einer Citadelle zur Unterwürfigkeit zwingen. Und im 28. Artikel der Capitulation Leopolds haben die Stände Vorsichtsmaßregeln im Ueberfluß getroffen. Ja auch in einem Staatenbunde kann ein Bundesgenosse, der die übrigen beharrlich und unberechtigt schädigt, von ihnen gezüchtigt werden.²)

---

¹) Ed. posth. schiebt hier einen Satz ein, der besagt, daß auch das Gebundensein der Minorität durch Majoritätsbeschlüsse nichts anderes bedeute, als eine Art vertragsmäßiger Verpflichtung.
²) Die Ed. posth. fügt hier hinzu: Das alles aber ist um so leichter möglich, wo es sich nicht um einen regelmäßigen Föderativstaat, sondern um ein unregelmäßiges Staatsgebilde handelt, das Einiges mit einem Einheits-, Anderes mit einem Föderativstaate gemein hat.

Sechstes Capitel.

Die Staatsform des deutschen Reiches.

§. 1. Irrthümer über die Staatsform des deutschen Reiches.

Wie bei natürlichen und künstlichen Körpergebilden ein gesunder Zustand aus angemessener Harmonie und Verbindung der Theile hervorgeht, so sind auch die ethischen Körpergebilde, d. h. die socialen Verbände, für gesund und kräftig oder für schwach und krank zu halten, je nachdem die Verbindung ihrer Bestandtheile gut oder nicht gut ist, d. h. je nachdem sie eine regelmäßige Form und Gestaltung oder etwas Unregelmäßiges und Monströses zeigen. Nun läßt sich aber bereits aus dem bisher Gesagten erweisen, daß gewisse Elemente in der deutschen Verfassung es unmöglich machen, dieselbe auf eine der sogenannten einfachen Staatsformen, wie sie in den Lehrbüchern der Politik überall beschrieben werden, zurückzuführen. Wir werden nun bei der Untersuchung in Betreff der wahren Verfassungsform des deutschen Reichs um so sorgfältiger vorzugehen haben, je größer in dieser Beziehung der Irrthum der meisten deutschen Schriftsteller ist, theils weil ihnen die Grundlehren der Politik unbekannt sind, theils weil eine ohne eigenes Urtheil aus früheren Schriften zusammengestoppelte Compilation schon ein neues Buch heißt. Vorweg muß ich aber um die Nachsicht des Lesers bitten, wenn ich bei dieser Untersuchung mehr als sonst auf scholastische Feinheiten eingehe, weil es ohne diese sehr schwierig ist, über die Staatsform Deutschlands zu urtheilen. Freilich für verständige Leser würde mit wenigem auszukommen sein, wenn es nicht nöthig wäre, vorher einige bis jetzt vielfach festgehaltene thörichte Ansichten ausführlicher zu widerlegen.[1]

---

[1] Dies 6. Capitel unserer Schrift hat am meisten Gegner und Widersacher gefunden. Ich habe schon in der Einleitung auf die Kühnheit hingewiesen, mit der hier P. den in Schule und Staat herrschenden Doctrinen über die Verfassung des deutschen Reiches entgegengetreten ist. Was die literarische Polemik betrifft, die sich an dies wahrhaft Epoche machende Vorgehen angeknüpft hat, verweise ich auf die Uebersicht über die Monzambano-Literatur, insbesondere auf die mit den Nummern 2. 4. 5. 6. 7. 8. 10. 12. 16. 18. 19. bezeichneten Schriften.

§. 2. Verfassungsformen in den einzelnen Territorien.

Betrachten¹) wir zunächst die einzelnen Theile des Reiches für sich, so ergeben sich wenig Schwierigkeiten. Denn alle Fürstenthümer, weltliche wie geistliche, — von denen erstere erblich sind, letztere durch Wahl verliehen werden — ebenso auch alle Grafschaften sind Monarchieen, nur mit dem Unterschiede, daß in einigen die Macht des Fürsten absolut,²) in anderen durch Verträge mit den sogenannten Landständen oder durch deren Privilegien beschränkt ist. Von den freien Städten aber haben einige eine aristokratische Verfassung, d. h. in ihnen hat die höchste Gewalt der Rath, der sich aus den angesehensten Geschlechtern selbst ergänzt und weder an Beschlüsse der Bürgerschaft gebunden, noch ihr verantwortlich ist; andere haben eine demokratische Verfassung, weil in ihnen der Rath von den Zünften erwählt wird und denselben verantwortlich ist.

§. 3. Das Reich ist keine Demokratie.

Welcher Staatsform aber das ganze deutsche Reich entspricht, darüber können die deutschen Schriftsteller sich nicht einigen; ein deutlicher Beweis dafür, daß wir es mit einem sehr unregelmäßigen Staatsgebilde zu thun haben, zugleich aber auch ein Beweis für die Thorheit der Autoren, welche ohne Kenntniß der Politik sich an die Bearbeitung des Staatsrechtes machen.

Für eine Demokratie nun hat, so viel ich weiß, noch Niemand das Reich ausgegeben. Doch wollen Manche³) nur diejenigen als Bürger des deutschen Reichs bezeichnen, welche auf den Reichstagen Sitz und Stimme haben, wobei sie sich auf Aristoteles beziehen, welcher nur denjenigen einen Bürger nennt, der das Recht hat, über Staatsangelegenheiten mit zu berathen und mit zu stimmen. Wenn wir diese Bezeichnung adoptiren, so ist Deutschland ohne Zweifel eine Demokratie, deren Bürger nur die Stände sind, da sie alle das Recht haben, auf dem Reichstage zu berathen und Beschlüsse zu fassen. Der Kaiser würde dann ein Princeps im eigentlichen Sinne des Wortes, d. h. der erste Bürger sein. Aber es ist eine Thorheit, jene aristotelische Definition weiter als auf Bürger der aristotelischen Demokratieen auszudehnen. Denn wer wollte freien Männern und Familienvätern, die in einer Monarchie oder Aristokratie leben, den Namen Staatsbürger bestreiten, wenn sie auch an der Regierung des Staates keinen Antheil haben? Oder wer wollte behaupten, daß es in einer Monarchie nur einen Bürger, den König, gäbe, oder daß in einer Aristokratie nur die Senatoren Bürger wären.

---

¹) In der Ed. posth. lautet der Anfang dieses §. so: Was die einzelnen Theile oder Stände des Reichs betrifft, so können sie zwar als eigentliche Staaten nicht angesehen werden, da sie aber auch keineswegs als Provinzen im eigentlichen Sinne des Wortes, noch ihre Fürsten als Provinzialstatthalter angesehen werden können, so steht nichts im Wege, daß wir uns mit ihren Verfassungsformen beschäftigen. Alle Fürstenthümer nun u. s. w. wie oben.

²) „insoweit sie nicht an die gemeinen Reichsgesetze gebunden sind", fügt Ed. posth. hinzu.

³) Gemeint ist Conring, der in seiner Schrift de civibus imperii ähnliche Ansichten aufstellt.

§. 4. Das Reich ist auch keine Aristokratie.

Die meisten, welche eine vorzügliche politische Bildung und einen hohen Freiheitssinn zeigen wollen, bieten Deutschland als eine wahre und reine Aristokratie aus.[1]) Sie stützen ihre Ansicht hauptsächlich durch folgende Gründe: 1) Das äußere Ansehen der Dinge und der ganze Apparat von Titeln und Formeln, welcher in Deutschland nur auf eine Monarchie deutet, beweist für die Sache nichts. Ein großer Theil davon stammt von der deutschen Vorliebe für hochtrabende Worte her, Anderes ist aus der Verfassung der ältesten Zeiten beibehalten, von der die heutige durchaus verschieden ist. Die wahre Gewalt aber ist bei denen, — welchen Namen sie auch immer führen mögen — denen es zusteht, über die höchsten Staatsangelegenheiten nach eigenem Gutdünken zu entscheiden. 2) Es widerspricht dem Charakter einer Aristokratie nicht, wenn einer an der Spitze steht, welcher einen höheren Rang hat, als die übrigen Mitglieder der herrschenden Geschlechter, und welchem in ihren Versammlungen die Leitung zukommt. 3) Man muß unterscheiden zwischen der Staatsform selbst und der Form der Verwaltung. Bisweilen nämlich ist es der Fall, daß ein Staat durch seine Verwaltungsform einer ihm sonst fremden Staatsform nahe kommt. So können, wenn in einem Staate der König die Pflicht hat, mit einer berathenden Versammlung über die höchsten Staatsangelegenheiten zu verhandeln, die Verwaltungsformen aristokratisch oder demokratisch zu sein scheinen, während in Wahrheit die Staatsverfassung eine rein monarchische ist, insofern der König jene Versammlung nur als berathende hinzuzuziehen hat, nicht aber an ihre Beschlüsse gebunden ist. Umgekehrt, wenn in einer Aristokratie oder Demokratie ein Beamter höheren Ranges oder ein eigentlicher Fürst an der Spitze steht, der ausschließlich oder vorzugsweise das Recht der Initiative in Staatsangelegenheiten, sowie das Recht, die Gesetze und Verordnungen auszuführen besitzt, und in dessen Namen alle öffentlichen Acte erlassen werden, so hat die Verwaltung des Staates zwar einen monarchischen Anschein, in der That aber kann die Souveränetät dem Senate oder der Volksversammlung zustehen. Gegen diese Distinction wird nun wohl der Einwurf erhoben, daß, da die Form das Princip der Thätigkeiten (das principium operationum) sei, letztere nicht anders sein könnten, als erstere in ihrer Wirksamkeit gestatte. Nun sei aber die Staatsform, die Verfassung, gleichsam die Quelle, aus welcher jene Verwaltungsthätigkeiten flössen, und es sei daher unmöglich, daß die Art der Verwaltung sich von der Staatsform selbst unterscheide. Dem gegenüber bemerken aber die Vertheidiger der aristokratischen Theorie, man müsse in der Verwaltung wiederum unterscheiden zwischen den Handlungen, welche in eigenem Namen und denjenigen, welche im Namen eines Anderen geschehen. Erstere, das geben sie zu, könnten nicht einen von der Verfassungsform verschiedenen Charakter zeigen, bei letzteren dagegen sei dies wohl möglich.

Und so ist in der That die Sache. Die Staatsformen sind verschieden, je nachdem die Souveränetät einer einzigen Person, oder allen, oder wenigen zukommt. Welcher Diener aber sich die souveräne Gewalt

---

[1]) So Johannes Bodinus und Hippolithus a Lapide.

zur Vollstreckung ihrer Befehle bedient, das thut nichts zur Sache. Ich will dabei nicht einmal darauf Gewicht legen, daß jener Grundsatz von dem Princip der Thätigkeiten nur auf natürliche Wesen Anwendung findet, für die Wesen aber nicht gilt, welche ihre Handlungen nach ihrem freien Willen regeln.

§. 5. Fortsetzung.

Die vorangehenden Erwägungen nun mögen sehr geeignet sein, in den Schulen zu mannigfachen spitzfindigen Disputationen Veranlassung zu bieten: in der That wird doch Niemand, der das Wesen des Staates tiefer kennt, behaupten können, daß das deutsche Reich eine Aristokratie sei.[1]) Denn zum Wesen der Aristokratie gehört es, daß ein stehender, d. h. permanenter Rath die Souveränetät habe, der über alle Staatsangelegenheiten beräth und beschließt,[2]) die Leitung der täglichen Geschäfte aber bestimmten, ihm verantwortlichen Beamten überweist. Und ein solcher Rath existirt in Deutschland nicht. Denn Kammergericht und Reichshofrath erkennen nur über Appellationen und nur in Prozeßsachen; der Reichstag aber ist kein permanenter Rath, der über alle Angelegenheiten des Reiches beschließt, da er nur aus besonderen Gründen zeitweise zusammenberufen wird.[3]) Ja,[4]) es ist einfältig, den Reichstag, weil in ihm Majoritätsbeschlüsse gefaßt werden, für ein unfehlbares Zeichen einer Aristokratie zu halten. Denn es giebt ja auch in mehreren Königreichen, z. B. in England, Schweden und Schottland, Reichsversammlungen, in welchen Stimmenmehrheit entscheidet, und wie oft kommt es vor, daß von Bundesgenossen, die sich zu einem Staatenbunde zusammengeschlossen haben, gemeinsame Bundestage abgehalten werden, deren Competenz im Ver-

---

[1]) P. hat sich im vorangehenden Paragraphen der Ankündigung, die er im Eingang dieses Capitels gab, entsprechend eingehend mit scholastischen Subtilitäten beschäftigt. Daß er im Grunde allen solchen doch lediglich doctrinären Erwägungen abhold ist, ergiebt sich deutlich aus den Worten, mit denen er diesen Paragraph beginnt. P. ist eben durchaus Realpolitiker, er will sich nicht in abstracten philosophischen Betrachtungen ergehen, sondern er folgert aus den Dingen heraus, wie sie nun einmal real vorliegen. Daher läßt er sich auf eine Erwiderung gegen das Raisonnement der Vertheidiger der Aristokratie überall nicht ein.

[2]) Es ist dies ein Punkt, auf den auch Hobbes besonderes Gewicht gelegt hat. Auch er sieht das Vorhandensein eines stehenden Rathes als ein unumgängliches Requisit einer aristokratischen Verfassung an.

[3]) Das wurde nicht anders, auch seitdem der Reichstag permanent geworden war. Denn das war lediglich ein factischer Zustand. Rechtlich konnte der Reichstag jederzeit geschlossen werden, so bald man über einen Reichsabschied einig war.

[4]) In Ed. posth. heißt es statt der folgenden Sätze: Sollte aber auch der Reichstag, der seit 1663 bis jetzt versammelt ist, nicht wieder auseinander gehen, was nach deutscher Art sogar wahrscheinlich ist, so würde er noch nicht den Senat einer Aristokratie ersetzen. Denn es ist eine große Thorheit, dergleichen Versammlungen und den Umstand, daß in ihnen die Majorität entscheidet, für ein unfehlbares Zeichen einer Aristokratie anzusehen. Derartige Stände-Versammlungen, in denen Stimmenmehrheit gilt, giebt es ja auch in mehreren Königreichen: aber berufen kann sie nur der König, und sie haben nicht das Recht, zusammenzutreten, so oft und weswegen sie wollen.

hältniß zu den Bundesgenossen oft ebenso weit geht, als die des Reichstags im Verhältniß zu den Ständen. Man denke nur im Alterthum an den Bund der Amphiktyonen und an den der Achäer, in der Neuzeit an die vereinigten Niederlande und die Schweiz.

Ein weiteres Kennzeichen einer wahren Aristokratie ist, daß Niemand über jener höchsten Versammlung steht, die einzelnen Mitglieder derselben aber zu ebenso unbedingtem Gehorsam gegen die Mehrheitsbeschlüsse verpflichtet sind, wie jeder andere Bürger, so daß der höchste Rath auch gegen seine Mitglieder das Recht über Leben und Tod hat. Die Libertät der deutschen Stände läßt ein solches Verhältniß nicht zu. Weiter haben in einer Aristokratie die herrschenden Geschlechter zwar ihr Privatvermögen, das oft bei weitem bedeutender ist, als das der anderen Bürger, aber ihr Vermögen ist wie das aller übrigen Staatsbürger den von dem hohen Rath erlassenen gesetzlichen Bestimmungen unterworfen. In Deutschland dagegen giebt es einmal außer dem Vermögen der einzelnen Stände ein Vermögen der Gesammtheit überhaupt nicht, sodann aber würde man es sehr übel nehmen, wenn Jemand behaupten wollte, die Gesammtheit der Stände habe in Bezug auf die Güter der Einzelnen so viel Rechte, wie in der durchlauchtigsten Republik Venedig[1]) der ganze Senat in Bezug auf die Güter der einzelnen Senatoren.

Nun berufen sich die Vertheidiger der Aristokratie noch auf ein Wort des Erzbischofs Albert von Mainz, der, als es sich um die Wahl Karls V. und Franz I. handelte, gesagt haben soll, Franz wünsche eine monarchische Verfassung, Deutschland aber müsse an der aristokratischen festhalten. Aber wie kann man dem Worte dieses Kirchenfürsten eine so präcise staatswissenschaftliche Deutung geben wollen? Zumal der Sinn seiner Worte trotz des nicht ganz zutreffenden Ausdruckes doch klar ist. Sie sollten nur besagen, wenn die deutschen Fürsten ihre Libertät und Unabhängigkeit behaupten wollten, so sollten sie sich vor dem französischen Könige hüten, welcher im eigenen Lande eine rein monarchische Regierung anstrebe und in Deutschland sicher das gleiche versuchen werde.

§. 6. Deutschland ist auch keine Monarchie.]

Sehen wir nun zu, ob Deutschland eine Monarchie genannt werden kann. Die Monarchieen theilt man in zwei Klassen, absolute und beschränkte. In ersteren hat der Monarch allein, welchen Titel er auch führen mag, die Befugniß, alle Staatsangelegenheiten selbstständig zu entscheiden; in letzteren dagegen ist er bei der Ausübung der Regierungsrechte an bestimmte Bedingungen gebunden. Diesen Unterschied aber muß man nicht aus den Augen lassen, wenn man nicht die uns vorliegende Frage ganz falsch lösen will. Denn Viele glauben, wenn sie nachweisen, Deutschland sei keine absolute Monarchie, damit auch schon die Frage, ob es denn eine beschränkte sei, erledigt zu haben.

Thöricht wäre es nun in der That, den deutschen Kaiser einen absoluten Monarchen in Bezug auf das Reich zu nennen[2]); und die Gründe,

---
[1]) Für diese fünf Worte setzt Ed. posth. „in jeder wahren Demokratie", wobei das letzte Wort jedenfalls nur ein Druckfehler für Aristokratie ist.
[2]) So Reinking, Stamler, Schoock u. A.

die für eine solche Bezeichnung vorgebracht werden, verdienen, glaube ich, mehr belächelt, als ernstlich widerlegt zu werden. Denn es ist gleich dumm, wenn man aus der Vision des Daniel, wie wenn man aus dem römischen Corpus juris die Befugnisse des deutschen Kaisers bestimmen will; und daß der Kaiser keinen höheren, als Gott und das Schwert über sich anerkennt, giebt ihm ebenso wenig eine absolute Gewalt über die Stände, als derselbe Grundsatz sie einer der sieben niederländischen Provinzen in Bezug auf die sechs anderen verleihen kann. Leere Titel aber — so wenn die Stände den Kaiser ihren gnädigen Herrn nennen oder in Briefen und sonst von ihrer tiefen Unterthänigkeit sprechen, hergebracht wie sie sind durch den Curialstil — haben natürlich gar keine Bedeutung; denn mit Worten pflegt in der Regel der am verschwenderischsten umzugehen, der mit Handlungen der sparsamste ist. Auch jene Vollkommenheit der höchsten Gewalt, von der alle Decrete und Briefe voll sind, besteht nur in leeren Worten; und wenn endlich die Stände dem Kaiser Treue schwören, so thun sie das nur vorbehaltlich ihrer Freiheiten und Rechte, die, wie oben gezeigt, dem Kaiser wenig genug Befugnisse lassen. Mit diesen wenigen Bemerkungen wird diese Frage hinlänglich erledigt sein.

§. 7. Fortsetzung.

Am meisten hat noch die Ansicht der Schriftsteller für sich, welche dem Kaiser eine königliche und souveräne, aber nicht absolute Gewalt zuschreiben, eine Ansicht, die hier und da auch in den Rechtsschulen vertreten wird. Bekämpft ist sie meines Wissens zuerst von einem pseudonymen Hippolithus a Lapide zur Zeit, als der Kampf zwischen Schweden und dem Kaiser auf's heftigste entbrannt war. Obwohl derselbe viele Gründe vorbringt, welche Niemand bestreiten kann, der nicht aller Scham baar ist, so ist es doch ebenso klar, daß er sich in vielen Punkten irrt und durch einen unversöhnlichen Haß gegen das Haus Oesterreich oft zu falschen Behauptungen verleitet wird. Die[1] Confiscation des Buches freilich hat nur seinen Preis gesteigert und die Gelehrten begieriger gemacht, es zu lesen. Ich würde aber seiner gar nicht Erwägung thun, wenn nicht die Meisten ihn überaus hoch schätzten und wenn nicht seine Gegner nur leeres Geschwätz vorgebracht hätten, statt seine Ansichten zu bekämpfen.

Hippolith nun nimmt zwar mit vollem Rechte dem Kaiser die souveräne königliche Gewalt und giebt sie den Ständen, aber er irrt, indem er den Kaiser selbst den Ständen unterwirft und ihm trotz seines stolzen Titels nur die Befugnisse eines Beamten überweist. Er verfährt grade so, als ob, wo nicht absolute Monarchie vorhanden ist, nothwendig eine Aristokratie vorhanden sein müßte, oder als ob der, der nicht selbst nach Willkür herrschen kann, nun seinerseits nothwendig einem anderen unterworfen sein müßte. Schon diese eine Bemerkung reicht hin, um die meisten seiner Ausführungen hinfällig zu machen. Von vielen anderen sehr angreifbaren Gründen, die er vorbringt, will ich nur wenige gleichsam beispielsweise hier erörtern.

Er sagt einmal, die Souveränetät sei bei den Ständen, denn diese übten sie unbestritten aus, wenn kein Kaiser da sei. Aber wer weiß denn

---

[1] Dieser Satz und der folgende sind in der Ed. posth. weggelassen.

nicht, daß in allen Königreichen zur Zeit eines Interregnums die Souveränetät ans Volk oder die dasselbe vertretenden Stände zurückfällt. Weiter, wenn ich mich verpflichtet fühle, Jemandem Rechenschaft von meiner Handlungsweise abzulegen, so erkenne ich ihn doch darum noch nicht als meinen Vorgesetzten an. Rechenschaft kann man zwar dem ablegen, von dem man zur Verantwortung gezogen werden kann, man kann aber auch dazu durch vertragsmäßige Bestimmung verpflichtet sein; man kann sie endlich ablegen, weil man die gute Meinung eines anderen nicht verlieren will. So pflegen ja Könige, ehe sie einen Krieg beginnen, durch Manifeste der ganzen Welt Rechenschaft abzulegen. — Auch wer befugt ist, Jemanden eines Amtes zu entsetzen, ist darum noch nicht immer sein Oberherr, oder sein Vorgesetzter. Denn es ist möglich, daß Jemand nach vertragsmäßiger Bestimmung die Angelegenheiten eines anderen mit zu verwalten hat. Wird nun diese Verwaltung schlecht geführt, so kann sie ihm entzogen werden, ganz so wie man einen Vertrag brechen darf, wenn der andere contrahirende Theil nicht alle Bestimmungen erfüllt hat. Freilich daran würde man guten Grund haben zu zweifeln, ob das Verfahren der Fürsten gegen Heinrich IV. und Adolf von Nassau rechtlich begründet war: wenn es nicht bekannt wäre, daß die ehrwürdigen Bischöfe beide Mal die Hauptrolle dabei gespielt haben¹). — Hippolith's weitläufige Ausführungen über den Reichstag sind zwar richtig, beweisen aber nicht das, was er behauptet. Denn wenn auch der Kaiser ohne Genehmigung der Stände keine Gesetze erlassen darf, so wäre es doch ebenso unerhört, wenn diese ohne Genehmigung des Kaisers Verordnungen erließen. — Freilich schreiben die Kurfürsten in der Wahlcapitulation vor, was der Kaiser zu thun, und was er zu unterlassen hat, aber nicht kraft einer Herrschaft über ihn, sondern nach Art eines Contractes, dessen Bedeutung die ist, daß die Stände gegen die Bestimmungen der Wahlcapitulation erlassenen Verordnungen des Kaisers nicht nachzukommen verbunden sind. Das aber kommt bei allen Verträgen vor und beweist keine Oberhoheit der Stände über den Kaiser.

Mehr Beweiskraft scheint der Umstand zu haben, daß nach althergebrachtem, durch die goldene Bulle bestätigten Recht der Kaiser, wenn er verklagt wird, vor dem Pfalzgrafen Recht zu nehmen hat; und es ist ja bekannt, wie die drei geistlichen Kurfürsten Albrecht I. aufgefordert haben, vor dem Pfalzgrafen sich zu vertheidigen: ein Fall, in dem übrigens nicht sowohl ein gerichtliches Urtheil, als vielmehr die Gewalt der Waffen für die Kläger entschieden hat. Aus der Zeit nach der goldenen Bulle ist übrigens kein Fall eines solchen gerichtlichen Verfahrens gegen den Kaiser vor dem Pfalzgrafen bekannt. Dies Recht des Pfalzgrafen ist ohne Zweifel aus den Befugnissen entstanden, die er in alter Zeit wie der Major domus²) am Hofe ausübte. Denn wie diesem die Gerichtsbarkeit über alle Hofleute zukam, so hatte über zweifelhafte civilrechtliche Ansprüche an den König der Pfalzgraf eine Untersuchung anzustellen. Seinem Ur-

---

¹) Dieser Satz fehlt in der Ed. posth.
²) Diese Worte sind wohl so verstanden worden, als ob P. den Pfalzgrafen für identisch mit dem Major domus gehalten habe. Der Wortlaut schloß das allerdings nicht aus; doch ist es auch möglich, sowie im Texte geschehen ist, zu übersetzen; und das ist jedenfalls vorzuziehen.

theil kam der König nach, nicht weil er ihn als einen Oberherrn anerkannt hätte, sondern weil er nach Feststellung der Gerechtigkeit der Ansprüche des Klägers nicht wohl umhin konnte, seine Verpflichtungen zu erfüllen. So ist es ja auch in vielen deutschen Territorien üblich, daß die Fürsten wegen Schulden oder auf Grund anderer Civilansprüche bei ihren eigenen Gerichtshöfen belangt werden können, ohne daß diese darum den Fürsten zwingen oder durch Geldbußen anhalten könnten, sich dem Urtheil zu unterwerfen, wenn die Achtung vor dem Recht, sein Gewissen und die Scheu vor der öffentlichen Meinung ihn nicht dazu bewegen sollten. Uebrigens werden die Fürsten gern damit zufrieden sein, wenn der Kaiser ihnen nicht befehlen kann, was ihnen unbequem ist und werden, wenn sie anders klug sind, nicht nach der gehässigen Befugniß streben, ihrem Kaiser Befehle ertheilen zu dürfen.

§. 8. Fortsetzung.

So würde der Kaiser mit Hippolith und dessen Versuche, ihn zu einem Unterthan der Stände zu machen, leicht fertig werden. Schwerer wiegen die Gründe derer, welche einerseits dem Kaiser eine monarchische Gewalt, andererseits den Ständen eine gemäßigte Libertät zugestehen wollen und deshalb Deutschland zu einer beschränkten Monarchie machen. Was[1]) aber das Geschwätz über die gemischten Staatsformen angeht, so ist das leicht abzufertigen. Denn, abgesehen davon, daß jede Mischung verschiedener Staatsformen nur ein Monstrum von Staat darstellen kann, so paßt auch keine genau auf das deutsche Reich. Denn in ihm haben weder Mehrere ungetheilt die Souveränetät, noch sind die Bestandtheile dieser Souveränetät unter mehrere Personen oder Gruppen vertheilt.

Die aber, welche für eine beschränkte Monarchie sind, behaupten, mit dem Begriffe einer solchen lasse sich alles, was in der Wahlcapitulation gesagt sei, vereinen, auch die Verpflichtung des Kaisers, das Reich den Gesetzen gemäß zu regieren und für alle wichtigeren Angelegenheiten, z. B. neue Gesetze, Religionsänderungen, Friedensschlüsse, Kriegserklärungen, Bündnisse u. s. w. die Zustimmung der Stände einzuholen. Ebenso sei damit vereinbar, daß die Streitigkeiten der Unterthanen nur durch bestimmte Gerichtshöfe entschieden werden dürfen, sowie daß die Stände dem Kaiser und dem Reich zugleich Treue schwören. Letzterer Umstand habe die Bedeutung, daß die Stände nur insoweit dem Kaiser zu gehorchen verbunden seien, als seine Befehle dem Nutzen des Reiches entsprechen und den Gesetzen gemäß seien; zugleich aber versprächen dadurch die Stände sich auch untereinander treue Erfüllung ihrer gegenseitigen Pflichten.

Nun ist es aber aus zwei Gründen unmöglich, Deutschland als eine beschränkte Monarchie anzusehen. In einer Monarchie kann zwar der König verpflichtet sein, in der Regierung sich an bestimmte Gesetze zu halten und ihnen nachzukommen, aber er nimmt doch vor allen anderen Staatsbürgern eine so hervorragende Stellung ein, daß Niemand es wagen wird, seine Libertät und seine Rechte denen des Königs gleichzustellen, und

---

[1]) Die folgenden Sätze bis zum Absatz fehlen in der Ed. posth. Dagegen ist hier am Ende des Paragraphen eine Widerlegung der Theorie von der mixta respublica gegeben.

daß alle Großen dem Könige unterthan und ihm verantwortlich sind. Daß die Sache aber in Deutschland so nicht steht, weiß Jeder. Denn kein deutscher Reichsstand wird zugeben, daß sein Territorium mehr dem Kaiser, als ihm selbst untergeben sei, oder daß er bei der Verwaltung desselben die Interessen des Kaisers mehr als seine eigenen berücksichtigen müsse. Gehen doch die Stände, welche durch eigene Kraft oder fremde Unterstützung mächtig genug dazu sind, sogar so weit, daß sie, ohne den Kaiser zu befragen, Krieg gegen andere Stände oder auswärtige Mächte führen und mit ihnen Verträge schließen, wobei[1]) die Rücksichtnahme auf den Kaiser nur ein leerer Schein ist.

Weiter aber hat jeder König, so sehr, er auch beschränkt sein mag, doch insoweit die Leitung der Regierung, daß in seiner Hand sich zuletzt alle Kräfte des Staates vereinigen und im gemeinsamen Interesse so verwandt werden, daß ein Geist sie alle zu beherrschen scheint. Wer das aber in Deutschland sehen wollte, der müßte Luchsaugen haben. Hier empfängt der Herr und Kaiser keine Einkünfte vom Reich, sondern muß von seinem eigenen Vermögen leben, hier giebt es keinen Reichsschatz, kein Reichsheer. Hier verwendet jeder Reichsstand seiner Unterthanen Leib und Gut nach eigenem Belieben und bringt dem Reich nur verschwindend geringe Opfer, und auch diese nur nach langem Handeln und Quälen. Das Alles ist ja im vorigen Capitel eingehend gezeigt worden und tritt im Laufe der Dinge einem Jeden täglich klar vor die Augen[2]).

§. 9. Deutschland ein unregelmäßiges Staatsgebilde.

Es bleibt also nichts übrig, als Deutschland, wenn man es nach den Regeln der Politik classificiren will, ein unregelmäßiges und fast monströses Staatsgebilde zu nennen[3]), das im Laufe der Zeit durch die träge Nachgiebigkeit der Kaiser, durch den Ehrgeiz der Fürsten und die Ruhlosigkeit der Pfaffen[4]) aus der einstigen Monarchie entstanden ist. Jetzt ist daher Deutschland weder eine Monarchie, auch nicht einmal eine beschränkte, wenn auch gewisse Formen darauf hindeuten, noch auch, genau

---

[1]) Die folgenden Worte bis zum Schluß des Satzes fehlen in der Ed. posth.

[2]) Ed. posth. fügt hier gegen die Vertheidiger der gemischten Staatsverfassung (Kulpis u. A.) folgende Sätze an: „Viele endlich quälen sich damit ab, Deutschland als ein Reich von gemischter Verfassungsform darzustellen, kommen aber nicht recht damit zu Stande. Denn was Aristoteles, der Urheber dieser Theorie, über die Mischung aristokratischer und demokratischer Elemente in der Verfassung ausführt, paßt auf Deutschland nicht, wie ein Blick in die Schriften des Griechen lehrt. Ebenso wenig passen aber auch die anderen Mischungsarten, welche die Neueren fingirt haben. Denn in Deutschland steht weder die Souveränetät Mehreren ungetheilt zu, noch sind ihre Attribute unter verschiedene Personen oder Collegien vertheilt. Wenn man aber Deutschland deshalb als einen monarchisch-aristokratischen Staat betrachtet, weil an den Hauptregierungsrechten die Stände Antheil haben, so ist das falsch. Denn die Stände haben nichts mit einem aristokratischen Senate gemein, wie auf der Hand liegt."

[3]) Ed. posth. fügt hinzu: „wie es, glaube ich, kein zweites auf dem Erdkreise giebt."

[4]) Ed. posth. fügt hinzu: „die Factionen der Stände und die daraus entsprungenen Bürgerkriege."

genommen, ein Föderativstaat, sondern ein Mittelding zwischen beiden. Dieser Zwitterzustand aber ist der Grund einer zehrenden Krankheit und fortwährender innerer Umwälzungen, indem auf der einen Seite der Kaiser nach Wiederherstellung einer monarchischen Herrschaft, auf der anderen die Stände nach völliger Unabhängigkeit streben. Und wie es die Natur aller Degenerationen ist, wenn sie einmal von dem ursprünglichen gesunden Zustande bedeutend abgewichen sind, in schneller Entwickelung und gleichsam von selbst sich dem anderen Extrem zu nähern, während sie sich nur unendlich schwer auf ihre Urform wieder zurückführen lassen; und wie man einen Felsblock leicht einen Berg hinunterrollen, aber nur mit unsäglicher Anstrengung wieder hinaufwälzen kann, so wird Deutschland ohne die erschütterndsten Bewegungen und eine gänzliche Umwälzung aller Verhältnisse sich nicht wieder in die Form einer Monarchie zwängen lassen, sondern es nähert sich mehr und mehr der Verfassung einer Föderation von Bundesgenossen ungleichen Rechtes, indem die Stände die Hoheit des Kaisers gebührend anzuerkennen und zu ehren haben[1]). Als Beispiel einer solchen Föderation[2]) kann das Verhältniß gelten, welches zwischen Römern und Latinern bestand, ehe letztere völlig unterworfen und zuletzt mit dem römischen Bürgerrechte beschenkt wurden. Ein anderes Beispiel bietet das Verhältniß Agamemnons zu den anderen griechischen Heerführern vor Troja. Gewöhnlich freilich pflegt hier der Fall einzutreten, daß der eine übermächtige Bundesgenosse die anderen allmählich zu seinen Unterthanen herabdrückt.

Ja wenn man von der gegenseitigen Eifersucht zwischen Kaiser und Ständen absieht, ist Deutschland schon jetzt eine solche Föderation, in welcher nur die Stellung der Stände eine etwas untergeordnete ist, insofern als sie die Majestät des Kaisers anzuerkennen und gebührend zu ehren verpflichtet sind.

Wir werden demnach kaum irren, wenn wir sagen, Deutschlands Verfassung nähert sich der einer Föderation, in welcher das Haupt des Bundes mit königlichen Insignien bekleidet ist. Im nächsten Capitel werden wir nun zu betrachten haben, woran dieses Staatsgebilde krankt.

---

[1]) Ed. posth. fügt hinzu: „insofern er außer durch die Symbole der königlichen Macht auch durch ein höheres Ansehen und gewisse Rechte sich vor ihnen auszeichnet."

[2]) Ich muß hier und an anderen Stellen mich des Fremdwortes bedienen, denn mit unseren Ausdrücken Staatenbund und Bundesstaat verbinden wir bestimmte Unterscheidungen und charakteristische Merkmale; keiner der beiden Begriffe aber paßt ganz genau zu dem, was sich P. als die Verfassung des deutschen Reiches denkt, wie sie zu seiner Zeit war (Cap. 5 und 6) und wie er sie wünschte (Cap. 8).

Siebentes Capitel.

Deutschlands Macht und Deutschlands Schwäche[1].

§. 1. Die Einwohner Deutschlands.

Die Macht eines Staates kann entweder an und für sich oder in ihrer Zusammenfassung durch eine angemessene Regierungs- und Verfassungsform betrachtet werden. An und für sich betrachtet, beruht sie auf der Bevölkerung und auf deren Besitzthümern.

Was nun die Bevölkerung angeht, so hat Deutschland sich zahlreicher und hochbegabter Einwohner zu rühmen. Der hohe Adel ist so zahlreich und so glänzend, wie in keinem anderen Lande der Erde. Der niedrigen Adligen sind nicht allzu viele für die Größe des Reiches, und deshalb ist der niedere Adel in Deutschland nicht, wie in anderen Reichen, wo seine Zahl zu groß ist, gezwungen, sich einer unritterlichen Lebensweise zu widmen. Der Gelehrtenstand ist vielleicht zahlreicher, als gut wäre; denn viele streben nach dem Lorbeer, aber nur wenige erreichen ihn. Kaufleute und Handwerker sind in genügender Anzahl vorhanden; nur Bauern giebt es jetzt für die Ausdehnung des ackerbaren Landes zu wenig. Daran ist theils der dreißigjährige Krieg Schuld, der Deutschland entsetzlich verheert hat[2], theils der Umstand, daß alle Bauern, wenn ihre Vermögensverhältnisse es irgend gestatten, ihre Söhne sofort ein Handwerk erlernen lassen, da sie Alle glücklich preisen, denen es vergönnt ist, in der Stadt zu leben.

Obgleich kaum irgend Jemand die Zahl der Städte und Dörfer in Deutschland genau kennt, glaube ich, wird man doch kaum der Ueber-

---

[1] Das siebente Capitel, in welchem P. eine vortreffliche Uebersicht über die deutschen Machtverhältnisse und die Umstände giebt, welche diese Macht nicht zu ihrer vollen Bethätigung kommen ließen, mag in gewisser Beziehung als das beste der ganzen Schrift betrachtet werden. Hier ist er auch, während wir ihn in den ersten fünf Capiteln meist Conring folgen sahen, nach dem eigenen Zugeständniß des Letzteren ganz selbstständig, was selbstverständlich auch vom sechsten und achten Capitel gilt.

[2] Doch waren die Folgen des dreißigjährigen Krieges für die städtische Bevölkerung kaum minder verderblich. Vgl. z. B. für Berlin, Cöln und Prenzlau die Angaben bei Droysen, Preuß. Politik III., 3, 215, für Eßlingen, Zeitschr. für deutsche Culturgeschichte 1858, S. 1 ff., für Hennebergische Städte und Dörfer, ebenda 1857, S. 207. ff. u. a.

treibung beschuldigt werden können, wenn man behauptet, daß bei einer Aushebung von 5 Mann aus jeder Stadt und von 1—2 Mann aus jeder Dorfschaft, Deutschland leicht ein Heer von 200,000 Mann aufstellen könnte. Ich führe nur folgende Einzelheiten an. In den zehn Kreisen zählen einige Schriftsteller 1957 Städte und feste Plätze auf, wobei das Königreich Böhmen nicht mitgerechnet ist. In diesem allein gab es nach Hagec zur Zeit Ferdinands I. 12 größere Städte, 308 kleinere Städte und Flecken, 258 feste Plätze und Burgen, 421 Klöster, 30,363 Dörfer. In Schlesien[1]) zählt man 411 Städte, 863 Flecken, 51,112 Dörfer; in Mähren 100 Städte, 410 kleine Flecken, 30,360 Dörfer. Die Zahl der Abteien und Klöster, ehe von den Protestanten eine so große Menge aufgehoben wurde, giebt man auf 11,024 an. Durch den Eifer Ferdinands II. sollen 10,000,000 Menschen für die katholische Kirche wieder gewonnen sein[2]).

Die[3]) deutsche Nation war von allen Zeiten her kriegerisch und streitbar, für ganz Europa ein unerschöpflicher Quell von Soldaten, die ihre Haut zu Markte tragen. Wenn ihnen Hitze des Angriffes und Ungestüm fehlen, so ertragen sie dafür um so besser langwieriges Ungemach des Krieges und fügen sich außerordentlich leicht der Disciplin. Ebenso sind sie zu allerlei Handwerken geschickt. Und, was außerordentlich wichtig für die Festigkeit einer Regierung ist, sie sind allen Tumulten abgeneigt und fügen sich gern einem nicht allzu harten Regiment.

§. 2. Deutschlands Besitz.

Von den Besitzthümern ist zunächst das Land selbst zu erwähnen, welches sich von Cassubien bis nach Mümpelgard, von der Nordgrenze Holsteins bis zum südlichen Krain, von Lüttich bis an die Grenze Schlesiens erstreckt. In diesem ganzen weiten Gebiete sind, mit Ausnahme der Höhenzüge der Alpen, nur wenige Gegenden, die nichts hervorbringen, was zum menschlichen Leben dienlich ist und die Producte des Landes machen Einfuhr vom Ausland, wenn man von Luxusgegenständen absieht, fast ganz entbehrlich.

Gold wird freilich nur in wenigen Bergwerken oder Flüssen gefunden, und die Edelsteine, welche Deutschland hervorbringt, sind nur von geringem Werth; dagegen finden sich Silber, Kupfer, Zinn, Blei, Eisen, Quecksilber und andere Mineralien in großer Menge an verschiedenen Orten. Salzquellen sind in genügender Zahl vorhanden, obgleich Ortschaften am Meere

---

[1]) Dieser Satz über Schlesien und Mähren fehlt in der Ed. posth.
[2]) Hier fügt Ed. posth. hinzu: „eine Angabe, bei der indeß die katholischen Schriftsteller etwas übertrieben zu haben scheinen."
[3]) Von hier ab hat P. selbst in seiner „Einleitung zu der Historie der vornehmsten Reiche und Staaten, so jetziger Zeit in Europa sich befinden", IV. Aufl. Frankfurt a. M. 1699. Cap. 12. §. 18 ff. (S. 609 ff.) einen großen Theil des im Monzambano Gegebenen deutsch wiederholt. Namentlich §. 2 unseres vierten Capitels ist fast wörtlich übersetzt. Ich schließe mich hierbei natürlich möglichst an die eigenen Ausdrücke P.'s. an. Uebrigens sind auch schon in den vorangehenden Paragraphen der „Einleitung" viele Stellen nur aus Monzambano übertragen.

oder an schiffbaren Flüssen vielfach aus Frankreich, Portugal oder Holland Salz einführen. Getreide und Obst von mancherlei Art, Bauholz,[1]) Pferde, Rindvieh, Kleinvieh und Wild sind reichlich vorhanden, und auch an berauschenden Getränken hat Deutschland keinen Mangel, so daß es wohl als ein reiches Land gelten kann. Denn abgesehen davon, daß es münzbares Metall selbst hervorbringt, producirt es Alles, was zur Befriedigung der Bedürfnisse, ja was zur Annehmlichkeit des Lebens nöthig ist, und zwar nicht nur in einer für die Einwohner des Landes genügenden Quantität, sondern auch noch zur Ausfuhr. Daher übersteigt der Werth der Einfuhr einmal den der Ausfuhr nicht, sodann aber werden meist nur Güter importirt, deren die Deutschen, wollten sie nur dem Luxus und der Trägheit entsagen, leicht entbehren könnten. Denn wie leicht könnten die Deutschen mit ihrem Wein und Bier und (wenn jene Getränke zum Berauschen nicht ausreichen) mit ihrem Branntwein sich begnügen, ohne spanische und französische Weine einzuführen; wie leicht könnten sie aus eigener Wolle das Tuch ihrer Kleider bereiten, statt es aus Spanien, England und Holland zu holen. Und wenn man dort eleganter zu arbeiten versteht, so hätten die deutschen Handwerker[2]) jene Kunst mehr pflegen sollen. Auch auf Seide könnte Deutschland unschwer verzichten, oder wenn einmal das Bedürfniß nach prächtiger Kleidung vorhanden ist, so könnte der Landstrich am Rhein Maulbeerbäume genug hervorbringen, wenn nur die Bewohner betriebsam genug wären, sich auch um anderes als ihre Weinberge zu kümmern. Und wäre so die Nahrung für die Raupe vorhanden, so könnte man leicht in Italien die Art der Bearbeitung erlernen. Weiter, wenn man es auch der Einfalt des Volkes zu gute halten will, daß die Nachahmung französischer Moden zum guten Tone gehört, so ist es doch wahrlich eine große Thorheit, wenn man aus Frankreich auch leichte, dünne und ganz nutzlose Gewebe holt. Denn Sachen ohne jeden Werth erhalten durch die französische Benennung leicht einen hohen Preis. Daß aber die französischen Fabrikanten bei Tüchern und Geweben so oft die Mode ändern, das ist nicht Leichtsinn, sondern Schlauheit, denn so machen sie es den deutschen Arbeitern unmöglich, ihre Fabrikate in der Heimath selbst nachzuahmen.

Leider ist nur die Mehrzahl der Leute so einfältig, daß sie es fast für Sünde halten, von der althergebrachten Art der Bearbeitung abzuweichen, und daß sie glauben, sie dürften nichts besser machen, als ihre Vorfahren gethan hätten. Was endlich Gewürze, Zucker und die anderen Producte beider Indien angeht, so könnte Deutschland leicht weniger davon verbrauchen, wenn man dem Luxus nur ein wenig steuern wollte.

---

[1]) Doch begann man schon wenig später in Folge der irrationellen Forstwirthschaft Holzmangel zu befürchten. Vgl. die Anmerkung Thomasius' zu unserer Stelle.

[2]) Den Grund, warum die deutsche Industrie hinter der der Nachbarländer vielfach zurückgeblieben war, giebt P. nicht an. Thomasius zu unserer Stelle findet ihn, mit richtigem Blick ohne Zweifel, in den Monopolen und den Beschränkungen der Gewerbefreiheit.

§. 3. Handel und Metallreichthum.

Auch hat Deutschland Mittel und Wege genug, bequeme Handelsverbindungen anzuknüpfen und zu unterhalten. Dazu aber sind erforderlich einmal eine günstige Lage, sodann aber das Vorhandensein eines Ueberschusses von Produkten über den eigenen Bedarf, die also zum Export verwendbar sind. Eine vortreffliche Lage für den Handel haben nun die Städte an der Nord- und Ostsee; weniger begünstigt sind schon die an schiffbaren Flüssen belegenen Orte, deren Verkehr durch lästige Zölle sehr behindert wird. Auf Landwegen endlich ist der Transport von Waaren wenig einträglich. Zur Ausfuhr geeignete Producte hat Deutschland in Menge, ich erwähne nur Roheisen und verarbeitetes Eisen, Blei, Quecksilber, Wein, Bier, Branntwein, Getreide, Wolle, grobe Wollentuche,[1]) wollene und leinene Gewebe verschiedener Art, Pferde, Schafe u. dgl.

Uebrigens will ich hier nicht verschweigen, daß manche Länder Europas an Geld reicher sind, als Deutschland. Dafür giebt es aber mehrere Gründe. Einmal ist es kein Wunder, daß ein Land sehr erschöpft ist, in welchem 30 Jahre lang der Krieg gewüthet hat und welches während dieser ganzen Zeit von deutschen und ausländischen Soldaten ausgezogen und geplündert ist. Sodann giebt es Länder in Europa, deren Handelsverkehr durch die geographische Lage weit mehr begünstigt wird, als der deutsche. Denn am Meere liegen in Deutschland nur wenige Städte, während England, Italien, Spanien, Portugal, Frankreich und die Niederlande sich einer außerordentlich reichen Küstenentwickelung erfreuen. Ebenso haben Länder, wie Spanien, Portugal, England und die Niederlande auswärtige Besitzungen, deren Schätze alle im Mutterlande zusammenfließen und sich hier vereinigen, während Deutschland gar keinen Colonialbesitz hat. Auch[2]) pflegt in manchen Ländern der Glanz der Hauptstädte, nach denen unermeßliche Reichthümer zusammenströmen, die Augen der Fremden zu blenden, und von Paris, London und Lissabon schließt man leicht auf ganz Frankreich, England und Portugal, während Deutschlands Reichthum über das ganze weite Land, gleichmäßig vertheilt, schon dadurch unbedeutender erscheint. Sodann fließen durch die Thorheit der Deutschen große Summen Geldes in's Ausland für Waaren, welche man theils im Inlande fabriciren, theils ganz entbehren könnte.[3]) Endlich könnte man hier noch anführen, daß durch die vielen Reisen der jungen Deutschen viel Geld in's Ausland geschleppt wird.[4]) Denn wenn auch die Unbeholfenheit des deutschen Geistes sich durch den Verkehr mit Fremden abschleift, so verdienen doch die nur Spott und Verachtung, die, wie jetzt so viele, aus unserem Italien nur einige in Deutschland unbekannte Laster und ein paar

---

[1]) Grob Laken ist der Ausdruck, den P. braucht, wie Laken überhaupt im 17. Jahrhundert Tuche bezeichnet.
[2]) Dieser Satz ist in der Ed. posth. weggelassen; weshalb, ist kaum ersindlich.
[3]) Wie man aus dieser und ähnlichen Stellen ersieht, ist P. in gewisser Beziehung ein Anhänger des Mercantilsystems.
[4]) Das ist ein Punkt, über den in jener Zeit viel und oft geklagt worden ist. Auch Leibniz, in dem Bedenken über die Securität, kommt oft darauf zurück.

neue Flüche in's Vaterland zurückbringen. Und auch aus Frankreich bringen die jungen Deutschen selten anderen Gewinn nach Haus, als die Kunst des Schmausens und eine genaue, durch eigene Erfahrung erworbene, Bekanntschaft mit den verschiedenen Arten der Wollust. Nichtsdestoweniger halten Manche es für sehr nützlich, Frankreich und Italien bereist zu haben. Denn während es ihnen lästig ist, im Vaterlande mit vieler Mühe sich die leeren Titel akademischer Würden zu erwerben,[1]) können sie bei all' ihrer Unwissenheit von uns ohne Schande und mit wenig Kosten den Doctortitel nach Haus mitbringen. Freilich schnitzt man auch in Deutschland Doctoren genug aus rohem Holz.

§. 4. Verhältnisse zu den Nachbarstaaten.

1. Türkei.

Wenn aber nun Kraft und Schwäche nur relative Begriffe sind, die erst aus einer Vergleichung mit anderen ihr rechtes Licht erhalten, so ist im folgenden noch zu betrachten, in welchem Verhältniß die Machtmittel Deutschlands zu denen des Auslandes stehen. Auf der einen Seite grenzt nun Deutschland in Steiermark, Ungarn und Kroatien, die als Vorwerke Deutschlands angesehen werden können und für seine Sicherheit unentbehrlich sind, an's türkische Reich. Nun hat der Türke zwar bedeutend mehr Einkünfte aus seinem weiten Reiche und kann mit ungeheuren Menschenschwärmen in die benachbarten Gebiete eindringen, aber nichtsdestoweniger braucht Deutschland ihn nicht eben sehr zu fürchten. Denn die Türkei berührt nur die äußersten Grenzen Deutschlands, und diese engen Grenzländer sind weit von dem Mittelpunkt des türkischen Reiches entfernt. Daher sind die Kriege in Ungarn für die Türken selbst mit vielen Schwierigkeiten verbunden. Denn abgesehen davon, daß die türkischen Truppen[2]) den wohl disciplinirten deutschen Soldaten nicht gewachsen sind, so ist auch der Transport der Hilfsvölker aus Asien sehr beschwerlich und die asiatischen Truppen können außerdem das rauhe Klima und die Strenge des deutschen Winters nicht wohl ertragen. Dazu kommt noch, daß bei einer Concentrirung aller Kräfte der Türkei an den äußersten Reichsgrenzen es gewöhnlich an den entgegengesetzten Grenzen, nach Persien zu, zu gähren anfängt. Und da Serbien, Bulgarien und das türkische Ungarn ein großes Heer nicht lange unterhalten können, so muß, da zum großen Glück für Deutschland die Donau nach Osten fließt, die Zufuhr unter viel Beschwerden auf Landwegen herbeigeschafft werden. Auch verwendet Deutschland kaum je mehr als den vierten Theil seiner Streitkräfte gegen die Türkei, und selbst diese sind noch dazu meist durch Feigheit und Uneinigkeit der Führer, sowie durch Mangel an Geld und Disciplin geschwächt. Und dennoch hat Deutschland mehr Siege über die Türkei, als diese über Deutschland erfochten.

Dem Volke aber ist der Türkenname unsäglich furchtbar, theils wegen

---

[1]) Vgl. Einleitung S. 8. und Anm. 4.
[2]) Die späteren Ausgaben und nach ihnen Ed. posth. fügen hinzu: mit Ausnahme der Janitscharen.

der Grausamkeit der Türken selbst, theils wegen der Schlauheit¹) Oesterreichs, welches den Türkenschrecken benutzt, um den deutschen Geldbeutel zu schröpfen. Dazu kommt noch das Geschrei der Pfaffen und ihre Sucht, Böses zu prophezeien; denn ihnen liegt natürlich auch daran, die Menge in beständiger Furcht zu erhalten.²)

§. 5. Fortsetzung.
2. Verhältniß zu den anderen Staaten.

Italien ist an Zahl und Reichthum der Bevölkerung weit schwächer als Deutschland und durch seine Zersplitterung zu auswärtigen Unternehmungen fast unfähig. Auch sind wir Italiener gern zufrieden, wenn die deutschen Kaiser ihre alten Rechte auf unser Vaterland nicht wieder geltend machen, zumal in unserer pietätslosen Zeit, in der die Scheu vor dem päpstlichen Bannstrahl, der einst die Deutschen schreckte, jetzt ganz verschwunden zu sein scheint.³) — Polen kann ebensowenig seine Macht mit der Deutschlands vergleichen. Und da die polnische Politik ebenfalls mehr defensiv als aggressiv ist, die Deutschen aber ihre Verfassung zu gleicher Zurückhaltung zwingt, so ist ein Zerwürfniß zwischen diesen beiden Mächten kaum denkbar, außer in dem Fall, daß ein deutscher Fürst sich in die inneren Streitigkeiten der Polen mischen sollte.⁴) — Die Dänen sind bis jetzt noch nicht einmal im Stande gewesen, Hamburg zu überwältigen,⁵) so daß sie gegen ganz Deutschland sicher nichts auszurichten hoffen können; zumal⁶) sie jede Bewegung ihrer Nachbaren, der Schweden, ängstlich überwachen müssen. — Auch von England und seinen übermüthigen Ansprüchen auf die Herrschaft des Meeres hat Deutschland nichts zu besorgen. Denn wie England sich in die Angelegenheiten des Festlandes stets ohne Erfolg mischen würde, so hat Deutschland andererseits keine gegen die englische irgend in Betracht kommende Seemacht. — Die vereinigten Niederlande haben weder den Willen noch die Kraft, gegen Deutschland etwas zu unternehmen. Sie leben auf dem Wasser und sind zum Kriegsdienste auf dem Lande fast ganz unbrauchbar, wie es sich denn auch mit ihren Anschauungen von Freiheit nicht verträgt, ein großes Landheer zu unterhalten, wozu sie sonst Mittel

---

¹) Ed. posth. fährt hier fort: „derjenigen, welche den Türkenschrecken benutzen, um die Deutschen zu Geldbewilligungen zu bewegen."

²) Die hier dargelegte Ansicht, die gewiß in vieler Beziehung durchaus richtig ist, ist höchst merkwürdig in einer Zeit, in der man allgemein den Türkenkrieg als ein Gott wohlgefälliges Unternehmen anzusehen pflegte. Sie ist jedenfalls ein schönes Zeugniß für die Unabhängigkeit der Denk- und Anschauungsweise unseres Schriftstellers.

³) Die späteren Ausgaben (schon die von 1684) und nach ihnen auch die Ed. posth. fügen hier folgenden Satz ein: Auch die Schweizer sind angenehme Nachbaren, da sie nie aggressiv vorgehen und sich begnügen, ihr Eigenthum zu vertheidigen; sie nützen Deutschland mehr, als sie ihm schaden.

⁴) Ed posth. fügt hinzu, „oder Polen, durch französisches Gold erkauft, Deutschland im Rücken angreifen sollte."

⁵) Ed. posth. schreibt: „was ihnen freilich auch weder Nieder- noch Ober-Sachsen, haben sie ihr Interesse im Auge, gestatten werden."

⁶) Statt dieses Nachsatzes heißt es in Ed. posth.: „Sollten sie aber von anderen aufgereizt sein, so würde man ihnen leicht durch ein Bündniß mit dem Dänemark immer feindlichen Schweden genug zu thun machen können."

genug hätten. Sie[1]) sind deshalb gern zufrieden, wenn Deutschland nicht mit Gewalt die von ihnen zum Schutz ihrer Grenzen gegen Spanien besetzten Städte zurückfordert. — Die Theile des spanischen Reiches, welche an Deutschland grenzen, halten mit diesem keinen Vergleich aus. Das spanische Hauptland aber ist weit entfernt, seine Kräfte sind erschöpft und nicht einmal zur Unterwerfung des kleinen Portugal ausreichend. Selbst Karl V., unter dem Spanien auf dem Gipfel seiner Macht stand, und der sich noch außerdem auf die österreichische Hausmacht und auf das kaiserliche Ansehen stützen konnte, ist mit seinen Plänen, sich Deutschland völlig zu unterwerfen, gescheitert. — Schweden ist, auch wenn man die vor kurzem erworbenen Provinzen mit in Anschlag bringt, Deutschland doch weder an Heeresmacht, noch an Geldmitteln gewachsen. Was die erstere betrifft, so wird freilich Schweden vielfach überschätzt, theils weil von jeher seine Wehrhaftigkeit sehr gerühmt wurde, theils weil seine Erfolge im letzten Kriege allerdings bedeutend waren. Aber es steht fest, daß Schweden in einem Zeitraume von 18 Jahren nicht mehr als 70,000 Soldaten hat nach Deutschland schicken können, von denen viele wieder in ihre Heimath zurückgekehrt sind, während doch, so lange jener Krieg gedauert hat, nie weniger, dagegen oft mehr als 100,000 Deutsche unter den Waffen gestanden haben. An jenen Erfolgen aber war zum guten Theil die Uneinigkeit der Deutschen Schuld, andererseits war den Schweden wiederholentlich das Glück günstig, und die von Oesterreich bedrängten Protestanten nahmen König Gustav wie einen ihnen vom Himmel gesandten Schutzengel auf.

Zweifelhafter aber kann das Verhältniß Deutschlands zu dem jetzt so blühenden französischen Reich erscheinen. Doch wenn wir einfach die Machtmittel beider Länder, ohne auf ihre Regierungsform, in Frankreich eine einheitlich organisirte Monarchie, in Deutschland eine in sich aufgelöste Verfassung, und die daraus entspringenden Folgen Rücksicht zu nehmen, vergleichen, so werden wir Deutschland das Uebergewicht zuerkennen müssen. Denn sein Gebiet ist bei weitem ausgedehnter als das Frankreichs, und während beide an Fruchtbarkeit des Bodens einander etwa gleichstehen mögen, ist Deutschland an Schätzen unter der Erde bei weitem reicher, als das Nachbarland. Ebenso ist Deutschlands Bevölkerung nicht geringer, und daß der deutsche Soldat dem französischen gewachsen ist, hat sich auf vielen Schlachtfeldern gezeigt. Nicht ganz so leicht ist ein Vergleich der beiderseitigen finanziellen Verhältnisse. Hören wir doch mit Staunen und Bewunderung, wie viel Geld der jetzige König in wenigen Jahren zusammengebracht hat und wie hoch sich seine jährlichen Einkünfte belaufen. Aber man muß in Erwägung ziehen, daß die französische Bevölkerung jetzt mit Steuern und Zöllen weit schwerer belastet ist, als die deutsche und daß dort alle Einnahmequellen zu einem Strome sich vereinigen.[2]) Dagegen läßt sich kaum mit Sicherheit feststellen, wie hoch sich in Deutschland die Einkünfte der zahlreichen Fürsten belaufen.

---

[1]) Dieser Satz fehlt in der Ed. posth. Statt dessen schiebt sie hinter Landheer ein, „so weit es nicht zur eigenen Vertheidigung nöthig ist."

[2]) Die späteren Ausgaben und Ed. posth. schieben hier ein: „Dennoch wird eine bedeutende Abnahme der Einkünfte zu verspüren sein, sobald einmal die Fremden aufhören, die französischen Waaren zu consumiren, welche sie so leicht entbehren können."

§. 6. Fortsetzung. Coalitionen auswärtiger Mächte.

Mag aber auch Deutschland jedem einzelnen Staate Europas überlegen sein, so bleibt doch noch fraglich, was geschehen wird, wenn mehrere sich zu einem Angriffe gegen das Reich vereinigen. Hier ist nun gleich zu bemerken, daß manche Staaten, wenn anders ihre Politik die richtige sein soll, sich überhaupt nicht gegen Deutschland verbinden können, andere dagegen auch vereint doch im Verhältniß zum Reiche zu ohnmächtig sind, um in einem Kriege mit Deutschland auf glückliche Erfolge rechnen zu können. Weiter ist zu beachten, daß auch Deutschland immer Bundesgenossen finden wird, da die Coalition, der eine völlige Ueberwältigung des Reiches gelingen sollte, mächtig genug sein würde, ganz Europa Gesetze vorzuschreiben, was die übrigen Staaten nie zugeben werden noch dürfen.

Es giebt[1]) nun nur drei Staaten in Europa, welche an die Spitze einer Allianz gegen Deutschland treten können, die Türkei, Oesterreich und Frankreich.

Mit der Türkei wird schwerlich ein christlicher Fürst ein Bündniß gegen Deutschland schließen, auch nicht einmal Frankreich. Denn die Verträge, welche im vorigen Jahrhundert zwischen Frankreich und der Pforte bestanden, hatten nur den Zweck, die für den ersteren Staat so gefährliche Macht Karls V. zu theilen; ein Bündniß aber zum Zweck eines gemeinschaftlichen Angriffs und einer gemeinschaftlichen Unterwerfung von Deutschland hat man um so weniger zu befürchten, als es zugleich gottlos und thöricht wäre, das Wachsthum der Macht der unglaubigen Barbaren zu begünstigen, die ja in allen christlichen Ländern gleichmäßig verhaßt sind. Ja wie es einerseits vortheilhafter für Frankreich ist, wenn Deutschland auf seiner jetzigen Machtstufe verbleibt, als wenn ein großer Theil desselben in die Hände der Türken fällt, so kann es anderseits auch für die Türkei nur erwünschter sein, wenn das Reich eine unförmliche, einen Angriffskrieg unmöglich machende Verfassung behält, als wenn die mit Frankreich zu verbindenden Theile sich zu einer straffen Monarchie umbilden. Denn wenn Deutschland und Frankreich zu einem Staatskörper verschmolzen wären, so hätte der Türke guten Grund, für sein eigenes Reich und seine Hauptstadt besorgt zu sein.[2])

---

[1]) Ed. posth. sagt statt dessen: „es gab nun vor der Zertrümmerung der türkischen Macht."

[2]) Die ganze vorangehende Ausführung über ein Bündniß eines fremden Staates mit der Türkei ist in der Ed. posth. durch die folgende ersetzt: „Mit den Türken hat noch kein christlicher Fürst sich offen gegen Deutschland zu verbinden gewagt; doch hat Frankreich bisweilen in geheimem Einvernehmen mit ihnen gestanden. Freilich würde man das Bündniß zwischen Franz I. und den Türken im vorigen Jahrhundert vielleicht damit entschuldigen können, daß es zur Erhaltung Frankreichs nothwendig war, der Uebermacht Karls V. gegenüber, woher auch immer es sei, Bundesgenossen zu werben — denn um der eigenen Rettung willen mag jeder Weg gestattet scheinen. Ludwig XIV. aber hätte mit Recht den Titel allerchristlicher König verlieren müssen, er, der ohne zwingenden Grund, nur aus Eroberungslust, die Türken gegen den Kaiser aufgewiegelt hat, um, wenn sie sich Wiens hätten bemächtigen können, Deutschland von der anderen Seite anzugreifen. Als das mißlang, blieb er so lange ruhig, bis die

Daß es dem Haus Oesterreich gelinge, das übrige Deutschland in wahrhaft monarchischer Weise sich zu unterwerfen, wird keiner der Nachbarstaaten wünschen, und keiner von ihnen wird so thöricht sein, ein derartiges Unternehmen irgendwie zu begünstigen. Wenn auch Spaniens Hilfe Oesterreich hierbei gewiß wäre, so würden doch Frankreich, Schweden und die Niederlande sich um so eifriger widersetzen, je gewinnreicher es stets für sie war, die deutsche Libertät zu unterstützen. Auch der Papst dürfte einen derartigen Versuch Oesterreichs nicht begünstigen. Zwar würde es ruhmvoll für den Oberhirten der Christenheit sein, so viel Myriaden verirrter Schafe zur Mutterkirche zurückkehren zu sehen, aber lieber würde man einige Seelen verlieren, als es zulassen, daß Oesterreichs oder Spaniens Uebermacht gebieterisch in die italiänischen Verhältnisse eingriffe.

Wollte[1]) endlich Frankreich Deutschland angreifen, so würde es wiederum Spanien, England, Italien und die Niederlande zu erklärten Gegnern haben, die sich vielleicht etwas abergläubisch an den alten Spruch erinnern würden: Habe den Franken zum Freund, aber nicht zum Nachbar. Die Dänen dagegen würden sich vielleicht nicht scheuen, sich einer französischen Schutzherrschaft zu unterwerfen, wenn sie so der beständigen Furcht vor den verhaßten Schweden ledig werden könnten. Am meisten Gefahren aber scheint ein Bündniß zwischen Frankreich und Schweden zu haben, besonders wenn der König des letzteren Reiches ein kriegsliebender Herr wäre. Aber erfahrene Politiker wollen bemerkt haben, daß Frankreich zwar Schwedens Hilfe bezahlen, aber die mit jener Hilfe erlangten Vortheile nur für sich ausnutzen will. Denn die Franzosen wünschen gar nicht, daß Schweden mit ihrem Gelde seine Macht hinreichend erweitert, um ihre Freundschaft für die Folge entbehren zu können. Und umgekehrt halten es die Schweden für thöricht, zum Vortheil Frankreichs und nicht zu ihrem eigenen Krieg zu führen. Auch sind sie klug genug, um vorauszusehen, daß nach einer Unterwerfung Deutschlands durch Frankreich letzteres ihnen ebensogut, wie allen anderen Reichen, Gesetze vorschreiben würde. Daher[2]) ist die Freundschaft zwischen beiden Staaten seit einiger

---

Truppen von Oberdeutschland weit entfernt waren und er unerwartet über den Rhein losbrechen konnte, einmal um den Türken Zeit zu geben, sich wieder zu sammeln, die sonst leicht ganz aus Europa hätten verjagt werden können, sodann um das, was Deutschland noch auf dem linken Rheinufer geblieben, sich zu unterwerfen. Ob diese Treulosigkeit Ludwig, dem Ruhestörer Europas seit langer Zeit, dessen Ehrgeiz unersättlich ist, ungestraft hingehen wird, wird die Zeit lehren.

[1]) Auch die folgende Ausführung ist in der Ed. posth. wesentlich verändert. Namentlich weist P. hier auf die Gefahren hin, die Frankreichs Uebermacht nach Deutschlands Eroberung ganz Europa drohen würde und wie diese Gefahr alle Staaten gegen Frankreich vereinen würde. Nur Polen, meint er, könnte vielleicht durch Bestechung von Frankreich gewonnen werden; Dänemark schon deshalb nicht, weil Frankreich zur Erringung einer Universalmonarchie auch der Herrschaft über die Ostsee bedürfe.

[2]) Statt der folgenden Ausführung wird in der Ed. posth. noch einmal auf die Gefahr hingewiesen, die Frankreichs Uebermacht ganz Europa drohe. Insbesondere fordert P. Deutschlands Fürsten auf, sich nicht durch französisches Gold gewinnen zu lassen.

Zeit etwas lauer geworden, und Frankreich hat es für rathsamer gehalten, einige deutsche Fürsten, besonders rheinische, für jährliche Subsidien, wie man sich erzählt, an sich zu fesseln. Dabei zeigt es sich im allgemeinen für das Wohl Deutschlands besorgt, spielt in Streitigkeiten deutscher Fürsten gern den Schiedsrichter, unterstützt die, welche eine Hilfe nachsuchen, mit Geld und Truppen, und sucht so jeden, der Unterstützung braucht, zu überzeugen, daß er sie leichter in Frankreich, als bei Kaiser und Reich finden würde. Man¹) müßte thöricht sein, wenn man nicht bemerkte, daß dies der leichteste Weg ist, Deutschlands Freiheit zu untergraben, besonders wenn einmal der österreichische Mannsstamm aussterben sollte.

§. 7. Deutschlands Krankheiten im Inneren.

Aber die Macht des deutschen Reiches, welche durch eine regelmäßige Staatsverfassung zusammengehalten, ganz Europa furchtbar sein würde, ist durch innere Krankheiten und Umwälzungen so geschwächt, daß sie sich kaum selbst vertheidigen kann. Schuld daran ist hauptsächlich, wie gesagt, die zusammenhangslose, schlecht geordnete Verfassung; denn eine Menge von Menschen, mag sie auch noch so zahlreich sein, ist nicht stärker, als ein Mann, so lange jeder seine besonderen Zwecke verfolgt. Und wenn auch mehrere Menschen nicht zu einem natürlichen Körper zusammenwachsen können, so werden doch ihre Kräfte geeinigt, wenn sie von einem Willen, wie von einem Geiste, gelenkt werden. Je enger und geschlossener diese Vereinigung, um so kräftiger ist sie. Schwächen und Krankheiten dagegen sind die Folgen einer losen und schlaffen Verbindung der Glieder. Die vollkommenste Vereinigung, welche zu einer dauerhaften Machtentwickelung am meisten fähig ist, zeigt sich in einer gut geordneten Mo-

---

¹) Statt der folgenden Worte heißt es in der Ed. posth. so: Bald aber fing Frankreich an, durch beständige Erfolge übermüthig geworden, durch Verrath, unter den absurdesten Vorwänden oder mit offener Gewalt, alles in Besitz zu nehmen, was ihm wohlgelegen schien; das linke Rheinufer wurde zum größten Theil annectirt und durch furchtbare Werke befestigt, so daß eine Invasion in Frankreich fast unmöglich war, die Franzosen dagegen, so oft es ihnen beliebte, in Deutschland einfallen und das Land furchtbar verheeren konnten. Deßhalb sind Alle, die Frankreich unterstützen, offene Vaterlandsverräther; diejenigen aber, welche die gemeinsame Gefahr abzuwehren zu feige sind, verdienten die französische Knechtschaft vollkommen, wenn nur nicht ihre unglücklichen Unterthanen ihr Loos zu theilen hätten. Besonders aber müssen die deutschen Fürsten sich hüten, das Bündnißrecht zum Schaden des Vaterlandes zu mißbrauchen, und es wäre zu wünschen, daß ein Mittel gefunden würde, diesen Mißbrauch zu verhüten. Freilich, wären die Fürsten einsichtig, so müßte schon die Erwägung ausreichen, daß nach der Sprengung des Reichs auch ihre Macht zu Boden geworfen und von dem französischen Uebermuthe zertrümmert werden würde. Dabei mögen sie an den Ausspruch jenes französischen Ministers denken, der dem Gesandten eines deutschen Kurfürsten erwiderte, als dieser bei Unterhandlungen über ein Bündniß mit Frankreich die Verpflichtungen seines Herrn gegen das Reich gewahrt wissen wollte: — „Wozu bedarf es der Worte, wenn Dein Herr nicht ein Kurfürst des römischen Reiches ist, so ist er nichts."

narchie.¹) Denn aristokratische Staaten, abgesehen davon, daß sie fast nur möglich sind, wo Staat und Stadt fast zusammenfallen, sind ihrer Natur nach schwächer, als monarchische, und die Ausnahme, welche von dieser Regel die erlauchte Republik Venedig macht, darf fast als ein Wunder gelten. Dagegen haben Staatenbünde einen weit loseren inneren Zusammenhang und sind viel leichter inneren Unruhen, ja selbst der Gefahr völliger Auflösung ausgesetzt. Soll aber ein solcher Staatenbund einige Macht entwickeln, so ist vor allem nöthig, daß die Verfassungsform in den einzelnen Staaten dieselbe ist, daß die einzelnen Glieder nicht allzu ungleich an Kräften sind, und daß die Verbindung allen gleichen Nutzen bringt. Weiter muß das Bundesverhältniß nach reiflicher Ueberlegung und nach sorgfältig ausgearbeiteten Grundgesetzen abgeschlossen sein. Staaten aber, die ohne solche Erwägung und ohne vorherige Feststellung der zukünftigen Verfassung in ein solches Bundesverhältniß getreten sind, können ebensowenig einen lebensfähigen Staatskörper bilden, wie²) ein Schneider ein elegantes Kleidungsstück wird verfertigen können, wenn er das Tuch zugeschnitten hat, ehe er wußte, ob er für einen Mann oder eine Frau ein Gewand anfertigen sollte. Zu beachten ist auch, daß kaum je Monarchieen und Republiken Bündnisse — selbst nur auf Zeit, geschweige denn zu dauernder Verbindung — abgeschlossen haben, da die Fürsten die Freiheit des Volkes, dieses den Stolz der Fürsten nicht will. Auch ist das menschliche Herz von der Natur so angelegt, daß kaum je ein Stärkerer den Schwächeren als gleichberechtigten Bundesgenossen wird anerkennen wollen. Und wer von der Verbindung nur geringen oder keinen Nutzen hat, trägt erfahrungsmäßig nur ungern zu den gemeinsamen Lasten bei.

§. 8. Die Symptome der Krankheit Deutschlands.

Deutschland³) aber krankt zugleich an den Uebeln einer schlechten Monarchie und an denen eines ungeordneten Staatenbundes: ja der Hauptfehler ist gerade, daß Deutschland eigentlich zu keiner dieser beiden Staatsformen gehört. Denn dem Anschein und den äußeren Formen nach ist es eine Monarchie, und die ältern deutschen Könige waren ja bekanntlich wahre Monarchen. Seitdem aber die königliche Macht gesunken ist und der Einfluß und die Libertät der Stände sich vermehrt haben, ist kaum ein Schatten von Königsherrschaft zurückgeblieben, und der Kaiser hat kaum so viel Rechte, wie einem Bundeshaupte zukommen. Das ist nun die Ursache der gefährlichsten Umwälzungen gewesen, da die Interessen des Kaisers und der Fürsten verschieden sind. Jener strebt auf jede Art danach, die alten monarchischen Rechte wieder zu erwerben, diese aber vertheidigen die einmal erworbene Unabhängigkeit. Daraus entstehen beständ-

---

¹) Man beachte diesen Ausspruch, der das eigentliche politische Glaubensbekenntniß P's. enthält.
²) Dies Gleichniß ist in der Ed. posth. weggelassen.
³) Auch in diesem und dem folgenden Paragraphen sind nach der uns schon bekannten Weise viele Stellen in der Ed. posth. abgeschwächt, ohne daß der Sinn des Ganzen bedeutend verändert wird.

diger Verdacht, gegenseitiges Mißtrauen und Ränke aller Art; auf der einen Seite, um die Erweiterung der kaiserlichen Befugnisse zu hindern, auf der anderen, um die Macht der Fürsten zu brechen; und so wird das sonst so mächtige deutsche Reich zu Angriffs- oder Eroberungskriegen fast ganz unfähig, da die Stände dem Kaiser keinen Machtzuwachs gönnen und das neu erworbene Gebiet doch nicht unter alle gleichmäßig vertheilt werden kann. Wie monströs ist schon allein das Ergebniß aller dieser Verhältnisse, das nämlich, daß im Reiche die Politik des Hauptes von der der Glieder sich völlig unterscheidet.

Außerdem aber bestehen unter den einzelnen Ständen selbst mannigfache Gegensätze, welche Deutschland nicht einmal als einen in sich geschlossenen Bundesstaat erscheinen lassen. Zunächst ist es schon bedenklich, daß die Verfassungsform nicht in allen Gliedern des Bundes dieselbe ist, sondern daß dieselben theils Monarchieen, theils Republiken sind. So sehen die Fürsten scheelen Auges auf die durch Handel reich gewordenen Städte, zumal ein großer Theil des Reichthums derselben aus den fürstlichen Territorien selbst herstammt, wie es denn auch unbestreitbar ist, daß viele Städte, Schmarotzerpflanzen vergleichbar, die benachbarten fürstlichen Territorien fast völlig ausgesogen haben. Der Adel pflegt ferner ja immer den Bürgerstand gering zu achten, während dieser doch auf sein Geld nicht weniger zu pochen liebt, als jener auf seine Ahnenbilder oder seine verarmten Besitzungen. Einige Fürsten glauben auch, daß die Städte einen schlechten Einfluß auf ihre Unterthanen ausüben, und daß diese um so widerwilliger sich in's Joch der Herrschaft schmiegen, je näher ihnen ein Vergleich mit der freieren Entfaltung des Bürgerthums in den benachbarten Städten liegt. So entstehen überall gegenseitiger Neid und Haß, gegenseitiges Mißtrauen, gegenseitige Vorsicht und gegenseitige Ränke. Am häufigsten und offenkundigsten aber treten diese Gegensätze zu Tage zwischen den Bischöfen und den Städten, in welchen die Haupt- oder Cathedralkirchen der ersteren belegen sind. Selbst auf dem Reichstage zeigen die Fürsten unverholen ihre Abneigung gegen das Collegium der Städte, während der Kaiser letzteren geneigt ist, da er auf sie einen größeren Einfluß auszuüben vermag, als auf die anderen Stände.

Aber auch die geistlichen und die weltlichen Fürsten sind einander nicht sehr wohl geneigt. Erstere beanspruchen für sich einen höheren Rang um ihres priesterlichen Amtes willen,[1]) und weil ohne Zweifel der Glorienschein der Gottheit sich reichlicher über eine Glatze ergießt, als über ein Haupt mit vollem Haarwuchs. Einst in den barbarischen Zeiten des Mittelalters überwogen sie auch an Einfluß und Ansehen. Den weltlichen Fürsten aber ist es nicht angenehm, jene, die doch meist aus dem niederen Adel stammen, plötzlich als ihres Gleichen anerkennen oder ihnen wohl gar einen höheren Rang zugestehen zu müssen und sie auf ihr Gottesgnadenthum sich berufen zu hören. Dazu kommt noch, daß ja die geistlichen Fürsten ihr Amt nicht ihren Nachkommen hinterlassen können und daß ihre Familie in ihrem früherem Stande verbleibt, wenn auch

---

[1]) Ed. posth. fährt statt des folgenden ironischen Satzes fort: das freilich seiner anfänglichen Bestimmung und seinem ursprünglichen Charakter nach nichts fürstliches an sich hatte. Den weltlichen u. s. w.

viele Bischöfe nach dem Vorbilde des heiligen Vaters für ihre Verwandten durch kirchliche Pfründen und andere Verleihungen reichlich sorgen. Auf der anderen Seite haben auch die geistlichen Fürsten viele Gründe zur Zwietracht mit den weltlichen, worauf ich weiter unten zurückkomme.

Der zweite Grund der inneren Spaltung der Stände ist die Ungleichheit der Macht. Denn so entsteht nach einem Erbfehler der Menschheit bei den Mächtigeren eine gewisse Geringschätzung der Schwächeren und zugleich der Wunsch, sie zu vergewaltigen, während die kleineren Fürsten eifersüchtig auf jene sind, gerne klagen und in zuweilen unbequemer Weise auf ihre Souveränetät pochen. Der Vorrang der Kurfürsten über die anderen Fürsten ist dann ein neuer Grund zum Zwiespalt, da die Fürsten ihn nur widerstrebend anerkennen und den Kurfürsten manche Vorrechte bestreiten, für welche diese eifrig kämpfen.

§. 9. Fortsetzung.

Außer den schon erwähnten Hindernissen staatlicher Einigung, und gleich als ob diese noch nicht genug wären, ist in Deutschland noch die Religion, sonst das stärkste Bindemittel der Einheit, die Ursache zahlreicher Parteiungen und Zwistigkeiten. Das liegt aber weniger an der Verschiedenheit der religiösen Ansichten selbst und an der Gewohnheit aller Pfaffen, Andersgläubige von der ewigen Seligkeit auszuschließen, als vor allem daran, daß die katholische Geistlichkeit, von den Protestanten eines großen Theiles ihrer Güter beraubt, unablässig darauf bedacht ist, dieselben wiederzugewinnen, die Protestanten dagegen nicht gewillt sind, das einmal Errungene wieder aufzugeben. Außerdem wird vielfach behauptet, daß übergroßer Einfluß der Geistlichkeit überhaupt das Staatsinteresse schädigt, insbesondere dann, wenn Priester und Mönche unter einem außerdeutschen Oberhaupte stehen, das, ohne wahre Theilnahme für Deutschlands Wohlergehen, die höchsten Interessen aller Laien gern dem Nutzen seiner Anhänger opfern würde. Denn es liegt ja auf der Hand, daß die Geistlichkeit einen besonderen Staat im Staate bildet und daß so Deutschland unter zwei Oberhäuptern steht, was Alle, die ihr Vaterland mehr lieben, als die römische Kirche, für das größte Unglück Deutschlands halten.[1]

Höchst schädlich ist ferner die Befugniß der deutschen Stände nicht nur unter einander, sondern auch mit dem Auslande Verträge schließen zu können, die ihnen durch den Frieden von Osnabrück ausdrücklich garantirt ist. So theilen sich die deutschen Fürsten in mehrere Factionen und so werden auswärtige Mächte in den Stand gesetzt, durch Bündnisse mit Deutschen Deutschland niederzuhalten und bei günstiger Gelegenheit ihre Macht auf Kosten der Gesammtheit auszudehnen. Denn dergleichen Bündnisse mit dem Auslande werden nicht nur gegen auswärtige Staaten

---

[1] Ed. posth. citirt hier eine bezügliche Aeußerung des Papstes Pius. (Vgl. Pandulf. Collenutius rer. Neapol. l. 4. p. m. 185).

— das könnte man noch allenfalls ertragen — sondern gegen Glieder des deutschen Reiches selbst abgeschlossen.

Ferner sind Recht und Gericht in Deutschland fast verschwunden. Denn wenn bei Streitigkeiten der Stände untereinander (wie sie in Folge der großen Zahl der Stände und bei ihren sich durchkreuzenden Territorien oft genug vorkommen) der Proceß vor dem Kammergericht angestrengt wird, so kann man eine Entscheidung nicht vor einem Jahrhundert erwarten. Beim Reichshofrath aber fürchtet man, daß parteiisch geurtheilt wird, da die Richter der Bestechung zugänglich sind und vor allem das österreichische Interesse wahrnehmen. So kommt es, daß in Deutschland Macht vor Recht geht und daß der Mächtige mit Waffengewalt sein Recht erweist und durchsetzt.

Endlich tritt die Schwäche Deutschlands klar zu Tage in dem Mangel eines gemeinsamen Reichsschatzes und eines stehenden Reichsheeres, dessen man sich zur eigenen Vertheidigung, aber auch zur Eroberung eines Landes bedienen könnte, um von den Einkünften desselben die gemeinsamen Ausgaben zu bestreiten. Welch ein Vortheil für das Vaterland wäre allein schon das, wenn Deutschland die vielen Soldaten, welche, zu friedlichem Leben nicht geschaffen, in ganz Europa ihre Dienste feilbieten, für seine eigenen Zwecke verwenden könnte.

§. 10. Die Streitigkeiten zwischen den einzelnen Ständen.

Abgesehen von alle dem bestehen unter den Ständen viele unausgetragene Streitigkeiten, welche das Reich in sich spalten. Ich will hier nur einige der wichtigsten erwähnen.

Gegen Oesterreich sind alle Stände neidisch oder voll Argwohn, weil sie ihm den langjährigen Besitz der Kaiserkrone nicht gönnen und seine übergroße Macht fürchten. Zwischen Bayern und Kurpfalz besteht eine alte Feindschaft, die in neuester Zeit bei dem Streite über das Reichsvicariat wieder zum Ausbruch gekommen ist. Und das Ende des Streites ist gar nicht abzusehen, da das Recht auf Seiten von Kurpfalz, die Macht auf Seiten Bayerns ist. Im sächsischen Hause sind die ernestinische und die albertinische Linie wegen der Uebertragung der Kurwürde von der ersteren auf die letztere mit einander verfeindet. Brandenburg kann es den Schweden nie verzeihen, daß sie ihm einen Theil von Pommern vorenthalten. Kurpfalz ist mit seinen Nachbaren wegen mancherlei Rechte in Streit, die es in ihren Gebieten ausübt, und um deren Willen es unlängst zum Kampfe gekommen ist.[1]) Im hessischen Hause werden die alten Streitigkeiten über Marburg kaum schon vergessen sein. Brandenburg und Pfalz-Neuburg haben sich wegen der jülichschen Erbschaft noch immer nicht völlig geeinigt.

Und wer möchte all' die weniger wichtigen Streitfragen aufzählen, die hier genannt werden könnten. Haben ja selbst leere Rangunterschiede und Ceremonialfragen Fürsten und Stände dauernd verfeindet. Bei allen diesen Spaltungen und inneren Krankheiten vergißt man fast den lang-

---

[1]) Gemeint ist der Wildfangstreit. (Vgl. oben S. 79. Anm. 2.)

samen Geschäftsgang in Civilprocessen, durch welchen es möglich ist, auch das klarste Recht jahrelang hinzuhalten, sowie die Verschiedenheit des Münzfußes, welche im Handel unendlich beschwerlich ist, während die Münzen selbst so bescheiden sind, sich ihrer Dünne wegen beständig in die Farbe der Scham zu kleiden.

Daß [1]) aber viele Fürsten nur an Schwelgerei und an die Waidlust denken, und weder um das Interesse ihres Staates, noch um ihr eigenes sich kümmern, daran tragen die Fürsten persönlich, nicht die Reichsverfassung, Schuld, und auch manche fremde Staaten kranken an demselben Uebel.

---

[1]) Ed. posth. läßt auch diesen Satz weg.

Achtes Capitel.

Die Staatsraison des deutschen Reiches.

§. 1. Absicht des Verfassers.

An[1]) welchen Krankheiten Deutschland leidet, wird sich, glaube ich, aus dem bisher Gesagten zur Genüge ergeben. Weit schwieriger ist es, die Heilmittel für diese Krankheiten zu bestimmen, zumal für einen Fremden, obwohl freilich die deutsche Bescheidenheit von jeher gern fremde Ansichten den eigenen vorzieht. Auch werden verständige Beurtheiler es mir, der ich allem Parteitreiben fern stehe, und der ich nächst dem Wohl meines eigenen Vaterlandes allen Völkern Glück und Heil wünsche, wohl verzeihen, wenn ich mir die unschuldige Freiheit nehme, meine Ansicht über die richtige Politik für Deutschland darzulegen. Ehe ich dies aber von meinem Standpunkt aus thue, wird es der Mühe werth sein, in kurzen Worten die Heilmittel zu besprechen, welche der schon oben erwähnte Hippolithus a Lapide dem kranken Deutschland verordnen will. Denn so viel Bewunderer seine Ansichten auch gefunden haben, mir hat es immer geschienen, als ob seine Medicamente schädliche Bestandtheile enthielten.

§. 2. Die sechs politischen Grundsätze des Hippolithus a Lapide.

Zuerst also macht er sechs Vorschläge, welche er als Gesetze der Staatsraison für diejenige Verfassung bezeichnet, die er in Deutschland annimmt; wie man sich erinnert, ist nach ihm Deutschland eine Aristokratie, d. h. eine bestimmte Anzahl von Personen, die Optimaten, haben die souveräne Gewalt, so daß dem Kaiser nur der Schein monarchischer Rechte bleibt. Er schreibt also folgendes vor: 1) Man muß nach Eintracht streben und allen Parteiungen fern bleiben. 2) Die Kaiserwürde darf nicht allzulange bei einem Hause verbleiben, damit nicht der lange Besitz jener Schattenbilder der monarchischen Herrschaft den Wunsch hervorrufe, die letztere zur Wahrheit zu machen. 3) Wenn auch die Kaiserwürde und mit ihr die Befugniß, die Reichsgeschäfte und die Functionen der einzelnen Stände zum Nutzen aller und zum Wohle des Staates zu leiten und zu

---

[1]) In der Ed. posth. nach Ablegung der Pseudonymität ist diese Einleitung bedeutend abgekürzt.

bestimmen, nur einer Person verliehen werden kann, so müssen doch die
Aristokraten die eigentliche Gewalt und das Recht, über die wichtigsten Angelegenheiten auf den Reichstagen zu entscheiden, in der Hand behalten,
deshalb ist der Reichstag oft zu berufen oder wenigstens nach Art des
Reichsregiments im vorigen Jahrhundert, ein stehender Ausschuß nieder-
zusetzen. 4) Dem Haupt des Reichs darf nur der Schein der Majestät
bleiben, alle Rechte und alle Gewalt müssen dem Staate selbst vorbehalten
werden. 5) Ueber Leben, Gut und Ehre der Stände darf der Kaiser
allein nicht entscheiden. 6) Ueber Heere und Festungen darf nicht er
allein den Oberbefehl haben.

Hippolith ergeht sich nun in weitläufigen Ausführungen, um zu
beweisen, daß diese Regeln von Kaiser und Ständen vielfach nicht beachtet
werden, wobei er das Haus Oesterreich und einige Kurfürsten auf's
schärfste angreift. Was aber jene Vorschriften der Staatsraison selbst
angeht, so ist es klar, daß, so wenig sie an sich ohne Weiteres abzuweisen
sind, doch auf ihnen das Heil Deutschlands nicht beruhen kann, da
Deutschland ja, wie oben gezeigt, eben kein aristokratischer Staat ist.

§. 3. Seine sechs Heilmittel für die Krankheiten Deutschlands.

Nach diesen sechs Grundsätzen schlägt dann Hippolith sechs Heilmittel
für die Krankheiten Deutschlands vor. Zuerst empfiehlt er Liebe zur
Eintracht und schlägt eine allgemeine Amnestie und eine Niederschlagung
aller schwebenden Streitigkeiten, welche die Zwietracht nähren, vor; sodann
will er Beilegung aller religiösen Zwistigkeiten, damit nicht um ihretwillen
das Wohl des Vaterlandes Schaden nehme. Alle[1]) diese Vorschläge geben,
wie man sieht, reichlichen Stoff für eine prächtige Schulrede; von prac-
tischem Nutzen für das deutsche Reich werden sie aber erst dann sein,
wenn alle deutschen Fürsten anfangen vernünftig zu werden und ihre
Leidenschaften nach philosophischer Vorschrift zu zügeln.

Zweitens will Hippolithus das Haus Oesterreich gänzlich vernichten
und seinen Besitz consiciren. Das heißt aber den Henker und nicht den
Arzt spielen. Oder soll etwa jeder mit dem Untergange gestraft werden,
dessen Macht die Stufe der Mittelmäßigkeit überschreitet? Wenn wir aber
auch diesen harten Urtheilsspruch anerkennen wollten, wer sollte es denn
wagen, die Axt an die Wurzel der österreichischen Macht anzulegen, die so
weite Ländergebiete umfaßt, und deren Anfall an eine oder an zwei andere
Mächte das Interesse von ganz Europa schädigen würde? Von den
deutschen Fürsten halten viele zu Oesterreich, andere sind ihm wenigstens
nicht Feind; die noch bleiben, sind nicht im entferntesten im Stande, eine
solche Macht zu bewältigen. Man müßte also Bundesgenossen suchen und
wen anders, als Frankreich und Schweden? Denn diese Mächte waren,
zur Zeit als Hippolithus schrieb, solchen Plänen sehr geneigt und erklärten
unter großem Beifall aller Thoren, sie wollten die durch Oesterreich unter-

---

[1]) Ich enthalte mich hier jeder kritischen Bemerkung, sowohl über die
Kritik, welche P. an den Vorschlägen des Hippolithus ausübt, wie über seine
eigenen, unten in §. 4. und folgenden dargelegten Reformpläne, da ich darauf
ausführlich in der allgemeinen Einleitung zu diesen „Schriften über deutsche
Reichsverfassung im 17. Jahrhundert" einzugehen habe.

drückte Freiheit Deutschlands schützen. Nun wäre es aber doch sehr unbescheiden, wollte man eine solche Mühe von ihnen umsonst verlangen; und es dürfte sich auch kein Schatzmeister finden, der die Beute so gewissenhaft für den Reichsfiscus in Anspruch nehmen könnte. Einsichtige Politiker glauben vielmehr, wenn die Pläne der Feinde Oesterreichs gelingen sollten, so würden die deutschen Stände bald die alte Klage der Frösche erheben, welche statt des Klotzes den Storch zum König bekamen. Da nun aber auch nach dem Sturze Oesterreichs Deutschland eines Hauptes nicht entbehren kann, will Hippolith die Wahl eines anderen Kaisers, den er — in lauter Phrasen und Gemeinplätzen — mit den herrlichsten Tugenden ausstattet: und doch soll der neue Kaiser nur des leeren Titels sich erfreuen und ohne monarchische Rechte nur die Rolle eines Directors oder Beamten spielen. Nun kann zwar eine derartige Stellung eines obersten Beamten in einem aristokratischen Staate, in welchem die Magnaten alle in einer Stadt leben, von gewissem Nutzen für den Staat sein: aber viel einfacher wäre es doch gewesen, dann die Kaiserwürde überhaupt abzuschaffen.

Was nun Hippolithus dem Kaiser an Macht nimmt, das giebt er ihm an Einkünften wieder; denn es wäre doch eine Schmach, einen solchen Fürsten hungern zu lassen. Der Kaiser soll also aus den österreichischen Besitzungen dotirt werden, und wenn diese vielleicht nicht ausreichen sollten, sollen die Kurfürsten wiedergeben, was ihnen von Karl V. geschenkt oder bestätigt ist. Ein wie schlechter Menschenkenner muß aber Hippolith sein, wenn er meint, mit solcher Macht ausgestattet, werde der neue Kaiser sich auf einen so engen Kreis von Rechten beschränken lassen. Uebrigens werden nach der Vernichtung Oesterreichs die Kurfürsten auch gar nicht so bereit sein, wieder heraus zu geben, was sie nun seit drei Jahrhunderten oder noch länger ruhig besitzen. Denn abgesehen davon, daß Fürsten im Allgemeinen einen viel zu schwachen Verstand haben, als daß sie das fassen könnten, was die Gewissensräthe über die Wiedererstattung unrechtmäßig erworbenen Gutes predigen, so haben die Kurfürsten auch Grund genug, sich an die übrigen Stände zu halten. Und mancher Reichsstand würde gewiß mit einem recht geringen Besitz sich begnügen müssen, sollte er über jeden Erwerb strenge Rechenschaft ablegen. Am billigsten ist es also, daß ein Jeder behalte, was er seit so langer Zeit besitzt.

Zu viert verordnet Hippolithus gegenseitiges Vertrauen der Stände und will alles Mißtrauen mit der Wurzel ausrotten. Zu diesem Behufe will er alle Streitigkeiten, von denen die meisten aus der Religionsverschiedenheit stammen, durch gütlichen Vergleich beigelegt wissen. Das war aber schon in seinem ersten Vorschlage inbegriffen: wozu also mit dieser Arznei noch ein besonderes Büchschen füllen?

Was er endlich über die Errichtung eines ständigen Reichsregiments, über die Zusammenberufung des Reichstages in wichtigen Angelegenheiten, über die Aufhebung des Hofrathes, über die Errichtung eines stehenden Reichsheeres und über die Erhebung von jährlichen Abgaben zur Gründung eines Kriegsschatzes vorschlägt, wird nach dem, was ich im Folgenden sagen werde, beurtheilt werden können.

§. 4. Die eigenen Vorschläge des Verfassers.

So[1]) bleibt nur noch übrig, daß auch ich meine Apotheke öffne, ob sich in ihr vielleicht ein Heilmittel für das fieberkranke Deutschland findet. Aber es ist bekannt, daß Waaren, die man umsonst erhält, nicht sehr behagen, und kein Verständiger wird rathen, sich selbst unentgeltlich zum Arzt für fremde Leiden anzubieten, da ja die ärgerlichen Kranken auch bezahlten Aerzten für ihre heilsamen Verordnungen oft genug mit Scheltworten lohnen. Leicht mag auch von vielen einsichtigen Leuten der verspottet werden, der, von seiner Stellung als Privatmann aus, den Staatslenkern Vorschriften machen will, und schließlich wäre es für den, der mit den Staatsgeschäften vertraut ist, keine große Kunst, nachdem einmal die richtige Diagnose gestellt ist, nun auch die richtige Therapie zu treffen. Ich füge also hier nur Weniges hinzu, damit mein Werkchen einen passenden Abschluß erhalte.

Als den Grundsatz, von dem auszugehen ist, möchte ich nun angesehen wissen, daß Deutschlands Verfassung sich seit lange in einem abnormen Zustand befindet, so daß sie ohne gewaltige Umwälzung zu einer streng monarchischen nicht mehr umgestaltet werden kann. Da dieselbe nun aber der eines Föderativstaates jetzt am nächsten steht, so wird man am angemessensten solche Mittel anwenden, welche von der Politik für Föderativstaaten vorgeschrieben werden, die ja alle naturgemäß mehr auf die Defensive, als auf die Aggressive gestellt sind.

Am wichtigsten ist es nun, die innere Eintracht herzustellen. Zu diesem Zwecke ist es das allernothwendigste, daß Jeder in seinen Rechten geschützt werde, und daß es Niemandem möglich ist, den Schwächeren zu vergewaltigen, damit so trotz der Ungleichheit der Macht die gleiche Sicherheit und Freiheit Aller hergestellt werde.

Daher müssen alte und verjährte Ansprüche ein für allemal zurückgewiesen werden, und der gegenwärtige Besitzstand ist allen Verhältnissen zu Grunde zu legen. Streitigkeiten aus jüngster Zeit sind durch den

---

[1]) In der Ed. posth. lautet dieser §. 4: Es ist nun nicht schwer, die richtige Politik für Deutschland zu bestimmen, wenn man einmal die deutschen Verhältnisse richtig kennen gelernt hat. Als Grundsatz muß hingestellt werden, daß die gegenwärtige Verfassung durch Gesetz und Gewohnheit so befestigt ist, daß sie nicht ohne die größten Umwälzungen und vielleicht nicht ohne die Zertrümmerung des Reiches geändert werden kann. Daher muß der Kaiser auf jeden Versuch verzichten, Deutschland zu einer wahren Monarchie zu machen, und die Stände müssen seiner Herrschaft, wie sie jetzt besteht, sich fügen, ohne nach gänzlicher Unabhängigkeit zu streben, die sicher für viele von ihnen gänzliche Unterwerfung nach sich ziehen würde, da nach Auflösung des Reichsverbandes die schwächeren Stände theils den mächtigeren, theils auswärtigen Staaten unterliegen müßten. Darin besteht jene Harmonie zwischen Haupt und Gliedern, welche die Deutschen insgemein zu beobachten für nöthig halten. Wie ferner ein unregelmäßiger Staat, wie Deutschland, nicht an Eroberungen, sondern nur daran denken darf, seinen Besitz zu behaupten, so muß auch im inneren vor Allem die Eintracht zwischen den Ständen, die ja viel mächtiger sind, als in anderen Staaten bloße Bürger, gesichert werden.

Zu diesem Zwecke u. s. w.

Schiedsspruch unbetheiligter Stände zu schlichten, dem sich zu unterwerfen beide Theile angehalten werden müssen.

Wenn nun ein Föderativstaat ein Oberhaupt an seine Spitze stellt, so ist dabei die größte Vorsicht zu beachten, um den Versuchen, eine monarchische Herrschaft zu gründen, vorzubeugen. Vor Allem dürfen Heer und Festungen nicht unter dem Bundesoberhaupte allein stehen. Dieses[1]) ist ferner auf bestimmte Grundgesetze zu verpflichten, und es muß ihm ein ständiger Bundesrath zur Seite stehen, der die Bundesgenossen repräsentirt und die laufenden Verwaltungsgeschäfte nach vorher von ihnen festzustellenden Grundsätzen und nach ihren Beschlüssen besorgt. Alle auswärtigen Angelegenheiten müssen zuerst vor diesen Rath kommen, dann muß den einzelnen Ständen darüber berichtet und zuletzt ein allgemeiner Beschluß gefaßt werden. Der Bundesrath muß ferner bei wichtigen und schwierigen Angelegenheiten die Bundesgenossen zu außerordentlichen Versammlungen zusammenberufen, die aber keine großen Kosten verursachen dürfen und deren Geschäftsordnung eine schnellere Beschlußfassung ermöglicht.

Freilich ist wenig Hoffnung, daß Oesterreich in die Errichtung eines solchen Rathes willigen wird, da es jeder Beschränkung seiner Macht, selbst einer mäßigen, abhold ist. Und doch ist es für Deutschland eine Unmöglichkeit, so lange die männliche Linie des Habsburgischen Hauses fortbesteht, die Kaiserwürde einem anderen Geschlechte zu übertragen. Es wird also nichts anderes übrig bleiben, als auf gütlichem Wege von Oesterreich die Selbstbeschränkung zu verlangen, daß es wenigstens mit seiner jetzigen Macht zufrieden sein und nicht nach einer Erweiterung derselben auf Kosten der Stände streben möge. Die Aufgabe der Stände aber wird es sein, allen Versuchen gegen ihre Sicherheit und Libertät entschlossen und einmüthig entgegen zu treten.

Insbesondere muß verhütet werden, daß einzelne Stände unter einander oder mit auswärtigen Mächten Bündnisse schließen, welche gegen ein Glied des Reiches in Kraft treten könnten. Bei Bündnissen gegen auswärtige Staaten aber muß dafür gesorgt werden, daß Deutschland nicht dadurch in einen Krieg verwickelt werden kann.[2]) Vor Allem muß ferner die Einmischung fremder Mächte in die inneren Angelegenheiten Deutschlands oder die weitere Verringerung des Reichsgebietes verhütet werden. Ja es muß auch verhindert werden, daß etwa eines der Nachbarländer von einem mächtigeren, ländergierigen Feinde erobert werde, der Deutschland

---

[1]) Statt der folgenden Sätze heißt es in der Ed. posth.: Auch erscheint es nöthig, daß in einem nicht monarchischen Staate ein ständiger Bundesrath besteht, zusammengesetzt aus denen, welche Theil an der Reichsregierung haben. Er muß über die wichtigsten inneren und alle auswärtigen Angelegenheiten berathen und nach vorangegangener Verständigung mit den einzelnen Ständen beschließen. Einen solchen Rath bildet aber jetzt beinahe schon der 1663 begonnene und seitdem fortgesetzte Reichstag. Es liegt aber im Interesse Deutschlands, daß er zu einer permanenten Versammlung werde, die das Reich zusammenhält und über die gemeinsamen Angelegenheiten beschließt. Insbesondere muß verhütet werden u. s. w.

[2]) Die Ed. posth. fügt hier hinzu: Ist aber ein Krieg mit dem Auslande begonnen, so darf kein Stand seine eigene Politik verfolgen und neutral bleiben; sondern jedes angegriffene Glied des Reiches ist von Allen zu schützen, auch von denen, die fern von jeder Gefahr liegen.

gefährlich werden könnte. Sollte ein derartiger Versuch gemacht werden, so müßte bei Zeiten für Abwehr gesorgt und mit denjenigen Mächten ein Bündniß geschlossen werden, welche gleichfalls dabei interessirt sind,[1]) eine übermäßige Machterweiterung gewisser Reiche zu verhindern.

Uebrigens[2]) wird es, so lange Deutschland sich auf eine defensive Politik beschränkt, nicht unumgänglich nöthig sein, ein stehendes Reichsheer, besonders ein sehr zahlreiches, zu unterhalten; doch muß bei Zeiten das Contingent eines jeden Staates für den Fall der Noth festgesetzt werden. Wie aber auch in Friedenszeiten eine Truppenmacht mit sehr mäßigen Kosten unterhalten werden kann, die dann im Kriege leicht zu einem Heere vergrößert werden kann, das kann Deutschland an dem Beispiele seines Nachbarlandes Schweden lernen.

§. 5. Die Religionsverschiedenheit.

Alle[3]) diese Maßregeln und alle übrigen, welche etwa das Wohl Deutschlands sonst erfordern könnte, wären nun leicht durchzuführen und praktisch zu machen, wenn nur die Regierungen den Nutzen einer guten Gesinnung einsehen wollten. Da nun aber die Meisten als den Hauptgrund der deutschen Uneinigkeit die Religionsverschiedenheit ansehen, so wird es, glaube ich, dem Plane meines Werkes nicht fern liegen, wenn ich in wenigen Worten wiedergebe, was einmal in meiner Gegenwart von verständigen Männern über diesen Gegenstand besprochen worden ist. Denn ich selbst bin einmal in theologischen Dingen nicht so bewandert, daß ich auf eigene Hand darüber ein Urtheil zu fällen vermöchte, und andererseits glaube ich auch, es wird eine geringere Sünde sein, wenn ich die Meinung Anderer darüber vorbringe, als wenn ich meine eigene darlege, zumal ich selbst mich dem Urtheil der heiligen katholischen Mutterkirche in aller Demuth unterwerfe.

Bei Gelegenheit eines Besuches, den ich einmal zu Köln dem ehrwürdigen und erlauchten apostolischen Nuncius abstattete, um ihm, wie viele andere, meine Ergebenheit zu bezeugen, bemerkte ich im Laufe des Gespräches, ich könne es nicht verstehen, weshalb in Deutschland die Religion der Anlaß zu so vielen Streitigkeiten sei, da doch in den vereinigten Niederlanden, welche ich kurz vorher besucht hatte, dies nicht der Fall sei, sondern Jedem freistehe zu glauben und nicht zu glauben, was er wolle. Denn dort geht Jeder seinen Geschäften nach, ohne sich um den Glauben seines Nachbarn zu bekümmern.

Darauf erwiderte mir nun ein angesehener Mann, der sich lange Zeit an verschiedenen Höfen bewegt hatte, mit Erlaubniß des Nuncius, das

---

[1]) Statt der folgenden Worte schreibt die Ed. posth.: „die Bildung eines Allen gefährlichen übermächtigen Reiches zu hindern."
[2]) Statt des folgenden Satzes heißt es in der Ed. posth.: „Und je nach den Verhältnissen der Armeen der Nachbarstaaten hat auch Deutschland sich bei Zeiten zu rüsten, um nicht erst nach einem feindlichen Einfall und nach der Verwüstung seiner Länder zu einer Aushebung schreiten zu müssen."
[3]) Dieser ganze Paragraph und alle folgenden fehlen in der Ed. posth., welche mit einer kurzen Aufforderung zur Einigkeit unter den verschiedenen Confessionen schließt.

und Städte den Anfang gemacht hatten, die gute Gelegenheit, aus dem Kirchengute den Reichsfiscus zu bereichern, unbenutzt gelassen hat. Denn die Fürsten hätten ihm sicher einen Theil der Beute zugestanden, und das Volk hing den neuen Predigern sehr an.

Was ferner die sogenannte calvinistische Religion betrifft, so unterscheidet selbe sich von der eben besprochenen nur darin, daß sie alle katholischen Bräuche mit der Wurzel ausrotten und die neuen Dogmen schärfer, als von den Lutheranern geschieht, ausbilden will. Beides aber ist dem Sinne der Menge wenig angemessen. Denn ein Gottesdienst, der nur aus einer Predigt und einigen Gesangversen besteht, wirkt fast erkältend; und wo es für ein Verdienst gilt, in Dingen der Religion seine Wißbegierde zu zeigen, da entsteht nothwendig grade in den verschrobensten Köpfen am ersten der Versuch, Neues zu lehren, verbunden mit einer unbezwinglichen Hartnäckigkeit im Festhalten an der einmal gewonnenen Ueberzeugung. Sind doch manche zu solchen Albernheiten gekommen, es für sündhaft zu erklären, wenn man sein Haar sorgfältig pflegt oder lang wachsen läßt. Uebrigens haben alle Einsichtigen längst bemerkt, daß diese Confession ihrer Natur nach die Entwickelung der Verfassung im demokratischen Sinne begünstigt. Denn wenn einmal dem Volke in Sachen der Religion und Moral eine Stimme eingeräumt ist, so erscheint es unbillig, dem Fürsten allein alle bürgerliche Gewalt und alle politischen Rechte zuzugestehen.

Beide neuen Lehren sind nun über einen großen Theil Deutschlands verbreitet, aber grade ihr gegenseitiger Zwiespalt ist ihren gemeinsamen Gegnern sehr zu statten gekommen. Dieser Zwiespalt aber, wie erwähnt, hat nur in der Halsstarrigkeit der Theologen seinen Grund, welche ihrem Rufe zu schaden glauben, wenn sie denen, die einfacher oder gemäßigter in ihren Lehren sind, auch nur im geringsten nachgeben. Denn andere praktische Gründe trennen diese Confessionen nicht, da der Kampf mit der römischen Kirche in beider Interesse liegt. Wenn nun aber die Priester nicht dahin gebracht werden können, ihren Eigensinn aus Rücksicht auf das gemeine Wohl zu brechen, so hätten wenigstens die Fürsten für die allmähliche Ausgleichung der Differenzen sorgen müssen, freilich nicht mit Mitteln der Gewalt, die einen derartigen Zwiespalt nur verschärfen können, sondern auf dem Wege der Güte und durch Unterhandlungen. Denn wenn die Fürsten bei der Ernennung der Beamten nicht mehr auf confessionelle Parteifärbung, sondern nur auf Talent und Begabung sehen; wenn beider Confessionen Anhänger vom Staate gleich behandelt werden, wenn den Priestern untersagt wird, die streitigen Punkte auf der Kanzel zu erörtern und über die Gegenpartei loszuziehen, wenn endlich in den öffentlichen Unterrichtsanstalten nur kluge und gemäßigte Männer zu Lehrern ernannt werden, zweifle ich nicht daran, daß in wenigen Jahren alle Streitigkeiten beigelegt sein werden. Aber freilich, um unsere heilige römische Kirche würde man sich ein schlechtes Verdienst erwerben, wollte man jenen Leuten so gesunde Rathschläge geben. —

§. 8. Der Charakter des Katholicismus.

Der Charakter des Katholicismus nun ist grundverschieden von dem jener neuen Lehren. Letztere betrachten die Geistlichen als Diener der Obrigkeit und des Volkes und sehen es als deren Aufgabe an, Allen einen frommen Lebenswandel zu lehren und sie so auf den Weg zum ewigen Leben zu leiten. Dem Katholicismus dagegen liegt weniger daran, die Menschen fromm und brav zu machen, als daran, die Macht, den Reichthum und das Ansehen der Geistlichkeit ins Unermeßliche zu steigern. Deshalb habe ich mich schon seit langer Zeit darüber verwundert, wie thöricht unsere Priester verfahren, wenn sie ihre Streitigkeiten mit den sogenannten Ketzern aus der heiligen Schrift entscheiden wollen; denn es giebt eine viel einfachere und klarere Art, alles mit mathematischer Bestimmtheit zu demonstriren. Denn stellt man einmal das als Princip hin, was ich als Zweck des Katholicismus soeben bezeichnet habe, daß es nämlich nur auf Vermehrung des Ansehens und der Macht der Geistlichkeit ankommt, so müßten die Gegner wahnsinnig sein, wollten sie in Zukunft auch nur mit einem Worte die Dogmen bekämpfen, in Betreff welcher bis jetzt so viel Papier unnütz verbraucht ist. Ich will nur ein oder das andere Beispiel geben.

Man nennt die heilige Schrift dunkel und verbietet den Laien sie zu lesen, damit die Pfaffen allein das Recht behalten, sie auszulegen und die Laien daraus nichts entnehmen können, was den Geistlichen unbequem sein könnte. Weiter wird neben der heiligen Schrift die Tradition deshalb zu Hülfe genommen, damit man aus dieser leicht ergänzen kann, was an für die Geistlichen erwünschten Lehren etwa in der Schrift fehlt. Ferner hat man deshalb den Cultus mit so zahlreichen und glänzenden Ceremonien ausgestattet, um dadurch den Sinn des Volkes zu überwältigen und zu begeistern und es nicht zu dem Gedanken einer wahren und einfachen Frömmigkeit kommen zu lassen. Ebenso wäre es nicht einträglich gewesen, Gott allein die Vergebung der Sünden zu überlassen; man räumte daher den Geistlichen die Befugniß dazu ein und diesen konnte es natürlich nicht angebracht erscheinen, von einem so nutzbaren Rechte verschwenderischen Gebrauch zu machen und sich mit einer allgemeinen Beichte und einem von der Freigebigkeit der Beichtenden selbst zu bestimmenden Geschenke zu begnügen. Daher verlangt man eine genaue Aufzählung aller einzelnen Sünden und stellt es dem Gutdünken der Priester anheim, dieselben abzuschätzen. Ist das Beichtkind reich, so ist der Gewinn groß, auch wenn die Absolution gratis ertheilt wird — denn wer sollte einem so gütigen Vater gegenüber nicht überaus freigebig sein —; ist der Beichtende dagegen arm, so darf man getrost von jenem Schätzungsrechte Gebrauch machen. Und wie wichtig ist es für die Geistlichkeit, alle Geheimnisse zu kennen! und wer ehrt nicht seinen Beichtvater, den Richter seines Herzens! Weiter ist auch die Messe ein prächtiges Mittel, Macht und Ansehen der Geistlichkeit zu mehren. Denn wer könnte dem Spender des Heiles die Belohnung weigern; oder wer den Menschen Anbetung versagen, die durch bloßes Wort das heiligste Opfer Christi zu erneuern vermögen. Fest muß man halten an der Versagung des Kelches für die Laien — damit die Pfaffen nicht einen Irrthum einzugestehen haben. Und wie an gemessen ist die Erhöhung der Zahl der Sacramente, desto öfter bedürfen ja die Laien priesterlichen Beistandes; wie gewinnreich schon der Umstand, daß, weil die Ehe ein Sacrament ist, alle Ehesachen vor die geistlichen Tribunale gezogen werden, denn ohne dies Dogma könnte man glauben, daß eher die Verheiratheten über Aufgabe und Natur der Ehe ein richtiges Urtheil hätten. Sodann die Macht der guten Werke, an sich ein trefflicher Sporn für die ehrgeizige Frömmigkeit, wie trefflich paßt sie zu dem ganzen theologischen System — da ja die Geistlichkeit allein bestimmt, was ein gutes Werk sei. Ja, ich glaube, auch die Erfindung des Fegefeuers hat keinen anderen Zweck, als die noch mit einer Abgabe zu belegen, die sonst der Tod von allen menschlichen Lasten befreit. Die Anrufung der Heiligen ferner ist nicht nur ein herrliches Mittel, den Glanz der Kirche zu erhöhen, sondern wie groß muß nicht das Ansehen der Geistlichen sein, wenn es in ihrer Hand liegt, Würden und Ehrenstellen am himmlischen Hofe zu vergeben. Es wäre überflüssig, bei so verständigen Zuhörern noch mehr anzuführen, wer die Verhältnisse genauer kennen zu lernen Muße hat, wird einsehen, daß auch alle übrigen Dogmen denselben Zweck verfolgen. Endlich das ganze Gebäude unserer Hierarchie, wie kunstvoll ist es zusammengefügt, wie eng und fest sind alle Theile mit einander verbunden. Wahrlich, man kann sagen, nie, seit Schöpfung der Welt hat es eine Körperschaft gegeben, die besser geordnet gewesen wäre oder auf festerem Grunde geruht hätte. Denn einmal ist in ihr die correcteste monarchische Verfassung streng durchgeführt: das Haupt der Kirche hat als unfehlbarer Stellvertreter Gottes eine der göttlichen gleiche Autorität, ohne einen höheren Richter verfügt er nach Willkür über die Schlüssel zum Himmel und zur Hölle, wenn auch der Glaube, den man in früheren und besseren Jahrhunderten hegte, daß er als Richter aller Könige die Macht habe, dieselben vom Throne zu stoßen oder zu demselben zu berufen, durch den Spott der Gründer der neuen Lehren jetzt doch sehr erschüttert ist. Weil nun die Hoheit des Papstthums ganz auf dem Glauben an seine Heiligkeit beruht, wird diese Würde nur durch Wahl verliehen, so daß, während eine königliche Dynastie oft entarten kann, hier immer dem würdigsten, der über jugendliche Leidenschaften erhaben ist, der päpstliche Stuhl offen steht. Zugleich wird so verhütet, daß ein Papst mehr für das Wohl seiner Familie, als für das der Kirche besorgt ist; wie denn ja auch aus demselben Grunde allen Geistlichen Ehelosigkeit vorgeschrieben ist, damit sie sich nie von weltlichen oder privaten Interessen leiten lassen. Und die unter dem Papste stehende Geistlichkeit, wie zahlreich und wie vielfach gegliedert ist sie, — auf daß deren um so mehr sind, die über das Wohl der Kirche wachen und nach den Geistern der Laien die Angel auswerfen. Einen Gehorsam, wie ihn sie ihrem Oberherrn leisten, darf kein weltlicher Fürst erwarten, und fehlt es gleich unter ihnen nicht an Eifersüchteleien, so weiß doch der Papst jedem Schaden weise vorzubeugen, der daraus der Kirche erwachsen könnte. So verhütet er alle Nachtheile, die aus der Ungunst der alten Orden gegen die Gesellschaft Jesu hervorgehen könnten, durch welche erstere einen großen Theil ihres alten Ansehens verloren zu haben glauben. Denn als die einfache Frömmigkeit der alten Mönche nicht mehr auszureichen schien, die Zügellosigkeit der neueren Zeiten in Schranken zu halten, da bildete sich zum größten Glücke für die Kirche jene hochheilige Verbindung, welche alle mit dem Verluste

bedrohten Posten wieder gewann, indem sie die Erziehung der Jugend
übernahm und im Beichtstuhl oder in höflichem Zwiegespräch die innersten
Geheimnisse der Menschen erforschte. Nach alle dem glauben Viele mit
Recht, daß auf die Kirche das paßt, was im Buche Hiob¹) im mystischen
Sinne von dem großen Leviathan überliefert wird.

Nun wird man doch ohne Zweifel die Religion für die beste halten
müssen, welche einmal ihre Diener am meisten mit Reichthum und Ehren
überhäuft und welche es sodann versteht, auf die wirksamste Weise die
Schafe ihrer Heerde zu scheeren und doch in strengem Gehorsam zu halten.
Daraus ergiebt sich zugleich, wie thöricht es ist, auf die religiösen Contro-
versen zwischen Katholiken und Protestanten einzugehen. Denn die Unsrigen
haben jene als Ketzer verdammt und sie mit Feuer und Schwert ausrotten
wollen und so jede Hoffnung auf eine aufrichtige Versöhnung vernichtet.
Dadurch sind jene gezwungen, auf ihre Rettung bedacht zu sein und sobald
sie einmal den Laien finstere Gedanken über die Frömmigkeit der katholischen Priester eingeflößt hatten, war es ihnen ein Leichtes, dieselben durch
den Hinweis auf die Güter der Kirche für sich zu gewinnen. Hätte man
aber von vornherein die richtige Politik ergriffen, so hätten Mittel zur
Besänftigung der in verschiedene Parteien zerklüfteten Laien nicht gefehlt
und der Wittenbergische Mönch wäre durch eine fette Pfründe leichter zur
Versöhnung mit dem Papste bewogen worden, als durch den Bannstrahl,
dessen Gluth sich auf dem weiten Wege und unter dem rauhen Himmel
bedeutend abgekühlt hatte. Auf der anderen Seite ist die Einfalt der
neuen Lehrer zu bewundern, mit der sie unseren Priestern rathen, ihren
Stand zu verlassen, ihr behäbiges Leben aufzugeben und zu ihnen über-
zugehen und mit ihnen zur niederen Menge zu gehören und mit dem
Hunger zu ringen. Viel eher könnten sie Volk und Fürsten für sich
gewinnen, wenn sie ersterem die Freiheit verhießen und letztere durch Gewinn
lockten. Freilich sobald die erste Hitze lau geworden war und die Unsrigen
nach der unerwarteten Niederlage anfingen sich zu erholen, da zeigte es
sich bald, daß sie besser zum Kampf gerüstet waren, als ihre Gegner.
Denn so viel ich mich erinnere, ist in unserem Jahrhundert kein katholischer Fürst mehr zu ihnen, wohl aber sind mehrere von ihnen zu uns
übergegangen."

Der Redner wollte noch fortfahren, da unterbrach ihn der Nuncius.
„Zur Genüge," sagte er, „hast Du uns Deine Kenntniß von den theologischen Dingen gezeigt: und wolltest Du Deine Lehren öffentlich ver-
künden, Dir würden Zuhörer nicht fehlen. Freilich geht manches davon
über die Fassungskraft der Neulinge hinaus, und was Dich betrifft (dabei
redete er mich an), so würde es nicht Recht sein, Dir in einer Stunde
den Zugang zu all' den Mysterien zu eröffnen, die dem Volke zu ver-
bergen, so viele Tausende von schlauen Männern mit Sorgfalt bemüht sind."

§. 9. Klöster. Kirchengüter. Canonicate.

Daß in Gegenwart des apostolischen Nuncius mit solchem Freimuth
gesprochen war, und daß dieser Freimuth sogar Anerkennung fand, das
machte mir Muth, später weniger besorgt zu sein, wenn ich offenherzigen

---

¹) Hiob Cap. 40. V. 20—28. Cap. 41. V. 1—25.

Leuten meine Aufmerksamkeit schenkte. So traf ich wenig später einen Mann, der die Verhältnisse in seinem Vaterlande trefflich kannte, den aber die neuen Lehren gar nicht so sehr abzuschrecken schienen. Ich muß deshalb im Vorwege um Entschuldigung bitten, wenn ich seine Aeußerungen wiedergebe, damit man nicht glaube, sie entsprächen meinen Ansichten gänzlich. Ich erwähnte ihm gegenüber jene Unterhaltung beim Nuncius und darauf bemerkte er, weiter ausholend, folgendes: „In jedem wohlgeordneten Staate muß es bestimmte Personen geben, die sich der Ausübung des öffentlichen Gottesdienstes widmen, und denen ein anständiger Unterhalt zu gewähren ist; auch müssen auf öffentliche Kosten Gotteshäuser erbaut werden, deren Glanz der Religion eine gewisse äußere Würde giebt, die, um das Volk fromm zu machen, nicht unnütz ist. Aber auch das wird kein Einsichtiger l ugnen, daß die Personen, welche den öffentlichen Gottesdienst leiten, als heilig nicht anzusehen sind, und daß die zu ihrem Unterhalt verwendeten Güter nicht als geheiligte betrachtet werden können. In Deutschland aber ist durch die Freigebigkeit der Kaiser und Fürsten und durch die Frömmigkeit der Privatleute der geistliche Stand so reichlich bedacht worden, daß, wenn nicht der größere Theil von Deutschland, so doch mindestens die Hälfte ihnen gehört, was bei anderen Völkern unerhört wäre. Die Einkünfte dieser Güter zu verzehren aber ist die einzige Aufgabe eines ganzen Heeres von geistlichen Müßiggängern, was weder mit theologischen noch mit volkswirthschaftlichen Grundsätzen vereinbar ist. Die heilige Schrift freilich gebietet, die Geistlichen standesgemäß zu unterhalten und dem Ochsen, der da drischt, das Maul nicht zu verbinden; aber sie erkennt den nicht als Priester an, der um den öffentlichen Gottesdienst sich nicht kümmert. Auch entzieht sie weder die Personen noch Güter der Geistlichkeit der Oberaufsicht der zum Wohle des Staates nöthigen Oberleitung der weltlichen Behörde. Eure Venetianer haben genugsam erkannt, daß eine übergroße Ausdehnung der Kirchengüter dem Staate schädlich ist; sie haben deshalb ihrer Vermehrung einen Riegel vorgeschoben trotz der Erbitterung des Papstes. Denn da muß ja der Staat, wie ein Schwindsüchtiger, dahin siechen, wo Leute, die ein Oberhaupt außerhalb des Staates anerkennen, und nach göttlichem Rechte Befreiung von allen Lasten in Anspruch nehmen, solche Reichthümer zusammenscharren.

Freilich über die Zahl seiner Bischöfe kann Deutschland sich nicht beklagen, ja dieselbe ist sogar geringer, als bei der Größe des Landes nöthig wäre, wenn sie ihr geistliches Amt erfüllen wollen. Aber wozu ihnen so große Macht und solche Reichthümer geben? Du kannst sagen, sie seien zugleich Reichsfürsten und hätten Theil an der Verwaltung des Staats. Wohl, dann mögen sie den heiligen Bischofsnamen ablegen, dessen Pflichten zu erfüllen ihnen die Menge weltlicher Geschäfte doch nicht erlaubt und mögen nur das heißen wollen, was sie sind. Denn die christliche Religion wird nichts dabei verlieren, wenn auch die eine oder zwei Messen wegfallen, die jetzt die Bischöfe selbst lesen, umgeben von einem prächtigen Gefolge, das der Armuth der ersten Apostel des Christenthums spottet. Gewiß soll der Mainzer sein Gebiet behalten, um die Würde eines Erzkanzlers von Deutschland bekleiden zu können. Aber warum man ihm einen heiligen Stuhl zuertheilt, während andere Fürsten, nicht weniger um das Wohl des Reichs besorgt, sich mit einem gewöhnlichen begnügen müssen, ist doch unerfindlich.

Und was soll ich noch von den Canonikern sagen, aus denen die
Bischöfe geknetet werden. Sie selbst schämen sich nicht zu bekennen, daß
sie sich um geistliche Dinge nicht bekümmern: sie nennen sich irreguläre
Canoniker und lassen, um ihre Kehlen zu schonen, durch ihre Vicare die
Kirchengewölbe von Geschrei wiederhallen. Wenn sie sich nicht um weltliche Angelegenheiten kümmern, so sind sie eine unnütze Last der Erde und
leben nur ihren Lüsten; geben sie sich aber mit weltlichen Dingen ab,
was soll ihnen dann der geistliche Name und wozu mißbrauchen sie die
geistlichen Güter?

Endlich, was soll ich von den ungeheuren Schätzen der Klöster sagen
und von der zahllosen Menge von Glatzen, welche dieselben bevölkern?
Freilich, es war gewiß nöthig, daß Anstalten bestanden, in welchen die
Jugend für den Staats- und Kirchendienst gebildet wurde; ebenso will ich
zugeben, daß die Klöster ein erwünschter Aufenthalt für Leute waren, die
sich tiefen Speculationen widmeten, während ohne sie der Nutzen, den solche
Geister dem Staat bringen, im Geräusch des bürgerlichen Lebens verloren
gegangen wäre. Giebt man diesen einen stillen Zufluchtsort, so können
sie nicht klagen, ihre geistigen Bestrebungen brächten ihnen nur Nachtheil,
und oft werden sie, was der Staat auf sie verwendet, mit reichen Zinsen
heimzahlen.

Für solche Leute aber, wie für Unterrichtszwecke genügt ein mäßiger
Aufwand, die überwuchernde Fettleibigkeit lähmt nur die Kraft und Frische
des Geistes. Dafür aber ist gar kein Grund ersichtlich, warum der Welt
überdrüssige oder arbeitsscheue Menschen, die es lieben, in mißgestalter
Kleidung einherzuschreiten und mit thörichtem Geschrei die Kirchen zu
erfüllen, oder ohne jedes Gefühl hergeplärrte Gebete Gott an den Kugeln
ihres Rosenkranzes vorzuzählen, auf öffentliche Kosten gemästet werden
sollen.

Nun hat man oft als Hauptgrund für die geistlichen Güter angeführt,
daß durch sie für viele edle und berühmte Geschlechter gesorgt wird. Denn
wer sonst der Familie zur Last fallen würde, wird nun zu einem geistlichen
Amte erhoben: so wird eine Theilung des Familiengutes verhindert und
die Erhaltung ihres Ansehens ermöglicht. Ja, ihr Glanz vermehrt sich
noch, indem zu den höchsten Würden Männer befördert werden, die sonst
zu Hause mit Dürftigkeit zu kämpfen gehabt hätten. Ich gebe zu, daß
schon durch diesen Umstand die römische Kirche sich die Gunst der edlen
Familien für immer gewinnen kann. Wenn nun aber diese Erhaltung
edler Geschlechter aus den Kirchengütern vielleicht vortrefflich ist, so haben
doch sicherlich die frommen Stifter jener Güter nicht im Traume an eine
solche Verwendung derselben gedacht; und dieselbe hat sicherlich nichts mit
geistlichen Dingen oder mit unserem Seelenheile zu thun. Haben die
Nachkommen jener Geschlechter einen edlen Sinn, so finden sie im Kriege
und Frieden Mittel und Wege genug, Ruhm und ein Vermögen zu
gewinnen. Sind sie aber weder im Krieg, noch im Frieden verwendbar,
so sollten sie wissen, daß es doch keine allzu beneidenswerthe Prämie der
Trägheit ist, in einem Prytaneum vom Staate unterhalten zu werden.
Wendet man aber ein, es werde so wenigstens verhindert, daß das Ansehen
des an Zahl immer mehr wuchernden Adels durch die zunehmende Ver-
armung sinke, so erwidere ich, wenn der Adel seines Namens würdige
Sprossen erzeugt, wird seine Zahl weder dem Staate noch ihm selbst

schaden; denn die Tüchtigkeit findet stets Anerkennung und Lohn. Fürchten aber die, welche eine Zeit erzeugt hat, schlechter als die der Ahnen, daß ihre Nachkommen noch untauglicher werden — so thun sie recht, wenn sie ehelos bleiben und darauf verzichten, träge Drohnen in die Welt zu setzen. Aber auch außerhalb des geistlichen Standes dürfen sie sich der Frauen enthalten. Wenn sie aber ohne Buhlerei nicht leben können, wie schmachvoll ist es dann, daß jene guten Alten, die dem Staat oder ihren Erben einen Theil ihrer Güter entzogen haben, weil sie meinten, für das Heil ihrer Seele zu sorgen, nur den Unterhalt für schwarzgekleidete Wollüstlinge verschafft haben.

§. 10. Die bei den Protestanten hierin getroffenen Aenderungen. Schluß.

Da dem so ist, so mögen die protestantischen Fürsten es leicht vor Gott und der Welt verantworten, daß sie, die sonst die höchste Herrschaft in ihren Territorien ausüben, sich auch der geistlichen Gewalt angenommen haben, besonders da sie so maßvoll verfahren sind, das, was vorher nur zur Speckproduction verwandt wurde, jetzt in den Nutzen derer übergehen zu lassen, welche in der That der Kirche, der Jugenderziehung oder der Wissenschaft sich widmen, und den Rest dem Staate zu übergeben. Wären der Kaiser und die anderen katholischen Fürsten ihrem Beispiele gefolgt, so würde der Heerd vieler Krankheiten Deutschlands fortgeschafft sein, und der heilige Vater hätte nicht sehr böse werden dürfen, um sich nicht öffentlich als Patron des Lasters hinzustellen. Es wäre auch nicht nöthig, den katholischen Glauben abzuschwören, wenn man nur die Geistlichkeit und die Verhältnisse ihrer Güter im Interesse des Staates reformirte. Denn auch die alten Christen, die noch die Armuth als Begleiterin der Frömmigkeit ansahen, und denen die Privilegien des römischen Stuhles unbekannt waren, stimmten in Ansehung des Glaubens mit eben dieser römischen Kirche überein. Die größte Schwierigkeit scheint nur die Existenz der Bisthümer zu bilden, welche im Interesse des Reichs weder dem Kaiser noch einigen Fürsten zur Beute fallen dürfen. Aber es erhellt leicht, was der kranke Zustand Deutschlands erheischt, den jede Veränderung in heftige Aufregung stürzt. Es mögen also jene Bischöfe bleiben und sich ihrer weiten Gebiete freuen, nur sollen sie nicht vergessen, daß sie sie Deutschland verdanken und daß ihnen, als deutschen Fürsten das Interesse Deutschlands dem Roms voranstehen muß. Daneben sollen sie aber auch aufhören, an das Verlorene zu denken, damit sie nicht, wenn sie es wieder zu erlangen streben, auch dessen verlustig gehen, was ihnen noch geblieben ist. Zum mindesten sollen sie aufhören, ihr Vaterland in Verwirrungen zu stürzen.

Im vorigen Jahrhundert freilich wäre eine Reformation der Bisthümer nicht schwierig gewesen, wenn nur der Plan des Kölner Kurfürsten nicht gescheitert wäre, oder wenn andere Bischöfe Lust gehabt hätten, seinem Beispiele zu folgen. Und gewiß, hätte man sich einmal vom päpstlichen Stuhle los gemacht, so wäre es möglich gewesen, die Bisthümer in erbliche Territorien zu verwandeln, wenn man den Herren des Domcapitels ebenso ihre Pfründen zuertheilt hätte. Oder wollte man das nicht, so konnte man nach wie vor jene Würden durch Wahl übertragen laſſen. Denn ſo thöricht ſind die Proteſtanten nicht, daß ſie es nicht verſtänden, dieſe Güter zu denſelben Zwecken zu verwenden, für welche die Katholiken ſie beſtimmt haben. Auch für Deutſchlands Ruhe wäre es ſicher beſſer, wenn Alle ſich der neuen Lehre anſchlöſſen, als daß ſie durch confeſſionelle Verſchiedenheit in Parteien zerklüftet ſind. Und wer das träge Volk der Mönche und die zum Unheil betriebſamen Jeſuiten aus Deutſchland verjagen könnte, der würde damit zugleich die liſtigſten Spione fortſchaffen, und die Güter, welche ſie verpraſſen, würden allein ausreichen, ein zahlreiches und von allen Nachbarn gefürchtetes Heer zu unterhalten.

Als ich ſolche Reden anhörte, hätte ich faſt für das Schickſal der katholiſchen Kirche das ſchlimmſte zu fürchten begonnen, wenn mir nicht eingefallen wäre, daß Privatleute vergeblich im Schutz ihrer vier Wände ſchöne Pläne faſſen und kühne Reden halten, ſo lange die ihren eigenen Nutzen nicht erkennen wollen, welche die Lenkung des Staates in Händen haben, dank dem Zufall, der eher unverdiente Macht als das Geſchick ſie zu gebrauchen verleiht.

Hier ſchließe ich die Bemerkungen, welche ich auf meinen Reiſen durch Deutſchland gemacht habe, indem ich hoffe, daß alle Verſtändigen meine Freimüthigkeit, wenn nicht gutheißen, ſo doch entſchuldigen werden.

Berichtigungen und Nachträge.

S. 15. Nach Nr. 1 füge ein:

1b. Severinus de Monzambano De statu imperii germanici ad Laelium fratrem, Dominum Trezolani. Liber unus. Genevae apud Petrum Columesium. M.DCLXVII. 12°. 11 Bll. 216 pp. Königl. Bibl. zu Berlin 5609. Nachdruck von Nr. 1, der ſich als ſolcher ſchon durch Fehlen der Himmelskugel auf dem Titelblatt und ihre Erſetzung durch eine andere Vignette kennzeichnet. (Vgl. Epiſt. ad amicos a. a. O.)

S. 17. In Nr. 17 lies: „Nr. 6 und 15" ſtatt „6 und 14."
„ 17. „ „ 20 „ „Nr. 6. 15. 17" ſtatt „6. 14. 16."
„ 19. Zu „ 30 füge hinzu: Die Hamburger Stadtbibliothek beſitzt ein merkwürdiges Schriftchen: „Friedlieb Mandahles (Dahlmann?) erbauliches Sendſchreiben an S. T. H. Mopsturcium Judici facium, wohlbeſtallten Bücher-Aerzten, Lufftſtreichenden Feuerwercker u. ſ. w. Erſte Abfertigung, worinne vor das erſte in ſonderheit des Herrn Judici ſacii abgeſchmackte Cenſur über den neulich mit beſonderen Anmerkungen heraus gegebenen teutſchen Monzambanum oder des Freiherrn von Puffendorf Zuſtand des H. R. Reichs nachdrücklich jedoch beſcheidenlich abgetrieben und zu ſchanden gemachet wird. Anno 1710. 12°. 48 pp. datirt Collen a. Spree 24. März 1710." Dieſe merkwürdige Antikritik erwähnt u. a. eine ſonſt nicht bekannte holländiſche Ueberſetzung des Monzambano von „einem bekannten Miniſter im Haag", einem vertrauten Freunde Pufendorfs, über welche von einem gewiſſen Ardelio eine mir ebenfalls unbekannte Kritik in Briefform erſchienen wäre.